摆脱不掉的争议

七位诺贝尔文学奖得主的台前幕后

陈为人 著

山西出版传媒集团
山西人民出版社

图书在版编目（CIP）数据

摆脱不掉的争议：七位诺贝尔文学奖得主的台前幕后／陈为人著．—太原：山西人民出版社，2013．1
ISBN 978－7－203－07977－4

Ⅰ.①摆… Ⅱ.①陈… Ⅲ.①诺贝尔文学奖-作家-生平事迹-世界 Ⅳ.① K 815.6

中国版本图书馆 CIP 数据核字（2012）第 273054 号

摆脱不掉的争议：七位诺贝尔文学奖得主的台前幕后

著　　者：	陈为人
责任编辑：	莫晓东
装帧设计：	陈　婷
出 版 者：	山西出版传媒集团·山西人民出版社
地　　址：	太原市建设南路21号
邮　　编：	030012
发行营销：	0351－4922220　4955996　4956039
	0351－4922127（传真）　4956038（邮购）
E－mail：	sxskcb@163.com　发行部
	sxskcb@126.com　总编室
网　　址：	www.sxskcb.com
经 销 者：	山西出版传媒集团·山西人民出版社
承 印 者：	山西出版传媒集团·山西新华印业有限公司
开　　本：	720mm×1010mm　1/16
印　　张：	15
字　　数：	240 千字
印　　数：	1－10 000 册
版　　次：	2013 年 1 月第 1 版
印　　次：	2013 年 1 月第 1 次印刷
书　　号：	ISBN 978－7－203－07977－4
定　　价：	30.00 元

如有印装质量问题请与本社联系调换

导读

每逢年底，对于诺贝尔文学奖"花落谁家"，总要有一番热议。文学桂冠上熠熠耀眼的钻石，总是吸引着全球不同种族不同意识形态人们的眼球。百年诺贝尔奖评奖历史，已经证明了它的公正。但金无足赤事无十全，智者千虑，难免一失，也偶有"看走眼"，惹起微言非议之时。而且文学艺术向来没有一个恒定的标准，见仁见智，"横看成岭侧成峰"。于是，对于诺贝尔文学奖评选中的台前幕后，对于一个作家获奖，是自身功力还是"功夫在诗外"，就众说纷纭了。剖析获奖作家的"人本"，可能比评说他的"文本"，有着更为浓厚的文学史价值。

肖洛霍夫是苏维埃文学史上一个极其独特的现象，他作为极具争议的一个作家，却为意识形态对立的东西方两个世界所共同认可。他是唯一一个既获列宁文学奖、斯大林文学奖，又获诺贝尔文学奖的作家。这在苏俄文学史上是绝无仅有的特例。1965 年，瑞典诺贝尔奖评选委员会决定把这一年度的诺贝尔文学奖授予肖洛霍夫。与 1958 年诺贝尔奖得主帕斯捷尔纳克形成鲜明对照的是，肖洛霍夫仅仅事隔七年后的这次获奖，却在苏联国内掀起了大规模的宣传和热捧。报纸刊物上几乎一个口径地说："这是件具有非常重要意义的大事件。"并且似乎已经完全忘记了七年前因把诺贝尔奖授给帕斯捷尔纳克时对诺贝尔评奖委员会的攻击，改口说："肖洛霍夫那有力的心灵已经照亮了诺贝尔文学奖而获得了世界的公认。……瑞典文学院终于以公正的态度对待一位伟大的苏联作家的作品。……瑞典文学院的这一崇高决定，提高了它的威信……"面对当年所有苏维埃作家的共同生存境遇，肖洛霍夫表现出了"过人的聪明和智慧"。肖洛霍夫笔下的作品，既有属于主流文学的颂扬倾向，又有反映边缘文学的批判特征，处于主流文学和边缘文学的模糊地带。肖洛霍夫采用了"打擦边球"，"见了红灯绕着走"的生存策略和写作策略。他极善于对领袖察言观色，得到了斯大林、赫鲁晓夫、勃列日涅夫三代领导人的青睐，成为"三朝红"；他极善于对现状审时度势，在一个接一个针对文化领域的运动中，能有惊无险地"安全着陆"；他很能把握分寸，清楚什么时候该冒尖，什么时候该缩头；他很懂以退为进以守为攻，什么时候该激昂发言，什么时候应沉默不语，什么时候说话可表现作家的个性棱角，什么时候说话必须王顾左右而言他；他深谙"石油换大米"的交换原则，以某种妥协得到出版的机会，以局部的牺牲获取关键的成功。肖洛霍夫以自己惊人的聪明才智赢得了人生的大成功。与作品中展现的形象"给人的感觉是作者心灵深处对人性的崇高敬意"（诺贝尔评奖委员会授奖词）截然不同，肖洛霍夫在苏联文坛的口碑不好，留下许多劣迹。肖洛霍夫攻击索尔仁尼琴说："这是个疯子，不是作家，是个反苏的诽谤者。"索尔仁尼琴的《第一圈》《癌病房》在国外发表后，肖洛霍夫在一次全苏集体农庄庄员代表大会上，公然指责索尔仁尼琴是"吃着苏联面包，为西方资产阶级主子服务，并且通过秘密的途径把作品送到西方的人"，他指出索尔仁尼琴是"苏联作家们要求除掉的典型疫病"。在勃列日涅夫时代，当政者要对二位作家达尼哀尔和辛雅夫斯基（笔名阿尔夏克、杰尔茨）进行公开审判，理由是他们用笔名在国外发表了作品。这次公开审判激怒了许多作家，62名作家联名发表抗议信。许多人要求旁听，不能旁听的就坐在法院门口抗议。而时任苏共中央委员、苏联作家协会书记处书记的肖洛霍夫在苏共二十三大上却说："这两个黑心的坏小子要是落到难忘的20年代就好了，那时并不按刑法典严格划分的条款判决，而是遵从'革命的法治意识'判决。哎呀，这两个变身有术的妖怪恐怕不会判得这么轻。"并且直言不讳地干脆要求"枪毙这两个败类"。这里真用得上曹植的一句诗："本是同根生，相煎何太急。"肖洛霍夫扮演了一个为虎作伥的角色。对肖洛霍夫如此公开的言论，国外的媒体甚至向诺贝尔评奖委员会提出：

对于这种违背诺贝尔本意，丧失一个作家人格的获奖者，能不能向他追回诺贝尔奖金。

与肖洛霍夫形成鲜明对比的是1958年获诺贝尔文学奖的帕斯捷尔纳克。当他终于摘取了皇冠上的钻石后，正如法国谚语所说，皇冠是荆冠，他被压得几乎喘不过气来。对于帕斯捷尔纳克的获奖，西方政界、文化界及各通讯社、新闻报刊，蜂拥而起予以热捧，进行了大量政治性宣传，把《日瓦戈医生》一书的问世，称作是"自由俄国之声的重新崛起"。《日瓦戈医生》原本是一本"关于人类灵魂的纯洁和尊贵的小说"，但冷战时期这种具有浓烈意识形态色彩的思维模式，硬是把帕斯捷尔纳克强行推上了政治舞台。西方的热捧等于给帕斯捷尔纳克帮了倒忙，使苏联当局大为恼火。1958年10月25日的苏联《真理报》上，发表了著名评论家萨拉夫斯基的文章《围绕一株毒草的反革命叫嚣》。文章指出："反动的资产阶级用诺贝尔奖金奖赏的不是诗人帕斯捷尔纳克，也不是作家帕斯捷尔纳克，而是社会主义革命的诬蔑者和苏联人民的诽谤者帕斯捷尔纳克。"1958年10月25日的苏联《文学报》上，也发表了《国际反动派的一次挑衅性出击》一文，光从题目看就能感受到其中的火药味。1958年10月27日，苏联作家协会宣布，鉴于作家"政治上和道德上的堕落以及对苏联国家，对社会主义制度，对和平与进步的背叛行为"，决定开除他的会籍。这一切使得帕斯捷尔纳克只得宣布拒绝接受诺贝尔文学奖，并致电瑞典科学院："鉴于我所从属的社会对这种荣誉的用意所作的解释，我必须拒绝这份已经决定授予我的、不应得的奖金。请勿因我自愿拒绝而不快。"获得诺贝尔文学奖反而使帕斯捷尔纳克因福获祸，他写下《诺贝尔奖》一诗，表达着自己内心的困惑与痛苦。诗中有这样的字句："我算完了，就像被围猎的野兽"，"我可到底做了些什么坏事，我是杀人犯，还是无赖、泼皮？我仅仅是迫使全世界的人，为我美好的家乡俄罗斯哭泣"。帕斯捷尔纳克在获诺贝尔文学奖后不久，身心憔悴地死去。

1970年诺贝尔文学奖得主的苏俄作家索尔仁尼琴命运也比帕斯捷尔纳克好不到哪去。索尔仁尼琴在诺贝尔文学奖获奖演说词中说："一句真话要比整个世界的分量还重。"他还在回忆录中强调了这一层意思："我一生中苦于不能高声讲出真话。我一生的追求，就在于冲破阻拦而向公众公开讲出真话。"哈维尔说过这样一句话："假如社会的支柱是在谎言中生活，那么在真话中生活必然是对它最根本的威胁。正因为如此，这种罪行受到的惩罚比任何其他罪行更严厉。"这就注定了索尔仁尼琴不会有什么好果子吃。于是，他的《古拉格群岛》《癌病房》成为给社会主义祖国脸上抹黑的反动作品。索尔仁尼琴为此自然要付出惨痛的代价：传讯、逮捕、流放……在获得诺贝尔文学奖时，索尔仁尼琴因担心去斯德哥尔摩领奖，会"被利用来使我和祖国的土地隔离，直截了当地阻止我返回家园"，而放弃了行程，但最后仍不免落个被开除国籍流放国外的悲惨命运。

1957年诺贝尔文学奖得主加缪，一贯主张"反抗"的态度。加缪提出了这样一个命题"我反抗故我在"，把反抗视为人之所以为人，人之所以存在的标志与条件。加缪成为反抗荒诞现实的一个典型形象。加缪在第二次世界大战后对红色苏维埃的一片颂扬声中，保持着清醒的头脑。他在《反叛者》一书中阐述了这样的观点：所有的革命都是从反抗开始，而以专制主义结束；革命是必要的，但要有一定的限度和法则来防止社会主义革命陷入过度的暴力；革命应该忠于它的起源反抗，即建立在适度、节制、博爱、平衡的新人道主义上。加缪在《反叛者》一书中，尖锐地批判了法国大革命的社会破坏模式和斯大林主义的反人性做法，对历史上层出不穷的"革命"之本质和"绝对自由"的价值误区作了尖锐的讽刺揭穿。为此，加缪与当年亲苏的朋友萨特反目为仇。加缪为人文知识分子不妥协地批判现实和不留情地反省自我树立了一个标杆。

萨特可说是诺贝尔奖百年历史上唯一一个完全出于个人的意志而拒领诺贝尔文学奖的人。萨特生前不为资产阶级所喜欢，认为他是资本主义世界里的一个"骂娘的人"。而在社会主义国家里，萨特又被指斥"为资本帝国主义制度作辩护"，他发出的是"反动资产阶级临死前的悲鸣"。萨特声称"存在主义是一种人道主义"，他试图为马克思主义注入"人学"，更被认为是"包藏着极大的祸心"。更为富有荒诞荒谬意味的是，上世纪冷战中对峙的两个超级大国苏联和美国，都把萨特的作品用来作为攻击对方的武器。苏联拿萨特的《可尊敬的妓女》来攻击美国的种族歧视制度；而美国则拿萨特的《肮脏的手》来攻击苏联血腥专制的反人道主义。萨特的"舅舅不亲，姥姥不爱"，为意识形态对立的双方既利用又排斥的情况，倒是正好从另一个侧面证实了他坚守自我独立的思想和意志。萨特说："人是自由的，懦夫使自己懦弱，英雄把自己变成英雄。"萨特还说："选择即自由。这是一个明朗得有点让人伤感的命题。因为我们看到：在选择背后，'个人'支配的意识是如此稀薄。"这话深刻地表达了人在所谓自由选择的背后，也受着"生存"的局限及制约。萨特说过"人注定是自由的"，但他没有说过，人注定能获得自由。人生活在这个"荒谬"的人世间，除却受名缰利锁的羁绊，更要受到思维意识的局限。这些话大概正是对他上世纪50年代初所持的"左"倾立场的深刻反思。

　　海明威给世人的印象无疑是一个"硬汉"形象。我们从海明威描写拳击手、描写斗牛士的一系列作品中，看到了海明威身上与生俱来的"英雄情结"。海明威一向把战场看作是展示英雄形象的舞台。海明威参加了第一次世界大战并几乎献出生命。他在给父母的信中，却以充满爱国主义的激情写道："我们都准备献出我们的生命，但只有少数人中选。对这些少数被选中献出了生命的人也无须给予殊荣，因为他们是幸运儿……为祖国献身人的母亲是世界上最值得骄傲的人，也是最幸福的人。"但对战争的"痛定思痛"，使得海明威从英雄主义的激情中冷静下来。原来那种"燃烧的激情"，与后来创作的《永别了，武器》《丧钟为谁而鸣》等书中所表现出的惨痛的幻灭感、苍凉感形成了强烈反差。海明威不是个思想型的作家，他是跟着感觉走的人，以感性支配理性。他参加第一次世界大战并受伤后，亲眼目睹了西方文明的崩溃。他感到自己过去抱持的价值观、审美观都遭到颠覆。这种断裂和反差在他身上发生了强烈折射。他环顾周围，发现绝大多数人还生活在战前那种陈旧而虚妄的价值观里。他感到迷惘，感到了觉醒后又无路可走的悲哀。海明威正是在情绪极度混乱的情况下写成《太阳照常升起》。该书描绘了一种"巨大的精神崩溃"，描绘了"思想上丧失了指导目标的一代人"，描绘了"受时代、命运或勇气驱使而导致狂热的一代人"。海明威的传记作家卡洛斯·贝克把海明威的人生概括为《迷惘者的一生》。正是对现实世界的"迷惘",使得海明威在获得诺贝尔文学奖后却绝望地用猎枪打飞了自己的天灵盖,以自杀完成了塑造一个英雄人物的绝笔。

川端康成是日本获诺贝尔文学奖第一人。川端康成在事业上取得了极大成功,一顶顶桂冠接踵而至:1944年获第六届菊池奖、1952年获艺术院奖、1954年获野间文艺奖、1961年获每日出版文化奖,几乎囊括了日本所有的国内奖项。1948年6月至1965年10月,他担任日本笔会第四任会长;1953年被选为日本文学艺术最高荣誉机关——艺术院的院士;1961年,日本政府为表彰他"以独自的样式和浓重的感情,描写了日本美的象征,完成了前人没有过的创造",授予他最高的奖赏——第21届文化勋章。1959年5月,在法兰克福的第30届国际笔会上,川端康成获歌德奖章。1960年8月,法国政府授予他艺术文化军官级勋章。1968年,他以《雪国》《古都》《千只鹤》三部代表作,终于摘取了文学王冠上的钻石——诺贝尔文学奖。川端康成在诺贝尔奖授奖仪式的庄严场合,在演讲词《我在美丽的日本》中,讲述的却是一休禅师两次企图自杀的情节。这一反常的举止,是否已经预告了某种死亡信息?其后的自杀,向世人揭示了一个有良知作家不懈追求完美境界的心理潜台词。

我选取了诺贝尔文学奖百年历史上具有典型意义的七位获奖作家,通过讲述他们的命运,作为剖析一种时代现象的切入点。"他山之石,可以攻玉",为读者呈上一面洋为中用知往开来的镜鉴。

目录

左右逢源付出的生命代价
——1965年诺贝尔文学奖得主肖洛霍夫

1. 一个分成两半的子爵 …………………………………（ 3 ）
2. 小船也曾有过舵 …………………………………………（ 6 ）
3. "分寸感"是写作的最高技巧 …………………………（ 10 ）
4. 钢铁是这样消融的 ………………………………………（ 16 ）
5. 扑朔迷离的"斯大林文学奖"评选 ……………………（ 24 ）
6. 诺贝尔奖的"花落谁家" …………………………………（ 28 ）
7. 苏维埃酗酒现象的背后 …………………………………（ 31 ）
8. 功成名就老人晚境的回放 ………………………………（ 35 ）

生命中不能承受之重
——1958年诺贝尔文学奖得主帕斯捷尔纳克

1. 塞翁得马，焉知非祸？ …………………………………（ 39 ）
2. 作家是背负"债务"的人生行走 ………………………（ 46 ）
3. 知我者《春秋》，罪我者《春秋》 ……………………（ 55 ）
4. 城门失火，殃及池鱼 ……………………………………（ 62 ）
5. 迟到三十年的诺贝尔授奖仪式 …………………………（ 67 ）

1

"永远批判者"角色的硬骨与软肋
——1970年诺贝尔文学奖得主索尔仁尼琴

1　索尔仁尼琴说：我写作的唯一目的在于
　　永远不忘怀这一切 ································（75）
2　赫鲁晓夫成为索尔仁尼琴的"知音" ···············（77）
3　小鸟儿飞出去了很难再困住 ·························（81）
4　"露重飞难进，风多响易沉" ·························（83）
5　跪久了，要挺起腰杆，活动活动膝盖骨 ···········（86）
6　在无比强大的专政机器面前 ·························（91）
7　《古拉格群岛》是彻底决裂的宣言 ···············（94）
8　保持一个"批判者"的角色 ···························（97）
9　肖斯塔科维奇嘲讽地把索尔仁尼琴称为
　　"一个发光体" ···（99）

"局外人"是自觉"边缘化"的隐喻
——1957年诺贝尔文学奖得主加缪

1　背离时代主流话语的诺贝尔文学奖得主 ·········（107）
2　加缪塑造卡里古拉形象的心理潜台词 ···········（110）
3　拒绝在生活和人之间放一本《资本论》 ·········（113）
4　都是太阳惹的祸 ···（115）
5　沉默构成了对"荒诞世界"的"反抗" ···············（119）
6　思想的另一种深刻是忏悔 ···························（121）

命运选择的两难困境
——1964年诺贝尔文学奖得主萨特

1　拒领诺贝尔文学奖唯一人 ···························（129）

2 "共产党同路人"的四年经历 …………………… (130)
3 存在主义的"境遇剧" ………………………………… (133)
4 对现实的"厌恶"使萨特陷入了存在主义的"虚无" ……… (135)
5 飘散出奶酪味的"炒鸡蛋" …………………………… (138)
6 萨特为自己的选择付出了名誉的代价 ………………… (142)
7 世界上被人引用最多、理解最少的作家 ……………… (145)

自杀是塑造英雄形象的绝笔
——1954年诺贝尔文学奖得主海明威

1 "硬汉"的自杀令人瞠目结舌 ………………………… (149)
2 与生俱来的"英雄情结" ……………………………… (154)
3 战场是英雄展示的舞台 ……………………………… (156)
4 斗牛成为命运拼搏的象征 …………………………… (159)
5 对战争的反思:从《永别了,武器》到
  《丧钟为谁而鸣》 …………………………………… (166)
6 "迷惘的一代"的代言人 ……………………………… (171)
7 写作是拳击台上的一场较量 ………………………… (174)
8 自杀是塑造英雄形象的绝笔 ………………………… (180)

追求唯美主义者成功后的绝望
——1968年诺贝尔文学奖得主川端康成

1 弦断有谁听 …………………………………………… (187)
2 嵌入幼小心灵里的死亡记忆 ………………………… (192)
3 初恋对人生的刻骨铭心 ……………………………… (196)
4 不断迷惘是不懈追求的折光反照 …………………… (201)
5 梦境是现实的海市蜃楼 ……………………………… (206)
6 人生旅程中的"迷失自我" …………………………… (210)

7 宗教禅境对生命意识的浸染 ……………………………（216）
8 死亡获得的"另一只眼睛" ……………………………（220）

主要参考书目 …………………………………………………（226）

左右逢源付出的生命代价
——1965年诺贝尔文学奖得主 肖洛霍夫

1 一个分成两半的子爵

肖洛霍夫是苏维埃文学史上一个极其独特的现象。他作为极具争议的一个作家，却为意识形态对立的东西方两个世界所共同认可。他是既获得列宁文学奖、斯大林文学奖，又获得诺贝尔文学奖的作家，这在苏俄文学史上是绝无仅有的特例。既能为对苏联持批判观点的西方知识界所称许，又能被本国统治阶层所接纳，肖洛霍夫真可谓左右逢源。

1965年，瑞典诺贝尔奖评选委员会决定把这一年度的诺贝尔文学奖授予肖洛霍夫。与1958年诺贝尔奖得主帕斯捷尔纳克形成鲜明对照的是，肖洛霍夫仅仅事隔七年后的这次获奖，却在苏联国内掀起了大规模的宣传和热捧。报纸刊物上几乎一个口径地说："这是件具有非常重要意义的大事件。"并且似乎已经完全忘记了七年前因把诺贝尔奖授给帕斯捷尔纳克时对诺贝尔评奖委员会的攻击，改口说："肖洛霍夫那有力的心灵已经照亮了诺贝尔文学奖而获得了世界的公认。……瑞典文学院终于以公正的态度对待一位伟大的苏联作家的作品。……瑞典文学院的这一崇高决定，提高了它的威信……"

肖洛霍夫1905年出生于一个贫苦的哥萨克家庭。由于战争，他13岁被迫中断学业，当了苏联红军的一名办事员，参加过剿匪，这些经历都为肖洛霍夫以后的创作积累了素材。肖洛霍夫身上体现出少见的创作天赋，他在23岁即发表了后来获诺贝尔文学奖的重要作品《静静的顿河》第一部。肖洛霍夫以一个成熟文学大师的姿态，横空出世于文坛，使得最有预见的评论家都感到惊奇。以至有些评论家提出疑问：《静静的顿河》是否出自肖洛霍夫的手笔。直到肖洛霍夫身后，这种说法仍未尘埃落定。一种广为流传的说法是，肖洛霍夫的《静静的顿河》是剽窃自一个叫克留科夫的白卫军官。肖洛霍夫在审讯他时得到了这部手稿。否则，一位23岁初试文笔的青年人，一个文化程度是连初中也没毕业的中学生，怎么可能写出多卷本史诗般的鸿篇巨制？当这些猜疑在俄罗斯史学家铁证般的考据下真相大白后，倒是从另一个侧面反映出肖洛霍夫令人拍案叫绝的创作天才。

《静静的顿河》第一部出版后，肖洛霍夫遭遇了与他的同伴帕斯捷尔纳克、索尔仁尼琴相似的命运，马上遭到主流意识形态的批判。许多著名的作家、评论家抨击小说歪曲了国内战争，偏离了苏联的革命文艺路线，是"为白卫军说话"。只是由于得到了高尔基的鼎力支持，小说才得以出版。到第四部出版时，苏联评论界再次产生激烈的争论，有许多"上纲上线"的批判意见，甚至斯大林也指出小说有"非苏维埃倾向"，"肖洛霍夫犯了严重的错误"。

面对当年所有苏维埃作家的共同生存境遇，肖洛霍夫表现出了"过人的聪明和智慧"。肖洛霍夫笔下的作品，既有属于主流文学的颂扬倾向，又有反映边缘文学的批判特征，处于主流文学和边缘文学的模糊地带。肖洛霍夫采用了"打擦边球"，"见了红灯绕着走"的生存策略和写作策略。他极善于对领袖察言观色，得到了斯大林、赫鲁晓夫、勃列日涅夫三代领导人的青睐，成为"三朝红"；他极善于对现状审时度势，在一个接一个针对文化领域的运动中，能有惊无险地"安全着陆"；他很能把握分寸，清楚什么时候该冒尖，什么时候该缩头；他很懂以退为进以守为攻，什么时候该激昂发言，什么时候应沉默不语，什么时候说话可表现作家的个性棱角，什么时候说话必须王顾左右而言他；他深谙"石油换大米"的交换原则，以某种妥协得到出版的机会，以局部的牺牲获取关键的成功。肖洛霍夫以自己惊人的聪明才智赢得了人生的大成功。他成为苏共十八大至二十五大历届的党代表，从二十二大起被选为中央委员，直到1976年的二十五大。肖洛霍夫从1935年出席苏联第七次苏维埃代表大会以来，历任最高苏维埃中央选举委员会委员、最高苏维埃主席团委员。1967年，肖洛霍夫在第四次作家代表大会上又当选为苏联作协书记处书记……一顶顶桂冠加冕，可谓极尽一个作家的殊荣。

苏俄文史学家提出有"两个肖洛霍夫"的观点。一个是作品中所显现的肖洛霍夫,一个是苏联文坛上所表现的肖洛霍夫;一个是作为主流意识形态的拥护者,为苏联的社会主义革命与建设事业摇旗呐喊,是一个真正的共产主义者的肖洛霍夫;一个是进入自己的文学世界,作为民众疾苦的呼吁者,求真求善的寻道者的肖洛霍夫。"一个分成两半的子爵"。

与作品中展现的形象,"给人的感觉是作者心灵深处对人性的崇高敬意"(诺贝尔评奖委员会授奖词)截然不同,肖洛霍夫在苏联文坛的口碑并不好,留下许多劣迹:

肖洛霍夫攻击索尔仁尼琴说:"这是个疯子,不是作家,是个反苏的诽谤者。"索尔仁尼琴的《第一圈》《癌病房》在国外发表后,肖洛霍夫在一次全苏集体农庄庄员代表大会上,公然指责索尔仁尼琴是"吃着苏联面包,为西方资产阶级主子服务,并且通过秘密的途径把作品送到西方的人"。他指出索尔仁尼琴是"苏联作家们要求除掉的典型疫病"。

在勃列日涅夫时代,当政者要对两位作家达尼哀尔和辛雅夫斯基(笔名阿尔夏克、杰尔茨)进行公开审判,理由是他们用笔名在国外发表了作品。这次公开审判激怒了许多作家,62名作家联名发表抗议信。许多人要求旁听,不能旁听的就坐在法院门口抗议。而时任苏共中央委员、苏联作家协会书记处书记的肖洛霍夫在苏共二十三大上却说:"这两个黑心的坏小子要是落到难忘的20年代就好了,那时并不按刑法典严格划分的条款判决,而是遵从'革命的法治意识'判决,哎呀,这两个变身有术的妖怪恐怕不会判得这么轻。"并且直言不讳地干脆要求"枪毙这两个败类"。这里真用得上曹植的一句诗:"本是同根生,相煎何太急。"

对肖洛霍夫如此公开的批判言行,84岁的著名老作家茹可夫斯基的女儿,诗人利季娅愤然给他写信说:"您和我们大家都同样清楚地知道,俄国诗人始终是站在被压迫的人民一边的。您的发言把您置身于俄国传统之外。可惜我们不能惩罚您。不过您已经受到足够的惩罚了,罚您多年来创作力枯竭。"

国外的媒体甚至向诺贝尔评奖委员会提出:对于这种违背诺贝尔本意,丧失一个作家人格的获奖者,能不能向他追回诺贝尔奖金。

但是,从斯大林时代血雨腥风中过来的人,对肖洛霍夫给予了一定的同情和理解。他们用了屠格涅夫长篇小说《罗亭》中主人公罗亭的一句话:"有多少次我从孩子般的冲动变成驽马般的麻木……有多少次我像雄鹰般展翅飞翔,搏击长空,到头来却像一只碎了壳的蜗牛爬回原地!"

杜勃罗留波夫曾为俄罗斯作家笔下塑造的"多余人"形象定义为"一群退出战斗的妥协者",并有这样一段精彩论述:他们"否定了跟压迫着他们的环境做残酷斗争的必要","走进了一座郁苍茂密、人所不知的森林里"。他们攀缘上树原本是想寻找一条新路,但上树之后,"不再去探索道路,只顾贪吃果子"。肖洛霍夫用自己的生命轨迹,为俄罗斯文学史活生生勾勒出一个"多余人"的形象。

对于肖洛霍夫的功过是非,自有历史公论。我们换个角度看,似乎可以说,肖洛霍夫是一个生不逢时的作家,他成为莱蒙托夫笔下《当代英雄》中的皮却林。他"过人聪明"的生存策略,"过人才华"的写作分寸,既成为他人生的妙笔,同时也成为他的败笔。

我们剖析肖洛霍夫两面人格的形成轨迹,无疑有着极重要的时代意义和认识价值。

2 小船也曾有过舵

肖洛霍夫出道伊始,就遭遇了苏联 1932 年至 1933 年的大饥馑。死亡笼罩着顿河流域,相邻的库班河和乌克兰的土地上饿殍遍野。美国人科恩在《布哈林》一书中说:"斯大林的政策人为地制造了 1932 年至 1933 年的饥馑,俄国历史上最可怕的饥馑。"这是一场"三分天灾,七分人祸"造成的灾难。据 50 多年后 1988 年的《真理报》报道:"1932 年和 1933 年冬春相交之际,饿死的人大约有三四百万。"这是长期以来违莫如深的一个数字。

斯大林对一个胆敢在政治局会上谈到饥馑的人咆哮道:"你应该辞

掉州委书记和乌克兰中央委员的职务，到作家协会去，去写童话，好给傻瓜读。"斯大林对敢于提出异议的结发妻子也丝毫不客气。据当年苏联《真理报》的说法，斯大林的妻子是由于长期以来精神忧郁而开枪自杀的。据托洛茨基在《我的生平》一书中披露："那一天晚上，所有的要员都聚在伏罗希洛夫家，阿卢利耶娃表达了对导致饥荒的农民政策的批评。斯大林用俄语中最肮脏的字眼厉声责骂她。回到家里后，克里姆林宫的服务员发现她情绪激愤，过了一会儿，她的房间里就响起了枪声……"

这里涉及一个重大而敏感的政治背景。

在农业政策问题上，斯大林与布哈林一直存在严重分歧。斯大林在20世纪20年代反对托洛茨基时，是以列宁新经济政策维护者的身份出现的。但是随着击败托洛茨基派之后，斯大林试图改变新经济政策，执行一种"大规模建设社会主义"的方针，在农村政策上表现为以强制的手段对付农民，特别是富裕农民。30年代初，由于自然灾害，苏联发生粮食收购危机。斯大林认为造成这一危机的原因是农村富农囤积粮食和城市商人的投机倒把，因此主张对富农采取强制措施，包括没收其余粮等一系列政策。而被列宁称为"党的最宝贵的和最大的理论家"的布哈林则持不同观点，他发表文章《列宁主义和文化革命问题》，强调"谨慎对待农民，是关系到工农联盟和社会主义前途的根本问题"。在随后的政治局会上，布哈林与李可夫、托姆斯基等一起批评了斯大林的过激行为，尤其批评他牺牲中农利益，采取高压手段和破坏地方农村集贸市场的做法。

在后来一系列的政治局会议和中央全会上，布哈林指责斯大林是恢复"军事共产主义"，是对农民实行"军事封建剥削"。打击农民生产积极性的后果，必然导致农业生产的衰退。斯大林则强调对农民实行非常措施的必要性，认为除了向农民征收类似"贡款"的超额税，就没有高速度实现工业化的资金来源，而"落后就要挨打"。

苏维埃社会主义的原始积累，斯大林30年代的工业发展，是需要农民作出奉献和牺牲的。工业化首先要靠农民奠基。勒紧裤带过日子，在自然产出减少的情况下，只好残酷地搜罗饲料和贮备粮，甚至用农民的种子去换取急需的工业品。在闹饥荒的1932年至1933年两年里，苏联仍向国外出口了248万担粮食。天平倾斜了，一边是数百万人濒临死亡，一边是要获得工业化所需要的外汇。

斯大林一向善于把经济论争上纲为政治斗争。他在1930年中央全会上已经别有深意地暗示："最近党内出现了一些异己分子"，"阶级斗争越来越尖锐化"。这已经成为"屁股坐在哪一边"的立场问题。

在1932年至1933年大饥馑饿死几百万人之后，斯大林仍在1933年苏共中央全会的报告中说："我们的主要成就在什么方面？在全面的集体农庄建设和与此相联系的消灭农村的贫穷和赤贫。"在1934年召开的联共（布）十七大上，苏维埃政权更是向人民宣布了这样的结论："在斯大林同志的天才领导下，我们党经过五年的奋斗获得了巨大的成绩，1933年光是集体农庄提供的粮食就比1913年地主和富农提供的全部粮食还多。"1933年2月，斯大林在一次集体农庄突击队员代表大会上讲："主要的困难已经克服了，而其他摆在我们面前的困难，已经不值一提。"

斯大林还说过"区区小节，无损大局"。在伟人的眼里，区区几百万生命何足挂齿，一将成名万骨枯！

就像秃顶者怕人说"没毛"一样，斯大林忌讳提饥馑。只要一提"饥馑"这个词，他立即敏感地判定为"别有用心"，"反革命鼓动"。斯大林提醒全党，时刻不要忘记阶级斗争，要提高警惕性，"查找隐匿的阶级敌人"，随之掀起一场"清党整党"运动。在这场重新清理重新登记的整党运动中，有2.6万多名共产党员被开除了党籍。一时间，苏维埃大地风声鹤唳战战兢兢噤若寒蝉噤口如瓶。

肖洛霍夫面临的就是这样一种态势，一个严峻的选择摆在了面前：是保持沉默不语，还是为民众的苦难代言？顿河的哥萨克人爱说："要么胸佩十字架，要么脑袋就搬家。"还有一种说法："要良心，要名誉，就甭想要脑袋瓜子。"

肖洛霍夫后来这样描述他第一次见到斯大林时的感受："他面带微笑走着，眼睛里放出老虎一样的光芒。"也许是初生牛犊不怕虎，那一刻，肖洛霍夫想到的是顿河人爱说的一句谚语："要吃煎蛋，得打破蛋。"他决定对领袖说出真相。1933年4月4日，一封长达15页的信寄给了斯大林。肖洛霍夫在信中说:"区里领导用手枪对着下属下达命令:'不惜任何代价搞粮食!不要怕流血,不要怕干蠢事,只要弄到粮食就行。'"

肖洛霍夫在信中向斯大林揭露了基层干部们干的"蠢事":

  在瓦沙耶夫集体农庄,对庄员拳打脚踢,将煤油洒在裙摆上,点燃后审问道:"快说,地窖在哪里?"……
  在列别阿任斯基农庄,将被审问者拉到墙下,用猎枪向他头旁边射击……
  在热东斯基农庄,鼓动队员用刺刀划得受审者遍体鳞伤……
  在索路采夫农庄,共青团活动室里有一具尸体,停在桌子上,在同一间房子里审问集体农庄庄员,以枪毙相威胁……
  将庄员吊在天花板上审问,直到昏迷过去,然后用皮带捆着拉到河上,让她跪在冰上,继续审问她……

犹如我国1959年冬天的赵树理,面对政策失误带来的大饥荒,勇敢地给《红旗》杂志写出披露真相的万言书,肖洛霍夫也表现了一个作家的良心良知。

我们不难体会到肖洛霍夫当年说出真相的勇气。在斯大林独裁专制的淫威下,所有反对派的声音都消失了。有这样一个细节,在30年代初的一个除夕,斯大林正与他的朋友们在家中举杯欢庆新年,听到敲门声,开门一看,门外站着布哈林、李可夫、托姆斯基,他们手里拿着酒,脸上堆着笑,一副"负荆请罪"的样子。布哈林这个最为激烈的反对派,也不敢再公开地对抗,面对饿殍遍野的大饥馑,只能无奈地在报纸上发表一篇指责教皇的文章,隐喻曲折地表达着自己内心的隐痛:"耶稣基督曾对彼得说:'把我的羊群喂饱。'可是教皇是怎么做的呢?难道他们不是在驱使被教会掠夺得穷困不堪的教徒们去挨饿吗?难道他们不是在不停地剪羊身上的毛而且在剪的同时还割羊身上的肉吗?"

肖洛霍夫后来在小说《他们为祖国而战》一书中,借牧羊老爹之口还说了30年代这样一段苦难经历:"1933年判了我儿媳妇十年刑,蹲了七年大牢，其余的时间在流放，去年才回来。她只不过是在大饥荒的那一年偷了四公斤麦子。她难道不该照顾嗷嗷待哺的孩子？"

顿河哥萨克的苦难呼唤着作家的良心良知。肖洛霍夫"小船也曾有过舵"，"心中也曾有过梦"。

3 "分寸感"是写作的最高技巧

苏联作协总书记法捷耶夫在评论肖洛霍夫《静静的顿河》中的人物时说，必须修改马尔金的形象，这儿需要加点"白的"颜色，那儿需要添点"红的"颜色。不知肖洛霍夫是否有针对性，他在谈创作时曾说："'分寸感'是写作的最高技巧。"写人物不能要么写成一个红脸，要么写成一个白脸，走极端。这意思用我们熟悉的词汇表达大概就是"增一分则太浓，减一分则太淡"，把握分寸"淡妆浓抹总相宜"。

肖洛霍夫无疑把这一高超的写作技巧也用到了写给斯大林的信中。

肖洛霍夫在给斯大林的信中，独具匠心或者说用心良苦地斟酌着恰到好处的"进言"角度："维申斯克区未能完成计划，不是因为没有克服富农的消极怠工，而是因为边疆区领导的瞎指挥。"

"从中央派来的那些惟命是从、没有才能、更主要是冷酷无情的人在戕害顿河。……第一桩灾难就是饥馑。"

"假如我反映的情况引起中央的重视，那么请向维申斯克区派遣真正的共产党员，他们应具有足够的勇气，不顾情面，敢于揭露那些破坏农庄经济的罪人。"

1932年，肖洛霍夫描写农庄集体化运动的长篇小说《被开垦的处女地》在《新世界》杂志上连载。作家通过书中人物达维多夫之口，更为明确地阐述了上述观点：

"不!同志,那是不行的。那样做,你会破坏我们的活动的一切信用。这样一来,中农会怎样说呢?他们会说:'那就是苏维埃政权的行径,他们用这样那样的方式来压迫农民。'"

"那么照你的意思说,斯大林错了吗?……你干嘛把自己的过错扯到斯大林身上。你可以照你的理解去解释领袖的任何言论,但最后负责任的还得是你自己。……像你们这样的人,到这里来,一点也不知道地方上的情形。我将执行党的路线,而且我要用工人的坦率方式告诉你:你的路线是错误的,这在政治上是不正确的,事实如此。"

肖洛霍夫在"谏书"中所披露的现状无疑是惨烈的,但他心中有数,他拿捏着分寸。"吾皇圣明",君是明君,只是下面一帮歪嘴和尚念歪了"圣经"。肖洛霍夫坚守着封建君臣之间的一条底线:"只反昏官,不反昏君"。

肖洛霍夫讲述过这样一个关于卡冈诺维奇的情节:

在30年代,卡冈诺维奇是分管文化领域的中央书记,在作家艺术家的各种会议上,充满着这样的话语:"斯大林同志和卡冈诺维奇同志对文学战线给予了极大的关注","他们不止一次召见我们,不止一次同我们谈话,向我们发指示。"

尽管在各类场合,斯大林在各种讲话中都喜欢用"我们",但肖洛霍夫心中清楚:这仅仅是他表达自己始终代表着大多数。斯大林并不喜欢这个复数。他喜欢一元独尊一枝独秀,容不得任何人与他"平起平坐"。

肖洛霍夫说:"有一次,一向谨小慎微的法捷耶夫当着斯大林的面吼起来:'拉扎里·莫伊谢维奇(卡冈诺维奇的名字和父名),文学中的事您一窍不通,带着自个的意见一边去吧!'"这时,肖洛霍夫以一个作家的敏感和细致,特意观察了斯大林的表情。肖洛霍夫说:"卡冈诺维奇满脸涨得通红,像只醉虾,眼睛求助地望着斯大林,而斯大林却开怀大笑起来。"

聪明过人的肖洛霍夫从斯大林的大笑中感受到"伟人的微妙心理"。

信寄出后，肖洛霍夫心里一直惴惴不安，他把命运的赌注压在"明君与谏臣"的关系上，这是一场猫鼠之间的心理游戏。

　　肖洛霍夫赌赢了。斯大林亲笔给肖洛霍夫回了信。

　　4月23日7时57分，莫斯科101—59信箱，公务电报：

　　　　北高加索边区维申斯克镇米哈依尔·肖洛霍夫：你的第二封信刚刚收到，除了发运的4万普特燕麦，再为维申斯克区补发11万普特，为维尔赫顿河区补发4万普特。你应该回电而不是回信。斯大林。

　　领袖答应给予帮助的这封信是明码电报。在莫斯科和顿河地区，许多人知道了肖洛霍夫的信引起了领袖的关注。斯大林在日理万机的繁忙中，"刚刚收到信"立刻就发了电报，还对作家没有以电报答复而有些责怪。

　　斯大林聪明过人，当他看到自己亲自决策直接指挥的这场急风暴雨式的"农业集体化运动"造成了严重的后果时，他需要对已有的政策有所修正有所改变，需要找一个台阶一个替罪羊。英明领袖是永远正确的，错误只在于下面的具体执行人。于是，斯大林又适时地发表文章《胜利冲昏了头脑》。斯大林在写下"过火"，责备"糊涂"，迁怒于"头脑发昏"的下属之后，他又成为拨正船头指引航向的"伟大舵手"。

　　斯大林首鼠两端，一方面他文过饰非，另一方面他又担心过分强硬的批评，会影响下属实现农业集体化的决心，所以用心良苦地在批评过火行为的时候，只是温和地说："我们某些同志被胜利冲昏了头脑，暂时丧失了清醒的理智和冷静的眼光。"

　　肖洛霍夫在给斯大林信的结尾，还特意加了一句："与其用这些材料来创作《被开垦的处女地》的第二部，不如我向您据实报告。"作品是给众多读者看的，或许会起煽动作用；而向斯大林"进言"则是私人信件，表达的是一种忠诚。这绝不是画蛇添足的累赘，而是画龙点睛之笔。从这句话中，也足见肖洛霍夫审时度势的"过人聪明"之处。

那度时期的报纸杂志上，充斥着花好月圆莺歌燕舞，大谈成绩和胜利，闭口不谈饥荒。1930年1月，斯大林给高尔基写信说："我们的出版物过分注意我们的缺点……这实在是太不好了。"还给莫洛托夫发了一条指示："请从报纸上抹掉像'连成一片的缺点'呀，'没完没了的失误'呀，'铲平'呀等等诸如此类的谎话。这是历史上的托洛茨基右倾机会主义的腔调，没有任何事实依据，同时也不值得让布尔什维克去留意。"

"聪明人"之间是很容易产生共鸣的。斯大林在谈到肖洛霍夫的信时说："肖洛霍夫很了解区里的情况，给了我很多帮助……肖洛霍夫认为边疆区委将顿河推向了饥饿和镇压……指出了自己和特派员监督不够。"

唐太宗需要魏征。吾皇圣明需要一个表现自己从善如流宽宏大度的标志。

谈到肖洛霍夫描写斯大林时代农业集体化运动的长篇小说《被开垦的处女地》，还有这样一些情节：

1988年在《新世界》杂志上，历史学家谢曼诺夫写下这样一段文字："斯大林出于近期和远期的政治目的，无疑需要一本以肯定的态度来写集体化运动的书。"于是，肖洛霍夫采纳了领袖以《被开垦的处女地》换取《静静的顿河》出版的方案。

且不说谢曼诺夫的说法有几分史实依据，从中也可看出写作《被开垦的处女地》一书的"先天不足"。

创作者陷于一种"两难"和"悖论"之中：一方面对读者负责，必须反映事情的真相；另一方面又要考虑如何不触犯当权者的意图，通过书刊检查官那一关。

肖洛霍夫在给作协总书记法捷耶夫的信中说："你刚刚拿起笔，不纯洁的念头就冒出来了：你是不是白卫军官？是不是老妖婆用你的笔在写小说？你在帮富农的忙吗？你是站在了右翼分子的立场吗？"

肖洛霍夫无奈地对友人说，小说第一部出版后，第二部的写作一搁就是几十年，原因就是由于集体化运动中的过火行为，还有斯大林指责哥萨克农民消极怠工。

领袖的认识与现实的状况产生了巨大反差，作家无从下笔。

肖洛霍夫曾将自己的真实想法告诉了他所敬重的老作家魏列萨耶夫。魏列萨耶夫的日记中留下很有价值的材料。肖洛霍夫向他讲述了斯大林接见时的情形:"肖洛霍夫向斯大林讲述了因搞集体化农庄而造成的灾难,斯大林默不作声地听着,后来突然站起来,走了出去,既不回答,也不吭声。"聪明过人的肖洛霍夫从领袖的举止中当然得到了重要的信息。

《文学报》为第一次作家代表大会发的社论说:"我们有这样的时代巨人——我们过去有列宁,现在有斯大林、莫洛托夫、卡冈诺维奇、伏罗希洛夫。可是在我们的文学艺术中还没有展示像我们的领袖这样的具有伟大心智和革命意志的人物。我们的文学有责任提供这样的人物……在共产党的领导层中,现在有最伟大、最具天才的人物——斯大林同志。"

代表大会后,识时务者为俊杰。先是帕斯捷尔纳克,后是曼德尔斯坦姆写了歌颂斯大林的诗,布尔加科夫写了歌颂领袖的剧本,阿·托尔斯泰写了有斯大林形象的中篇小说《粮食》。

正处于创作旺盛期的肖洛霍夫沉寂了,一沉寂就是几十年。这是充满着内心矛盾和痛苦的几十年。肖洛霍夫的传记作家奥西波夫以第一手材料说:"他度过了多少个不眠之夜,一个念头萦回于心:到底继续写,还是不继续写?是去赶'时机',还是不赶'时机'……正是在这些夜晚形成了文章中的这句话:'糟糕的是这样的作家,他为了粉饰现实而直接牺牲真理。'"

还有一个细节:在高尔基家中,肖洛霍夫得到这样的暗示,把《被开垦的处女地》改编成话剧。斯大林号召这样做。这是对一场伟大运动的配合。肖洛霍夫没有进行。

在苏联关于此事,广为流传着一个笑话。斯大林对作家说:"肖洛霍夫同志,你写了反映集体化运动的小说,这是一本必要的书,你再写一个同一题材的剧本吧!"这不是商量的口气,而是命令的口吻。

"不能,斯大林同志。我不是剧作家,应该请科涅楚克来写。"肖洛霍夫断然回绝。

"你从这里直接去索契,我相信你会立即写出来的!"斯大林的意思已经表达得十分明确。

"我还是回维申斯克去。"肖洛霍夫是个固执的哥萨克。

"为什么?"斯大林有些纳闷了。

"为了面包干。"在俄语里,"面包干"也有"准备坐牢"的意思。

后来肖洛霍夫自己说:"是因为政治原因,不愿意继续写《处女地》。"

魏列萨耶夫认为:"《被开垦的处女地》讲了一半真话。而阿·托尔斯泰的《粮食》却是谎话连篇。"

《被开垦的处女地》肖洛霍夫一开始给它起名叫《血汗交加》,顾名思义,这是一幅描写苏联30年代农业集体化运动中农民血泪交加的真实图景。1932年,《真理报》在刊登第一部片断时,根据斯大林"开垦处女地具有重大意义"的最高指示,给予肖洛霍夫的新小说以"粗暴命名"。

肖洛霍夫在给列维茨卡娅的信中说:"直到今天我对这个书名抱着敌对的态度。多可怕的书名啊!简直自己都被弄昏了头,烦死人了。"

肖洛霍夫曾对奥西波夫说:"读完《被开垦的处女地》的手稿后,斯大林说:'干嘛我们要像头脑糊涂的人那样无所作为?我们不怕消灭富农,现在还怕描写这件事情吗?小说应该出版。'"

肖洛霍夫拒绝把小说变成消灭富农的大事记,变成斯大林号召的新闻回应。肖洛霍夫有一支富有包容性的笔,如果这支笔是"以形象说话",则作家把自己的观点深深地隐藏在文字背后。用形象所表达的概念是多棱角多侧面多含义的。正如恩格斯所说:"倾向性越隐蔽越好。"言发于此而意归于彼。言有尽而意无穷。

我国研究苏俄文学的专家蓝英年先生对肖洛霍夫和他的《被开垦的处女地》发表过这样一些观点:"我看到很多报纸对肖洛霍夫的抨击,说他是斯大林的帮凶,说他对农业集体化大唱赞歌,苏联造成今天的局面也有他一份责任。""《被开垦的处女地》,中国和苏联都说它是歌颂集体农庄的小说,可是它的正面人物写得非常令人讨厌,反面人物倒挺真实。这部小说写的是几个教条主义狂热分子领导一群"二流子"清算种田能手。限于过去的条件,对一些作品,我们理解错了,今天需要重新认识它。"

在1991年第38期的苏联《教师报》上,有一篇舍费尔的文章:"小说《被开垦的处女地》没有得到应有的阅读。有许多列入苏联文学的作品有很奇怪的现象，它们创作出来不是为了置诸箧底，而是为了出版，它们的作品就面临着两个互相排斥的任务：说出真相和设法让书能到达读者手里。"

1991年，苏联《文学报》上发表了拉登尼娜的文章："也许认真重读真诚的社会主义现实主义作品的时候，可以发现一些不采用革命的方法的成分。……《被开垦的处女地》给了我们很多值得认真思索的养料，比我们在中学时写作文时所得到的要多得多。在此之前，我怀着厌恶的心情不愿意重读。也许我们都应该重读。"

到上世纪之末，季马舍夫教授从《被开垦的处女地》中读出了新的内容："没有一本书像肖洛霍夫的《被开垦的处女地》这样不掩盖'农村社会主义改造'的不幸的悲剧性质。"

对任何一部经典的阅读，必将是常读常新。随着时过境迁，我们从中可能读出了全新的内容。

4 钢铁是这样消融的

俗话说："智者千虑，必有一失。"当肖洛霍夫为"强龙"开脱之际，也就顾此失彼地开罪了"地头蛇"。

我们从肖洛霍夫后来给斯大林的信中，可以看出一些端倪：

> 边疆区委不愿意纠正1932—1933年的过火行为，在中央决定给予纠正之后，他们对我恨之入骨。梅利什科夫决定窃听我和卢戈沃伊（与肖洛霍夫关系很好的基层区委书记）之间的电话，命令一步不离地跟踪我们。……我不是犯人，不想在公开的监视下过日子。

"我们给你们派去第二书记泽特林，卢戈沃伊的政治素养不够，而泽特林是个很有政治素养的小伙子。同时派一个很强硬的内务分局局长。"说着还冷笑地补充一句："我们会很好地照顾您的。"

　　在这些日子里，罗斯托夫正在召开州委会，主持会议的是新任命的州委书记叶夫多基莫夫。他对卢戈沃伊咆哮道："你们在维申斯克造了一尊神。肖洛霍夫在你们那里就是一切。你们造了这样一尊神，你们求他去吧！"

接踵而来的就是苏联那段令人闻之胆战心惊的30年代大恐怖时期。肖洛霍夫在给斯大林的信中，记录了他在这一时段的遭遇：

　　从1936年起事情发展得太快了，在整个边疆区开始清除敌人。

　　1936年夏天，他们散发了攻击我和我妻子的匿名信，败坏作为党员和作为人的我的声誉。我刚刚一提起这件事，季姆琴科（州委第一书记）马上笑着表功，说一定要追查出写匿名信的人。我并不接受他的表功，并且坚信，他正是这些肮脏的信的炮制者。季姆琴科不止一次对我说，某些哥萨克组织预谋暗杀我。他说在我家附近抓了一个潜回国的军官，在他身上搜出了武器。在预审中他供认，到维申斯克镇的目的就是暗杀我。……季姆琴科要求我向他汇报，每次出门都到哪些地方去了，说是为了对我采取"保护措施"。我笑着用这样一句谚语来回答他："为了能摆脱这样的朋友，我宁可孤身一人去战胜敌人。"

　　在整个边疆区开始逮捕那些以前在维申斯克工作过，与卢戈沃伊交好的共产党员……

　　卢戈沃伊经过米列洛沃被押解到罗斯托夫的内务局秘密监狱。第一次提审持续了四昼夜，在96小时里只让他吃了两顿饭。在这段时间里他一会儿也没合眼，尉官托比林斯基、马卡哥夫和军士鲍布洛夫轮番审问他，逼他供认……"你们想让我撒谎?"回答说："撒撒谎吧，你把假话一说，我们一记不就完事了，省得我们费事你也受折磨。你在监狱里会被折磨死。"……在罗斯托夫州的监狱里，被捕的人越来越明白，侦察员的淫威是没有边际的。由此就产生了乱供他人，或招供自己从来没有犯过的罪行……

一被捕，卢戈沃伊就被关进单人牢房。康德拉季耶夫、格利戈里耶夫和马尔戈维奇都轮番审讯过他。一审就是连续几天几夜，让他坐在高凳子上，脚够不着地，五六十个小时不让站一下，然后休息两三个小时又审。卢戈沃伊的手被放在后脑勺，在审讯桌前一站就是 16 小时。审讯的花样有这样一些：往脸上吐唾沫，还不许擦掉，拳打脚踢，往脸上扔烟蒂。后来干脆采用更加残酷的方法，先是从床上抽走床垫，第二天干脆从单人囚室中搬走了床，好让这个肺病病人得感冒，因为他只能直接睡在水泥地上（卢戈沃伊有肺结核）。这一招不奏效后，又将卢戈沃伊换了囚室——臭虫窝。在靠床的那面墙上爬满了密密麻麻的臭虫，用卢戈沃伊的话说，有几百万只臭虫。还严禁他睡在地板上，只许睡在床上喂臭虫。而且故意将囚室弄得十分昏暗，让你根本没法收拾臭虫。只消过一天就会浑身起血疱，人也就跟尸体差不多了。企图通过"打垮"被捕者的"意志"逼供出假供词……

罗加切夫也遭了同样的罪：辱骂、殴打、摧毁人的尊严。一连审讯八天八夜，然后在老鼠横行的囚室关了七天。在囚室里只穿一件内衣，在进门之前连这件衣服也被脱掉了。当他出囚室的时候已经不是架着他，而是用担架抬出去的。还硬拽他的左腿。又审问了六天，在单人囚室躺了三小时，又审了他五天五夜。他实在坐不住了，从椅子上摔了下去，哀求侦察员饶了他……在这种情况下，人还有什么话不能说?

关于卢戈沃伊，侦察员格利戈里耶维奇夜里来到牢房，说出这样的话:"你招不招供都一样,我们会让你开口的!你掌握在我们手里,中央下没下逮捕你的命令?下了。这就是说,中央认定你是敌人。对敌人我们是不会客气的。不说话,不招供自己的同党,就打断你的手。断了手之后,就打断脚,再以后就打断大腿,打得你血肉模糊!你会拖着断腿爬行,恨不得只求一死。那时就会把你往死里打。完成这些步骤后,你就只剩一口气了,扔到坑里就完事。"

让被捕人提供关于我、卢戈沃伊、罗加切夫的材料,折磨若干小时,稍微喘口气,又关在审讯室里审问,一关就是四五昼夜,总是短短的几句话:"不说,是不是?不招供,是不是?狗娘养的!你的朋友都关起来了,肖洛霍夫也关起来了,再不开口就整死你,像牲口一样扔进垃圾堆。"

2月,科列什科夫来找我,他原来在维申斯克区拖拉机站当副站长。他对我说了这样一件事:米列洛夫斯基区内务处长斯波兰斯基把他找去,审讯了他14个小时,最后说:"你在白卫军中干过,隐瞒这段历史混入党内。你当白军的时候打死过红军战士,我们掌握这些材料。我们随时可以把你抓起来,但是我们暂时不想这样做。一切都取决于你自己,我们用得着你,你和斯拉布钦科、卢戈沃伊、肖洛霍夫关系都不错……"这意思已经说得很明白了,科列什科夫问我怎么办。

侦察员马尔科维奇吼叫道:"干嘛不供出肖洛霍夫?他,这个狗娘养的,是隐藏在我们中的坏人!隐藏得很深,是反革命作家,可是你们还要包庇他!"说着就是一阵拷打。

在逮捕了卢戈沃伊、罗加切夫和其他人之后,他们要抓我的亲戚了,以便证明我周围的人不管是政治上的朋友,还是亲戚都是敌对分子。用刑讯逼供从被捕人口中掏出对我不利的招供,然后把"人民之敌"的帽子扣在我头上,把我投入监狱。

当年,季诺维耶夫、加米涅夫、布哈林等是怎样变成刺杀基洛夫的阴谋集团的？现在解密的材料已经证明，克格勃无所不及的手段，"能让铜茶壶也开口揭发"。

肖洛霍夫说："国家进入1937年，报纸和中央档案就像水泡胀的拖布一样，被肮脏的抓获'人民的敌人'口号和'揭露出的敌人'的名单充斥得鼓鼓囊囊。"

残酷的生存现实是最好的教科书，在这样一块专制极权的土壤上，一个人生杀予夺的命运完全维系在最高领袖翻云覆雨一手之间。肖洛霍夫明白，没有斯大林的庇荫，他随时都可能死在"小人"手里。

肖洛霍夫上访到了首都，在中央接待室留下了一摞材料，一封简短的信："亲爱的斯大林同志，到莫斯科呆三四天，很想见到您，哪怕只有五分钟也行。如果可能的话，请接见我，波斯克列贝舍夫（斯大林的秘书）知道我的电话。米·肖洛霍夫。1937年6月19日。"

这一次可没像上次那么及时。经过三个月一百多天的漫长等待，"救世主"才终于出面。

1937年9月25日，斯大林接见了肖洛霍夫。没有更多的话，只说了一句："我们会弄清楚的。"

斯大林对苏联作家协会的总书记法捷耶夫说："从什么时候开始，苏联作家决定替人民的敌人辩护了？你们有什么材料替他们辩护呢？或者你们就不相信？"临结束时还厉声厉色地补充一句："不应该替敌人辩护，这是不明智的。"

肖洛霍夫为某人求情时，其执拗的用语就是："我用脑袋瓜子担保。"这话不知怎么传到了斯大林耳中，斯大林严厉地斥责道："怎么你把自己的脑袋瓜子看得如此廉价！"

30年代大恐怖时期，可不是为人求情的时候，拔出萝卜带出泥，一牵扯就是一大串，紧躲慢躲还怕来不及。

苏联还流传着一个肖洛霍夫向斯大林求情的笑话：肖洛霍夫总为一些人去向斯大林求情，斯大林皱着眉头问："肖洛霍夫同志，您为所有的人写信，奔走，求情，您就那么相信他们不是破坏分子？"肖洛霍夫说："我用脑袋瓜子担保，我有充足的证据。"斯大林又问："那谁又能为您担保呢?"肖洛霍夫毫不迟疑地回答:"您,斯大林同志!"斯大林满意地笑了。

这一时期,苏维埃发起了一场大规模的"清党"运动,对每一个党员进行重新审查,"合格者"才颁发新党证。《真理报》1937年11月17日刊登了标题是《作家肖洛霍夫通过了清党》的报道。肖洛霍夫得到了0981052号新党证。肖洛霍夫接受党证后在同塔斯社记者的谈话中说:"我非常看重共产党员的称号。"还说:"我作为共产党员作家将一如既往用笔为党和工人阶级服务……"

通过这次"清党"的洗礼之后,肖洛霍夫表现出了高度自觉的党性。肖洛霍夫曾写下了这样的词句:"脱离了苏联,一个作家是无法想象的。我是苏联的儿子,苏联政府对我的关怀,我不能不称之为慈母对儿子的关怀。"

1949年12月20日,肖洛霍夫在《真理报》上发表了庆祝斯大林七十诞辰的文章《世界劳动者的父亲》。

当斯大林去世后,肖洛霍夫还写下这样的文字:"我们突然间可怕地成了孤儿!党、苏联人民、全世界的劳动者都成了孤儿……列宁逝世以后,人类还没有遭受过这样无法估量的重大损失。我们失去了所有劳动人民的父亲。"

1967年,在庆祝苏联共产党成立50周年之际,肖洛霍夫写下《永远亲爱的党,您好!》这样的文章。

斯大林对俄罗斯知识分子的改造政策获得了巨大成功。啄木鸟异化为百灵鸟。

这一成功也体现在肖洛霍夫身上。一个有着高度自觉党性的布尔什维克诞生了,一个富有批判精神的作家消失了。

肖洛霍夫的传记作家奥西波夫说了这样一句话:"沉重的时代。这时代折弯了很多人。"现在,有人把斯大林20世纪30年代的大恐怖时期称之为"炼狱"。在这场"炼狱之火"的炙烤中,玉石俱焚,多少原本棱角分明的"生铁蛋",都在这"革命的大熔炉"中,被冶炼成整部专制机器上的"齿轮和螺丝钉"。那个年代,苏联颇为流行车尔尼雪夫斯基的一段

摆脱不掉的争议

名言：革命就是一座锻冶炉，有人从锻冶炉里出来时，炼得纯洁、明净，有如金子一样，他的天性就是用贵重金属做成；有人被活活烧毁或者没有炼得明净，他的天性就是用木头或废铁做成的。大概正是出于这一思维，奥斯特洛夫斯基创作了《钢铁是怎样炼成的》一书。其实，恐怕还是写一部《钢铁是怎样消融的》或者《钢铁是怎样折裂的》，才更能准确地反映出"时代精神"，成为传世佳作。

说到党性，不应该忽略肖洛霍夫的另一面。

围绕着《静静的顿河》主人公葛利高里最终是不是应该成为共产党员的问题，苏联文坛出现了一个饶有趣味而又发人深省的现象：

肖洛霍夫小说中葛利高里的形象是一个十分复杂的人物。他一会儿投奔红军，一会儿又反叛红军成为白军。肖洛霍夫有意识地描绘了葛利高里身上这种极易转变为反革命叛乱的那种自发的革命性。肖洛霍夫说："他的确比其他人的罪更大，但这只是因为，而且仅仅在这种意义上说，他为共同的哥萨克真理杀得更猛烈、更诚实、更积极。"

斯大林对肖洛霍夫笔下塑造的葛利高里这个人物很不满意。

肖洛霍夫的长女米哈伊罗夫娜提供了这样一个细节：

有一次，斯大林向肖洛霍夫问到葛利高里的命运："他什么时候会成为布尔什维克？"斯大林的问话已经把意图表达得十分明确。

肖洛霍夫回答："我很想劝说葛利高里，可是他无论如何不想入党。"肖洛霍夫有着一个作家的固执。

许多好心的文友们开始为肖洛霍夫辩解，他们说，肖洛霍夫准备让葛利高里入党。在前面几章中允许他迷路，现在要给予他觉醒的机会。一旦他按照作家的指示幡然悔悟，就会带领读者走上一条光明大道。他们要求共产党员肖洛霍夫介绍葛利高里入党。

批评家叶尔米诺夫这样看葛利高里："正逐渐走向布尔什维克"；马什宾茨·魏特洛夫说："作者引导葛利高里走向共产主义。"

这是主流意识的一致呼声。

肖洛霍夫的传记作家奥西波夫说了这样一个细节：

"有一次我偶然遇到潘菲洛夫（写了被当年苏联文学界赞誉为"反映

集体化农庄运动的经典作品"《磨刀石农庄》的作家),他对我说:'您与肖洛霍夫关系很好,您应该说服肖洛霍夫,在《静静的顿河》结束时,葛利高里应该成为布尔什维克。否则《静静的顿河》就不能付印。'我反驳说:'可这样违背了生活的真实。'潘菲洛夫说:'不管怎样都得这样写。这在政治上才能站住脚。'"

奥西波夫还说:"我向肖洛霍夫问起葛利高里的结局,肖洛霍夫说:'葛利高里最后下令放下武器,放弃斗争。……我无论如何不能让他成为布尔什维克'。"

肖洛霍夫为《静静的顿河》作过这样的注脚:"《静静的顿河》中反映的哥萨克暴动的发生,是由于对待中农哥萨克采取过火行为的结果。这种情况被在顿河上游地区的邓尼金的特使所利用。"至于葛利高里,肖洛霍夫说:"是陷入1914至1921年事件的强大漩涡中的个别人的悲剧命运。"又说:"他有着十分特殊的个人命运,我无论如何不想在他身上体现中层哥萨克。当然,我将把他从白军夺过来,但是我不准备把他变成一个布尔什维克,他不是布尔什维克。……我要在葛利高里身上表现人的魅力。"肖洛霍夫还说:"苏维埃政权已经把这种类型的人从他们所处的死胡同里解脱出来。他们中间的某些人选择了同苏维埃现实彻底决裂的道路,但多数人则靠近了苏维埃政权。在卫国战争时他们加入了苏维埃军队,现在他们正参加人民的建设。"

肖洛霍夫在苏共十三大的发言中说了这样一段话:"作家哪怕在细小的地方说了假话,他就会失去读者的信任。这就是说,读者会想:'他在大的方面也会撒谎。'"作为艺术感觉异常敏锐的肖洛霍夫,他固守了一条艺术的底线。试想,当年肖洛霍夫如果真要按照领袖的指示,以主流话语的创作原则改动了《静静的顿河》,世界文学史上是否还会有这部经典名著?

文章千古事,利害弹指间。肖洛霍夫心如明镜台,在艺术世界和现实世界中,他有着两个截然不同的"价值取向"。

5 扑朔迷离的"斯大林文学奖"评选

肖洛霍夫被评选上斯大林文学奖的过程是耐人寻味的。

1940 年是斯大林文学奖设立的第一年。评奖委员会的最高决策人当然是斯大林本人。中央委员、作家协会总书记法捷耶夫领衔，阿·托尔斯泰已完成了把斯大林作为主角的小说《粮食》，得到斯大林的重用，成为文委主席。

法捷耶夫在评奖会上这样评价肖洛霍夫的《静静的顿河》："我们大家对融入最丰富的苏维埃感情的作品的结尾颇感失望。因为我们等这个结尾等了 14 年，而肖洛霍夫把心爱的主人公引向精神空虚。他就像人们砍脑袋一样写了 14 年——结果什么也没砍到。人们的精神沉沦到完全空虚的地步。"法捷耶夫又说："肖洛霍夫极具天分，他了解哥萨克的生活、习俗，展示了哥萨克家庭的故事及反革命失败的必然。……但原因何在？目的何在？代之而起的是什么？这些在小说中没有……"

肖洛霍夫固执已见，不把葛利高里最后塑造成共产党员的结局，把作协领导身份的法捷耶夫推到了一个两难境地。法捷耶夫说："肖洛霍夫把读者引进了死胡同。这使我们评审时处境尴尬。"

法捷耶夫反对《静静的顿河》得奖。如何理解他的立场呢？作协的总书记必须与党的总书记保持口径一致。不幸的法捷耶夫，他尽管为了保住自己的位置，已经违心地做了许多事情，但政治上不信任的阴影已经笼罩在他头顶。1948 年，他被免去了苏联作协总书记的职务，借口是"因为身体健康的原因"。

评奖会上，多夫仁科的发言是："我怀着极度不满读完了《静静的顿河》，我的感想概括如下……革命开始了，苏维埃政权和布尔什维克来了——他们打破了顿河的平静，把人们四处驱赶。他们唆使弟弟反对哥哥，儿子反对父亲，丈夫反对妻子，他们使国家变穷，把素质好的人赶去当土匪……故事到此为止，作者在构思中犯了一个极大的错误。"多夫仁科的发言极力所要表达的是，肖洛霍夫在小说中描绘了一幅"混乱不堪的图景"，却没提炼出一个"革命的主题"。我们不难看出他的愚钝，把话说得太直白拍马屁也会犯忌。后来他写的两部战争题材纪录片也是犯了这类错误，他的名字从此消失了。

诗人阿谢耶夫以诗句发言："作品漏洞百出，作家却心爱不已，谁也回天无力。"不幸的诗人太天真，他以为斯大林夸赞他为"马雅可夫斯基的继承人"的称号，就是永久的金书铁券，岂料三年以后，他的诗歌中被发现"一系列错误"，从此失宠被打入冷宫。

阿·托尔斯泰的发言表现了模棱两可含糊其辞的滑头："《静静的顿河》这部书既在读者中引起了欣喜，又引起了悲哀……《静静的顿河》的结尾，仅是构思还是立场错误？葛利高里不应该以一个匪徒的形象走出文学。……作者的错误仅在于小说在第四部就收尾了。……要求作者延续葛利高里生命的读者将修正这一错误。"

说话听音，锣鼓听声。我们不难听出，当年所有评选委员会的成员，其实都在揣摩斯大林的意图和倾向。所有的发言，都是在此大框架下的各自不同心理活动。

斯大林认真看了评选会上的发言，令所有人大跌眼镜的是，最后斯大林拍板决定：不仅给肖洛霍夫《静静的顿河》颁奖，而且是金奖一等奖。

人们很久地议论斯大林的这一决定：是什么原因使斯大林做出如此前后矛盾而又让人百思不得其解的决定？是他如后来被人们标榜的"有很强的艺术鉴赏能力"，还是受到了来自西方的对《静静的顿河》高度赞赏的影响？实际上，这是斯大林一贯的手腕，他就是要向全苏联人展示，在一切问题上，包括文化领域，只他一人说了算。他要让肖洛霍夫记住：一切都是他斯大林的施舍。雷霆雨露皆君恩！

肖洛霍夫的传记作家奥西波夫说了这样一番话："斯大林为肖洛霍夫选择了特殊的法子：现在普遍使用的皮鞭对肖洛霍夫已经不能奏效，现在他用拉马嚼环绳子的法子来制服他。他下命令，时而勒紧，直至勒出血；

时而放松，任其向前奔；时而转向……他不择手段地运用这铁家伙……他越来越多地将自己想象成大恩人——这也是他的一种治人之道。"

"马嚼环"这真是一个形象的用词。这是一种笼套中的乞食。遍及苏维埃各加盟共和国的作家协会就是套在作家们头上的"马嚼环"。

1934年，联共（布）历史上有两个重要会议：苏共十七大和苏联第一次作家代表大会。斯大林很关心成立统一的作家协会。每一个无产阶级的领袖人物，无不高度重视意识形态领域的掌控。文学必须为无产阶级政治服务。斯大林称文学为"党的传送带"。斯大林在一次接见电影工作者的会上强调："螺母要拧得更紧。"斯大林建立起并不断完善了各种"创作协会"的制度。在这种制度下，工作的权力（也就是作为艺术家存在的权力）只给予那些得到官方承认和赞许的人促成了"普天之下莫非王土，率土之滨莫非王臣"的大一统。

苏维埃音乐家肖斯塔科维奇说过一个颇为生动而又深刻的比喻："鸡在啄食的时候，只看到眼前的谷粒，别的什么也看不到。就这样，它啄了一粒又一粒，直到农夫扭断它的脖子。斯大林比谁都懂得这种鸡的心理，他知道怎样对付小鸡，它们都在他手上啄食。"

斯大林对意识形态的控制越来越紧。桀骜不驯的"农民作家"克留耶夫和俯首帖耳唱赞歌的曼杰利什塔姆双双被捕；阿赫玛托娃十年没能出书；创作上的限制使普里什文痛苦不堪，他只能写日记把自己的思索记载下来。服毒自杀成为普遍现象，可以开列出一长串名单：马雅柯夫斯基、克内奇弋夫、什里亚耶维茨、奥列什等等。

肖洛霍夫讲述过这样一个情节：1939年5月24日，这一天是我的生日。我们正在准备迎接客人，突然电话铃响了，是斯大林打来的。他不知怎么打听到我住在民族饭店，他对我说，您能不能到我这里来？事情太突然，我已经邀请了许多朋友来。我当然只能同意，并不是每个作家都可以到斯大林那里做客，这事对于你是极大的荣耀，你不能不识抬举。斯大林还托人带来了生日礼物，是两个小包，一个里面是糖果，另一个里面是一小瓶孩子们喝的水果汁。这在战前是很少见的。还有饭店的一些东西。

原来是伟大领袖给一个作家过生日。

这一年肖洛霍夫34岁。他还被选为院士，不经过斯大林首肯是不可能得到的；这年春天，肖洛霍夫还获得了列宁奖章，没有斯大林认可也是不会颁发的；甚至在这一年的文学年历上，还印上了肖洛霍夫的肖像，获此殊荣的只有福尔什、柯涅楚克等等。前面有七位，肖洛霍夫是第八位。阿尔巴尼亚有影片《第八个是铜像》。这成为一种象征。

斯大林曾建议在肖洛霍夫的家乡为作家树铜像。苏联有一个笑话就是说此事：雕塑家们拿出三套方案，第一方案是，作家正手捧《斯大林选集》在神情专注地阅读。第二方案是，斯大林坐着，旁边毕恭毕敬站立着作家，正在听领袖的谆谆教导。马上有人反对，谁能与领袖并排塑雕像？尽管是一坐一站。于是最后还是决定采纳第三方案，只给斯大林一人雕像，他挥手为作家们指明前进方向。

星星只是为了烘托月亮。

这一年是斯大林的六十诞辰，他为一个作家过34岁生日，不知这里是否有着提示的作用？斯大林的六十大寿，当然理应是举国欢庆。

关于这次"过生日"的记忆，肖洛霍夫有这样一封写给斯大林的信：

亲爱的约瑟夫·维萨里奥诺维奇：

1939年5月24日我是在您别墅度过的，您还记得吧，您送了我一瓶威士忌。妻子从我手中一把夺过去，很坚决地声称：'这是纪念品，不能喝！'我花言巧语饶舌了半天，我说偶然失手瓶子可能摔碎，瓶内装的东西时间一长就会变质，什么话都说尽了，可妻子有大概所有妇女都有的让人受不了的固执，她断然否定：'不！绝不！'最后我只好让步，我们说定，要选一个最有纪念意义的时刻。

……耗费13年的日日夜夜，我终于写完了《静静的顿河》，恰好这又临近您的生日，我决定等到21日，到时一干而尽。

您的米·肖洛霍夫

1945年，斯大林邀请肖洛霍夫偕夫人参加"庆祝反法西斯战争胜利招待会"。参加这次招待会的是党和国家的领导人,战功卓著的元帅,为赢得胜利做出贡献的武器设计师等显赫人物。这对一个作家来说,无疑是一份殊荣。以至38年以后的1983年,肖洛霍夫的夫人玛利娅·彼得罗芙娜还会幸福地回忆起当时的盛况。

苏维埃人有一句形容斯大林文艺政策的词:"一手鞭子,一手蜜糖饼。"斯大林真正开创性地做到了"两手一起抓,两手都过硬"。

肖洛霍夫在《静静的顿河》里描写了阿克西尼娅死亡的场面,写得既触目惊心又令人深思:阿克西尼娅是葛利高里的挚爱,当她在一阵乱枪中饮弹猝死,连哼都没哼一声就倒在了葛利高里的怀抱里时,肖洛霍夫有这样一段描述:葛利高里抬起脑袋,他看见"自己头顶上是一片黑色的天空和一轮耀眼的黑色的太阳"。它让我想到那句名言:"因为追求光明,却让太阳灼瞎了眼睛。"这对于肖洛霍夫的命运而言,是一个象征还是一个谶言?

6 诺贝尔奖的"花落谁家"

肖洛霍夫获诺贝尔文学奖,更有着一段耐人寻味的经历。

早在帕斯捷尔纳克获奖前的1954年,苏联整部国家机器促成肖洛霍夫获诺贝尔奖的运作就已经紧锣密鼓地拉开了帷幕。1954年1月21日,苏联作家协会一封印有"密件"字样的信放到了苏斯洛夫的案头。信中汇报说:"德高望重的老作家谢尔盖耶夫—倩斯基院士收到诺贝尔评奖委员会关于推举诺贝尔文学奖得主候选人的建议书。"信中以颇具觉悟和警惕性的口吻说:"诺贝尔评奖委员会是反动透顶的组织,因此,我们拟定了两个应对方案,可以利用此事来达到相应的政治目的:要么公开据理拒绝,并揭露这一组织;要么据理推出一位积极为和平而奋斗的作家,作为候选人。"

1954年2月23日，苏共中央书记处第54号会议纪要做出决定："采纳苏联作家协会关于推举肖洛霍夫为诺贝尔奖得主候选人的建议。"也许还嫌分量不够，两天后，苏共中央委员会主席团又对书记处的决议予以核准。于是，谢尔盖耶夫—倩斯基的信发往斯德哥尔摩。信中写道："我收到您方盛情建议，深感荣幸……我诚恳地建议将苏联作家米哈伊尔·亚历山德罗维奇·肖洛霍夫，作为诺贝尔奖得主候选人。"后面长篇累牍地对肖洛霍夫的作品予以热捧。

　　3月底，诺贝尔评奖委员会有了回音："尊敬的谢尔盖耶夫—倩斯基先生，诺贝尔评奖委员会高兴地采纳您有关将诺贝尔奖授予米·亚·肖洛霍夫的建议。鉴于各方建议函不得迟于2月1日送给我们，而您的建议信寄达时间太迟，无法在今年交付讨论。不过，肖洛霍夫将作为1955年诺贝尔奖得主候选人……"这显然是一种礼节性的托词，因为此后的事实表明，这一迟就迟来了十年，直到1965年肖洛霍夫才成为了诺贝尔奖的得主。

　　1954年底，帕斯捷尔纳克在给友人的一封信中也提到此事："人们从BBC了解到，似乎（为了什么原因收买我，我也出卖自己）提到了我的名字。了解到一些规矩后，有关部门便要求将我换成肖洛霍夫为候选人。……委员会便提出了海明威，很可能，奖金会授给他。"帕斯捷尔纳克出于某种顾忌，把话说得十分含蓄。但从这扑朔迷离中，我们仍隐约感觉到当年苏联所玩的"偷梁换柱"的手腕。诺贝尔评奖委员会面对苏维埃政权"政治干预"的两难选择，干脆一如帕斯捷尔纳克所说，1955年的诺贝尔奖果真是授予了海明威。

　　究竟是帕斯捷尔纳克还是肖洛霍夫，世界文艺界为此事沸沸扬扬地吵嚷了好几年。意大利《当代》刊登了一篇文章，题目足有一俄里长：《〈日瓦戈医生〉并不光彩地与〈静静的顿河〉的首部意大利文全译本同时出版。其理由是将两部评论同一历史时期的作品进行批判性的对比，并对现代艺术中的两种倾向作一比较》。文中对肖洛霍夫和帕斯捷尔纳克进行了比较："帕斯捷尔纳克观察事件和精神世界的出发点，是俄罗斯与欧洲颓废派特有的神秘主义的个人主义，而肖洛霍夫却遵循历史的原则……

我们认为，肖洛霍夫的文学先驱是19世纪的现实主义，帕斯捷尔纳克的文学源头则是20世纪初的象征主义。"英国作家希曼斯基也对两人作出评价："肖洛霍夫最好的作品充其量不过是新闻报道和好样板，岂有他哉……在苏联艺术作品中，完全不造作和拥有纯洁心灵自由的艺术家更少。……只有帕斯捷尔纳克经受住了所有的风风雨雨并掌握了一切事件。"

3月，苏共中央收到作协书记西蒙诺夫一封写有"密件"的信，信中说："瑞典作家俱乐部不久前讨论了诺贝尔文学奖得主候选人的问题，候选人有以下作家：肖洛霍夫、帕斯捷尔纳克、美国的埃尔查·庞德、意大利的阿尔贝托·莫拉维亚。"苏联作家代表团在访问瑞典后，给中央呈上的一份《纪要》上写道："绝大多数与会者发言赞成肖洛霍夫。资助并指导作家俱乐部的威廉亲王，也投了肖洛霍夫一票。"中央书记伊利切夫向中央委员会高层人事发出通报："国外新闻界人士表达了这样的推测：诺贝尔奖可能由肖洛霍夫和帕斯捷尔纳克分享。"

由此可见，对诺贝尔奖授予何人，苏维埃的党和政府给予了高度关注，倾向性是十分明确的。然而，经历了1955年、1956年、1957年三届的跌宕沉浮，1958年度的诺贝尔奖还是授予了帕斯捷尔纳克，这使得苏维埃政权无比愤怒，最后把一腔怨气全撒在了帕斯捷尔纳克身上。帕斯捷尔纳克此后的命运遭遇已是世人皆知的了。

当年与苏联关系亲近的萨特，为此还发表文章说："帕斯捷尔纳克先于肖洛霍夫被授奖，是十分令人遗憾的……在现在情况下，诺贝尔奖客观上看起来，要么是对西方作家的奖赏，要么就是对来自东方的刻薄的挑刺者的奖励。"后来，萨特还拒绝了1964年颁发给他的诺贝尔奖。

当1955年对肖洛霍夫的推举失败以后，1956年苏共中央还作过一项决议："关于诺贝尔和平奖得主候选人的决议，同意高等教育部有关推荐斯科别尔岑和肖洛霍夫的提议。"不论文学奖还是和平奖，关键在于得奖，从中也可看出对肖洛霍夫获奖的政治背景。此后，苏共中央不放过一切机会力推肖洛霍夫，十年来矢志不渝地努力，真可谓"十年磨一剑"。苏维埃政权对肖洛霍夫的是否获奖，已然超越了一个奖项的内涵，上升到政治层面。

从1965年7月30日肖洛霍夫写给勃列日涅夫的一封信中,我们可以感受到肖洛霍夫在获奖前的"过人聪明之处":

……不久前,诺贝尔委员会副主席来过莫斯科。在作协与他交谈中,得知诺贝尔委员会将在今年讨论我的候选人资格。

让保罗·萨特(去年)拒绝接受诺贝尔奖,他认为诺贝尔委员会评奖不公正,特别是它,这个委员会应该把诺贝尔奖授予肖洛霍夫。在这之后副主席的来访只能被看作是一种试探。

为应付今后需要,我很想了解,如果这项奖金(一反瑞典委员会经典信念)将授给我,那么,苏共中央主席团抱什么态度,我的中央委员会将会给我出什么主意?

通常在10月授奖,不过我想在这之前,应该对你们就此问题所持态度做到心中有数。

勃列日涅夫征询文化部的意见,文化部明确回答:"苏共中央文化部认为,如果诺贝尔文学奖授给米·亚·肖洛霍夫,那么这将是诺贝尔委员会对一位杰出的苏联作家创作的世界意义的认可。因此,如果能获奖,文化部认为没有理由不接受。"

此后,苏共中央政治局开会专题研究了此事,通过了文化部的意见。1965年,肖洛霍夫终于如苏维埃政权所愿,获得了该年度的诺贝尔文学奖。

7 苏维埃酗酒现象的背后

美国拍摄过一部动画片《小马王》,展现了一匹野马在驯顺过程中的痛苦心灵。可以想象,这种野性和圈养的矛盾,对马尚且是一种惨不忍睹的折磨，更何况对万物之灵的人？

在肖洛霍夫的传记中，我看到了这样一些对其酗酒的记载：

有一个旧的笑话：有人向斯大林报告：作家同志们好酒贪杯，法捷耶夫酗酒，肖洛霍夫也酗酒。

"法捷耶夫为什么要酗酒？"斯大林问。"肖洛霍夫贪杯吧可以理解，他不忍心看着自己同一个镇上的哥萨克挨饿，我们却总是逼着他去描写如火如荼的集体农庄生活。他就此喝开了酒。可这有什么办法呢？我们又找不出可以替代他的作家。"

肖洛霍夫向奥西波夫讲过这样一个与斯大林对话的细节：

当斯大林决定为卢戈沃伊等人平反后，对肖洛霍夫说了这样一句话："亲爱的肖洛霍夫同志，您不应该以为我们会相信诽谤者。"

肖洛霍夫说了这样一个笑话："兔子飞跑，迎面碰上一只狼。狼说，兔子，你跑什么呀？兔子回答，被人捕捉到要钉蹄掌。狼说，那是给骆驼钉蹄掌，不是给你们兔子钉。兔子说，要是捕捉到你，试试证明你不是骆驼！"

肖洛霍夫的笑话是意味深长的。当时在一旁的克格勃头目叶若夫笑了起来，而斯大林没笑，一脸严峻地转换话题，盯着肖洛霍夫问："肖洛霍夫同志，听说您喝酒太多。"肖洛霍夫回答说："斯大林同志，这种生活怎能不让人一醉方休呢！"

苏联地跨欧亚大陆，又接近北极圈，气候温差很大。1月份平均气温从零下1度到零下50度。由于大部分地区冬季时间较长，为了抵御严寒，俄罗斯人普遍存在贪杯的习惯。在沙皇统治时期，俄罗斯人民常常借酒消愁，以此忘却被奴役的痛苦。民间流传着一句俗语："俄罗斯的快乐在于喝酒。"酗酒成为俄罗斯人麻醉神经消解痛苦的方式。

早在苏维埃夺取政权之初，苏联就成立了"全苏禁酒委员会"，对酗酒的危害性进行了大张旗鼓的宣传，并为劝阻过度饮酒还调整了酒的价格。然而，整个苏维埃时期，酗酒还是愈演愈烈。1967年，苏联当局通过了对过度酗酒处以两年"强迫治疗和劳动教养"的法令。1972年，勃列日涅夫执政时期，苏联当局又通过一项反酗酒的决议，在全国成立了几十万个反酗酒委员会……然而还是屡禁不止。

下面是有关肖洛霍夫酗酒的一些文字记录。

1993年苏共中央档案馆解密的文件中记录有："根据罗斯托夫州州委书记基谢廖夫同志意见，我们业已与之谈过，必须对肖洛霍夫同志采取强制治疗措施。因为州委会的措施对作家一点用处也没有……"肖洛霍夫被中央委员会当成不可救药的酗酒典型。

科学文化部长给马林科夫的信中说："让许多作家和读者焦虑不安的是，像米·肖洛霍夫这样一些语言艺术大师的命运。肖洛霍夫一直在不停地酗酒，严重损害了自己的身体，已经很长时间没有写出新的作品了。"

在苏共中央档案馆里，还保存着一份苏联卫生部第四局（专门负责高干医疗保健的部门）的《记录》：

> 米·肖洛霍夫，作家协会书记处（苏联作协书记斯米尔诺夫署名）以及什卡帕和彼尔米京均有信函致苏共中央，信中说肖洛霍夫因长期酗酒导致身体和精神状况极差，无法从事创作，近来仍未摆脱贪杯恶习。……他喝很多酒（一昼夜两三瓶白兰地）……过量饮酒，情况越来越恶化，清醒的时间越来越短……作家的健康正面临大崩溃的处境。……肖洛霍夫同志肝硬化、动脉粥样硬化和高血压病情在加重，继续酗酒将导致不可逆转的后果和死亡。

在给中央的报告最后提出："为防止最有天才的苏联作家米·亚·肖洛霍夫死去，应以强制的方式让其得到治疗。"

李白《将进酒》云："将进酒，杯莫停，与君歌一曲，请君为我倾耳听"。"斗酒十千恣欢谑"，"但愿长醉不复醒"，"与尔同销万古愁"。肖洛霍夫的酗酒，向我们传递的是什么样的信息？杯中本是烧心物，借酒浇愁愁更愁。

肖洛霍夫的传记作家奥西波夫对肖洛霍夫的酗酒曾作出这样一些剖析：

越来越多的人反映肖洛霍夫的酗酒，既然已经对此做出了诊断，那治疗又该是什么样的呢？在罗斯托夫州作出强制治疗的意见后，莫斯科方面的党政机关也持同样的意见。我不相信那些写告密信的人的动机是纯洁的，下面就是一些有疑点的地方：

1. 所有这些针对肖洛霍夫"酗酒"的文件出现在中央委员会——是碰巧还是别有用心？此时正是党的生活中出现一些特别政治事件的时期，或者说是在党对作家的领导更加严格的进程中。不知是想把那些不受控制的人从积极活动中驱除开来，还是只是一个判决："瞧，肖洛霍夫就是这么一个人！"

2. 强制治疗的要求……这后面是否会有这样的意思，即中央委员会可以奖励你，可以宽恕你，但也可以对你施加影响，加以惩罚！

3. 根据中央委员会的档案我确信：那些写密告信的人和那些收到密告信的人一次都没有想过肖洛霍夫答复斯大林的话是什么意思："过这种日子谁都会酗酒！"甚至连一向敏锐的赫鲁晓夫也不例外。谁都没猜到，或者是不敢或者是不想问写"酗酒"报告的作者："肖洛霍夫为什么酗酒？"他是因为意识到政治依赖性因而使心灵和情感备受煎熬因此借酒浇愁吗？或者是对政治压制和检查制度的一种反抗？还是因为繁重的脑力劳动需要从中得到舒缓呢——要知道写作不是用手，而是用心灵！

这些信中，针对作家的内容写得很卑鄙下流。如果想关心他，难道是这么个关心法？我认为这些信是想调唆中央委员会反对这个不妥协不受控制的作家。此外还是官方的保险措施：如果发生了与法捷耶夫一样的事情，那我们早就及时发出过警告。

苏联作家协会总书记法捷耶夫之死，大概可算是苏维埃文学史上的一个典型事例。

1956年5月13日，法捷耶夫在莫斯科郊外的作家村寓所开枪自杀了。当年，刊登在苏联各大报的苏共中央的讣告中是这样一个口径："法捷耶夫多年来身受嗜酒过度之苦,在抑郁状态中做出了反常之举,开枪结束了自己的生命。"法捷耶夫的儿子在接受记者采访时却说:"这不是事实。"他说,父亲的死因不是"嗜酒"。我们现在当然知道了法捷耶夫自杀的真正原因。

对苏维埃"嗜酒"现象的剖析,已然超越了病理学的范畴,而进入到弗洛伊德心理学、弗罗姆社会学的领域。

8 功成名就老人晚境的回放

1980年5月24日,肖洛霍夫75岁诞辰之际,最高苏维埃主席团颁布命令,"为表彰获得苏联社会主义劳动英雄称号的作家肖洛霍夫在苏联文学发展中的卓著功勋",授予肖洛霍夫第五枚列宁勋章和第二枚"锤与镰"金质奖章,并决定在他的家乡维申斯克镇为他塑立半身铜像。一个作家能获此殊荣可谓史无前例恐怕亦是空前绝后,肖洛霍夫俨然功成名就。

奥西波夫在《肖洛霍夫的秘密生平》一书中,记载的肖洛霍夫75岁生日时的情形,却并不是弹冠相庆的场面:

>……轮到诗人叶戈尔·伊萨耶夫致祝词时,诗人开始朗诵自己写作的长诗《记忆的审判》中的片断。他朗诵得非常投入,充满深情,每一个音节都清晰可辨。突然我看到,和诗人有共同感受,专注地在倾听的肖洛霍夫,情不自禁地两眼开始湿润了。我猜想,大概是觉得在大庭广众之下这样有点难为情,他想强忍住自己的泪水,便伸手去拿香烟。但是尽管作出了最大的努力,泪水仍像喷泉似的涌了出来。

《记忆的审判》拨动了肖洛霍夫的某根心弦，大概在那一霎间，肖洛霍夫对自己的人生有了一番过电影般的回放。往事"不堪回首月明中"，对记忆的审视触动了作家心中深处的那块伤疤。

奥西波夫还讲述了这样一个细节：

1983年夏天，这是肖洛霍夫生命的最后一个夏天了。奥西波夫与《小说报》的主编加尼科夫一道去了肖洛霍夫的家乡维申斯克镇，他们是去取肖洛霍夫答应交给《小说报》发表的他晚年写成的作品。这是肖洛霍夫的"绝笔"。

奥西波夫说："我们这些客人到达的第一天就特别兴奋，我们谈了很久，我们想知道那部长篇军事小说命运的愿望空前强烈。……肖洛霍夫的秘书几乎是耳语般地向我们坦承了一些情况。他援引作家幼子的证词说，长篇小说全文已付之一炬了。这消息听来太可怕了，简直让我们愣住了。"

肖洛霍夫自己烧毁了自己的心血结晶。这是何等的凄迷和绝望！

一个作家的人生能如肖洛霍夫，还有何求？还有什么遗憾？

"知君者谓吾心忧，不知君者谓君何求。"一个功成名就老人在行将"盖棺论定"之际对人生的反省，留给我们太多的历史思索。

生命中不能承受之重
——1958年诺贝尔文学奖得主 帕斯捷尔纳克

1 塞翁得马，焉知非祸？

1958年，鲍里斯·帕斯捷尔纳克终于摘取了皇冠上的钻石——诺贝尔文学奖。然而正如法国谚语所说，皇冠是荆冠。这颗钻石沉甸甸地压得帕斯捷尔纳克几乎喘不过气来。

鲍里斯·帕斯捷尔纳克的儿子叶夫根尼·帕斯捷尔纳克在《帕斯捷尔纳克的诺贝尔奖风波》（摘自胡世雄编译《心灵的隐秘——外国名作家生活的另一面》，汉语大词典出版社，2000年12月）一文中，讲述了他父亲一波三折的获奖经过：

> 授予帕斯捷尔纳克诺贝尔奖金的呼声始于战后的头几年。据诺贝尔奖金评定委员会现任主席拉尔斯·吉伦斯顿说，从1946年起至1950年，每年都曾把帕斯捷尔纳克作为候选人来讨论。1957年再次提名，1958年决定授奖。帕斯捷尔纳克是根据日益加剧的国内批评而间接得知这些情况的。为了摆脱自己因在欧洲享有盛名而遭到的直接威胁，他有时也不得不做一做自我辩白："根据作家协会提供的材料，西方的某些文学团体对我的工作给予了不应有的评价。我所做的工作微不足道，且无甚成效，因而该评价是不合适的……"
>
> 1954年秋，奥莉加·弗赖登贝格从列宁格勒来信问他："我们这儿传闻你获得了诺贝尔奖。这是真的吗？要不，又怎么会有这种传闻呢？""我们这里也有这样的传闻，"帕斯捷尔纳克回答她说，"我是最后一个听说的。我知道得比大家都要晚，是从第三者那儿得知的……与其说我期望，还不如说我担心这一流言会成为事实。尽管这一获奖伴有诱人的、必不可少的领奖之行，飞

入更广阔的世界，交流思想，——因为我不能够按惯例像一个普通的上发条的木偶那样按部就班地去进行那一旅行。我有我自己的生活，有未完成的长篇小说，可别让这一切给弄糟了。要知道，这可是巴比伦之囚啊。看来是上帝垂怜——这一危险终于过去了。显然我曾明确被提名为候选人并拥有许多人支持。比利时、法国和联邦德国的报刊上都曾谈及此事。人们看到、读到那些消息，也就谈论开来。后来人们从'BBC'电台听说（我把我所听到的在此如实转述）：似乎本来是我被提名，但有人考虑到当时的世情，便请求提名机构同意让肖洛霍夫替换我作候选人。委员会否决了该项请求后，提名海明威为候选人，也许奖金会授给他……"（1954年的诺贝尔文学奖果然一如帕斯捷尔纳克所言，授予了海明威。）

长篇小说《日瓦戈医生》于一年后完稿。其法文译本颇受1957年诺贝尔奖金获得者艾伯特·加缪的喜欢。他在瑞典科学院的讲演中以赞许的口气谈到了帕斯捷尔纳克。1958年，帕斯捷尔纳克"因在现代抒情诗和伟大的俄罗斯叙事文学领域中所取得的杰出成就"而被授予诺贝尔奖金。帕斯捷尔纳克收到诺贝尔奖评定委员会秘书安德斯·埃斯特林拍来的电报后，于1958年10月23日答复道："非常感谢、欣喜、自豪、诚惶诚恐。"

然而第二天一早，康·费定突然登门。他没有向正在厨房里忙碌的女主人打招呼，便径直上楼进了帕斯捷尔纳克的书房。费定以将在各报刊上整治他相要挟，威逼帕斯捷尔纳克立即抗议性地拒绝领奖。帕斯捷尔纳克回答说：没有什么能迫使他拒绝接受已决定授予他的这一荣誉，况且他已经答应了诺贝尔奖评定委员会，不能让别人认为他是一个忘恩负义的骗子。他还断然拒绝与费定一同去其别墅会见等在那儿准备向他作解释的中央委员会文化处处长波利卡尔波夫。

在那些天里，我们每天都去佩列杰尔基诺。父母没有改变自己的生活节奏，继续工作着。当时他正在翻译斯洛伐茨基的《玛丽亚·斯图尔特》。他很开朗，也不看报纸，还说为享受诺贝尔奖金获得者的荣誉，他准备承受任何损失……

早在第二次世界大战后的 1947 年，英国几位作家就建议将诺贝尔文学奖授予苏联作家帕斯捷尔纳克。但此后年复一年讨论达五次之多，瑞典皇家科学院都不作出决定。在 1953 年的最终评定中，评定委员会以帕斯捷尔纳克是"生活在俄国的俄国作家"这一理由（貌似荒唐，是出于为获奖者安全考虑，还是由于意识形态的偏见），否决了授奖给帕斯捷尔纳克。1956 年，《日瓦戈医生》一书在苏联境外出版后，立即在西方引起巨大反响。瑞典皇家科学院重新考虑把诺贝尔奖授予帕斯捷尔纳克。当时苏联驻瑞典大使馆发言人话中有话地说："帕斯捷尔纳克作为翻译家比作家更知名。"苏联文化部长则表示，诺贝尔文学奖授予肖洛霍夫更为合适（苏联政府的这一倾向，有着极为浓厚的官方权势色彩，我在肖洛霍夫一文中有详述，此处不再赘笔）。

"明年花开复谁开"？几经戏剧性的山重水复柳暗花明，1958 年的诺贝尔文学奖最终还是授予了帕斯捷尔纳克。

对于帕斯捷尔纳克的获奖，西方政界、文化界及各通讯社、新闻报刊，蜂拥而起予以热捧，进行了大量政治性宣传，把《日瓦戈医生》一书的问世，称作是"自由俄国之声的重新崛起"。《日瓦戈医生》原本确实是一本"关于人类灵魂的纯洁和尊贵的小说"，但冷战时期这种具有浓烈意识形态色彩的思维模式，硬是把帕斯捷尔纳克强行推上了政治舞台。老谱将不断袭用，历史真有惊人相似的一幕，若干年后，当米兰·昆德拉的《玩笑》出版之际，也在西方掀起追捧的热潮，以至使昆德拉不得不急忙声明："请不要拿你们的斯大林主义来难为我了。"并一再强调："《玩笑》仅是一部爱情小说而已。"

迫于政治压力，帕斯捷尔纳克只得出面为自己辩解："从 700 多页书中仅仅引用那么三页"，就武断认为"这是一部惊人的小说"，是"揭露出专制王国铁幕"的"杰作"，这完全违背了作者的原意。

西方的热捧等于给帕斯捷尔纳克帮了倒忙，使苏联当局大为恼火。1958年10月25日的苏联《真理报》上，发表了著名评论家萨拉夫斯基的文章《围绕一株毒草的反革命叫嚣》。文章指出："反动的资产阶级用诺贝尔奖金奖赏的不是诗人帕斯捷尔纳克，也不是作家帕斯捷尔纳克，而是社会主义革命的诬蔑者和苏联人民的诽谤者帕斯捷尔纳克。"1958年10月25日的苏联《文学报》上，也发表了《国际反动派的一次挑衅性出击》一文，光从题目看就能感受到其中的火药味。翻阅那一时期中国国内报刊，也可管中窥豹，看到当年批判的声浪：如《文艺报》1958年第21期发表的《诺贝尔奖金是怎样授予帕斯捷尔纳克的》《杜勒斯看中了〈日瓦戈医生〉》，《世界文学》1959年第1期刊出的《痈疽·宝贝——诺贝尔奖金为什么要送给帕斯捷尔纳克》《市侩、叛徒日瓦戈医生和他的"创造者"帕斯捷尔纳克》等。

1958年10月27日，苏联作家协会宣布，鉴于作家"政治上和道德上的堕落以及对苏联国家、对社会主义制度、对和平与进步的背叛行为"，决定开除他的会籍。

叶夫根尼·帕斯捷尔纳克在《帕斯捷尔纳克的诺贝尔奖风波》一文中，对开除他父亲的会籍一事作了这样的记述：

> 他给作家协会主席团写了一封信。然而在开会时却并未宣读他那封信，反而根据马尔科夫的报告把他开除出作家协会了。我们曾多次试图从作家协会的档案资料中找出那封信来，但始终未能找到，也许是被销毁了。……父亲谈起过那封信的内容。该信包括22个要点，我记得其中有这样的话：
>
> "我认为，作为一个苏联人，我仍可以写《日瓦戈医生》。再说，该书完稿之时，杜金采夫的长篇小说《不只是为了面包》已获出版，那给人造成了一种解冻的印象。我把小说交给了意大利共产党人出版社，并期望经过书刊检查后的版本能够在莫斯科问世。我同意修改所有不被接受之处。我认为一个苏联作家的才能要比其实际表现出来的才能更大。我把小说原样交出，希望能

得到批评界友善的指教。

"我在向诺贝尔奖金评定委员会发致谢电时没有想到授奖给我是因为这部小说，而认为，如其授奖通知所述，是因为我所做的全部文学工作的总和。我是可以这样认为的，因为早在该小说尚未写成以及任何人都不知道有该小说之时，我就已曾被提名为获奖候选人了。

"没有什么能迫使我放弃授予我——一个生活在俄罗斯，从而也就是苏联人的现代作家——的荣誉。不过，诺贝尔奖金我打算交给保卫和平委员会。

"我知道，通过社会舆论的压力，一定会提出把我开除出作家协会的问题。我不指望你们能公正处理。你们可以枪毙我、驱逐我、随心所欲地处置我。我预先宽恕你们。但你们别高兴得太早了。这决不会给你们带来幸福与荣誉。请记住吧：几年之后你们仍将不得不替我恢复名誉。在你们的经历中，这样做也并不是第一次。"

一种自尊、独立的立场使帕斯捷尔纳克顶住了报刊发起的各种侮辱、威胁和咒骂……

帕斯捷尔纳克还试图做最后的抗争。对于帕斯捷尔纳克的不识时务，政治压力在加剧。

尼基塔·赫鲁晓夫的儿子谢尔盖·赫鲁晓夫在《赫鲁晓夫下台内幕及晚年生活》（中央编译出版社，1994年3月）一书中回忆：后来成为克格勃主席，当时是苏联共青团中央第一书记的谢米恰特内表现得尤为极端。谢米恰特内在庆祝共青团成立41周年大会上讽刺作家说，帕斯捷尔纳克应该离开苏联去"领略资本主义天堂的妙处"。谢米恰特内将作家比喻为"一头弄脏自己食槽的猪"。并强烈要求政府褫夺帕斯捷尔纳克的苏联公民权。此后，就发生了学生结队到帕斯捷尔纳克的住宅闹事，投掷石头，砸烂门窗，而国家安全部门对这些暴力行为持一种纵容态度，认为是帕斯捷尔纳克"咎由自取"，"激起民愤"。谢尔盖的回忆里还记载了这样一个细节：与谢米恰特内关系紧密的阿朱别依（赫鲁晓夫的女婿）回到家，给大家带来一句新俏皮话："现在有个说法，叫莫斯科有三个不幸：拉克、'斯巴达克'、帕斯捷尔纳克。""拉克"为音译，意指癌症；"斯巴达克"指一支足球队，那一段正如中国足球队所经历的"8·19"黑色星期五。

1958年11月4日，塔斯社受权声明，如果帕斯捷尔纳克到瑞典领奖后不再回国，苏联政府决不追究，实际上是发出了"驱逐令"的威胁。迫于这种形势，帕斯捷尔纳克于12月29日宣布拒绝接受诺贝尔文学奖，并致电瑞典科学院："鉴于我所从属的社会对这种荣誉的用意所作的解释，我必须拒绝这份已经决定授予我的、不应得的奖金。请勿因我自愿拒绝而不快。"

然而，对帕斯捷尔纳克的迫害并没有因为他拒绝了诺贝尔奖而中止。薛忆沩在《帕斯捷尔纳克的诺贝尔奖危机》一文中，对此后事态的发展作了记述：

> 1958年，帕斯捷尔纳克被"自愿"放弃了诺贝尔文学奖励。在他发出谢绝电报的当天，《真理报》发表了一篇由六位苏联科学院院士署名的文章。文章高度赞扬瑞典皇家科学院将当年的诺贝尔物理学奖授予三位苏联科学家，认为这是客观公正的选择。而同时，文章再次严厉谴责当年的诺贝尔文学奖，认为将它授予这些科学家的同胞却充满了政治上的偏见和图谋。
>
> 自杀性的谢绝让帕斯捷尔纳克痛苦不堪。他马上想到了20世纪上半叶苦难的俄罗斯文学史上那些著名的前车之鉴，也想用自杀来结束自己的痛苦。但是，他的祖国及时发现了这一动向。祖国认为，作家用这种"快捷方式"来终结自己的痛苦等于是"从背后"再给苏维埃政权一刀。"有关方面"运筹帷幄，巧妙地利用帕斯捷尔纳克最亲近的人，制止了他对祖国的另一次"行刺"。痛苦不堪的作家在当时给表妹的一封信中无可奈何地写道："现在最好的事就是死，但是我也许不应该亲手来实

现它。"

而同时，不允许他走上绝路的祖国对他还有更进一步的要求。他最亲近的人带来了针对他的"最高指示"：仅仅放弃诺贝尔文学奖是不够的，他还必须向祖国和人民公开悔过。很快，一份由组织上代写的"悔过书"摆在了帕斯捷尔纳克的眼前。他无法接受其中那些"自我"诋毁的文字，拒绝在上面签字。而接踵而至的第二份"悔过书"更具侮辱性。帕斯捷尔纳克却不得不在那上面签下自己的名字。因为这时候，苏联作家联盟已经"一致通过"给苏维埃最高法院的请愿信，吁请执法机关剥夺他的公民权，将他立即驱逐出境。刚刚谢绝了殊荣的作家已经别无选择。他的"悔过书"于11月5日在《真理报》上发表。

帕斯捷尔纳克在《致〈真理报〉编辑部的信》中写道："我生在俄罗斯，长在俄罗斯，在俄罗斯工作，我同它是分不开的，离开它到别的地方去对我是不可能的。"他在信中检讨："《新世界》杂志编辑部曾警告过我，说这部小说可能被读者理解为旨在反对十月革命和苏联制度的基础。现在我很后悔，当时竟没认清这一点……我仿佛断言，一切革命都历史地注定是非法的，十月革命也是这种非法的事件之一，它给俄罗斯带来灾难，使俄罗斯的正宗知识分子遭到毁灭。"帕斯捷尔纳克请求赫鲁晓夫，不要对他采取极端的措施，不要把他驱逐出境。

获得诺贝尔文学奖反而使帕斯捷尔纳克因福获祸。在随后的日子里，他为自己的谢绝和悔过而痛苦难当。他做过两次引人瞩目的抗争：在伦敦的报纸上发表了一次牢骚满腹的访谈，在纽约的报纸上发表了一首怨声载道的诗歌《诺贝尔奖》（1959年2月11日发表于《每日邮报》）：

我算完了，就像被围猎的野兽。/自有光明与自由的所在，/可紧跟我的却是追杀的喊叫，/我已经无法到外面去走一走。//漆黑的森林的池塘的陡岸，/还有被砍倒的枞树的树干。/通向四方的路已经被切断。/一切都听天由命，随它的便。//我可到底做了些什么坏事，/我是杀人犯，还是无赖、泼皮？/我仅仅是迫使全世界的人/为我美好的家乡俄罗斯哭泣。//但尽管已面临死期，/我也相信有朝一日/善的精神定将压倒/卑鄙和仇恨的邪力。

1959年3月14日，帕斯捷尔纳克在散步时，被从居住地别列捷尔金诺传唤到莫斯科接受审问，苏联总检察长鲁坚科威胁道，如果帕斯捷尔纳克再不停止与外国人交往，将追究其刑事责任。

一石激起千层浪！诺贝尔文学奖对帕斯捷尔纳克而言，幸抑或不幸？

2 作家是背负"债务"的人生行走

蒋建文在《个人对时代的承担》一文中，对帕斯捷尔纳克创作《日瓦戈医生》一书的动机做了这样的描述：

> 就在逝世前的4个月，在接受记者采访时谈到，"当我写作《日瓦戈医生》时，我时刻感到自己在同时代人面前负有一笔巨债。写这部小说是偿还债务的试图。当我慢慢写作时，还债的感觉一直充满我的心房……我认为有责任用小说讲述我们的时代——那是遥远的过去，但它仍浮现在我们眼前，时间不等人，我想把过去写进《日瓦戈医生》之中……
>
> 历史造就了许多的阴差阳错，帕斯捷尔纳克把时代铸就的错当成个人"债务"，主动以个人的肩膀承担下来。……他没有媾和于黑暗的年代，主动承担说到底是点燃人道主义的光芒，承担意味着道歉，把时代铸就的苦难"自作多情"地向历史和人们道歉；承担意味着坚守，坚守正义良知道德；承担意味着支撑，

支撑着黑暗时代的光明，尽管自己发出的光可能只是角落里的萤火虫。

1945年5月，帕斯捷尔纳克55岁，那一年他的父亲在英国去世。骤然间，帕斯捷尔纳克有了生命的紧迫感。他在给堂妹、列宁格勒大学古典语言教授奥丽娅的信中写道："我已经老了，说不定我哪一天就会死掉，所以我不能把自己要自由表达真实思想的事搁置到无限期去。……让整个一生不得不在一种乏味的程序中度过。"就在他父亲去世的那年年底，帕斯捷尔纳克开始构思并创作他称之为"我生存的目的"的《日瓦戈医生》。

帕斯捷尔纳克越来越觉得以诗歌和散文的形式，已经无法充分表达他半个世纪以来对苏维埃无产阶级革命的感受，只有通过写一部史诗才能完成。他说："我一直想写这样一部长篇小说，它就像一次爆炸，我可以在爆炸中把我在这个世界上看到的和懂得的所有奇妙的东西都喷发出来。"

在开始创作的最初几年里，帕斯捷尔纳克多次写信给奥丽娅剖白自己的创作心迹：

> 如今，当关于我的误会和丑闻已经根深蒂固的时候，我反而真的想成为一个人了！我抱着极其愚蠢的想法企图纠正和说明所有这些含糊不清的话和有头没尾的故事。老实说，我有生以来第一次想写一部真正的作品。
>
> 如果我不能在其中生存与成长，那么我一年也活不下去。我心中的某些东西，我神经的某些部分，几乎是以完整的明确性移植其中了。
>
> 我在所有人的面前都负疚。可是让我怎么办呢？所以说，这部长篇小说是我偿还债务的一部分，证明我也尽了自己的努力。

文章中反复出现的字句叫主题词，音乐中不断奏鸣的音符叫主旋律。帕斯捷尔纳克多次在众人面前提到撰写《日瓦戈医生》是出于一种"偿还债务"，究竟表达着怎样的心理潜台词？

在帕斯捷尔纳克的年表中，我看到这样一条："1934年6月的第二周，帕斯捷尔纳克与斯大林进行了电话交谈。"与领袖的一次通话固然重要，但就值得列入作家生平年表？

以赛亚·伯林在《会见阿赫玛托娃与帕斯捷尔纳克》一文中，记述了帕斯捷尔纳克向他亲口讲述的这次通话内容：

> 他对我讲述与斯大林就曼德尔斯塔姆被捕一事所进行的电话交谈。关于这次著名谈话的不同版本一直在流传。我只能重述1945年他告诉我的故事。根据他的描述，他和妻儿在莫斯科的公寓，电话响时没有旁人，一个声音告诉他说是克里姆林宫来电，斯大林同志想同他谈谈。他认为这是一个无聊的恶作剧，就把听筒放下了。电话再次响起，里面的声音多少使他相信这电话是真的。斯大林就问他，是否正在同鲍里斯·帕斯捷尔纳克通话。帕斯捷尔纳克说正是。斯大林问，当曼德尔斯塔姆朗诵一首关于他斯大林的政治讽刺诗时，他是否在场。帕斯捷尔纳克回答说，他认为他在场与否根本不重要，但很高兴斯大林能和他通话，说他知道这迟早会发生，说他们必须面谈，谈具有无比重要性的事。斯大林又问曼德尔斯塔姆是否是个天才。帕斯捷尔纳克回答说，他们是风格迥异的诗人，他尊重曼德尔斯塔姆的诗，但并不觉得亲近。然而，不管怎么样，这无关紧要。
>
> ……不管怎么样，斯大林再一次问他，当曼德尔斯塔姆朗读那首讽刺诗时他是否在场。帕斯捷尔纳克再一次回答，最重要的是他必须和斯大林见面，越快越好，一切都决定于此，他们必须谈谈终极问题，关于生和死。"如果我是曼德尔斯塔姆的朋友，我应该懂得如何更好地为他辩护，"斯大林说，然后就挂了电话。帕斯捷尔纳克试着打回去，但不奇怪，未能接通。这件事很明显一直折磨着他。至少在另外两个场合他又对我重复了这个故事。

以塞亚·伯林的记述有点扑朔迷离,但他向我们提供了一个线索:这次通话是有关诗人曼德尔施塔姆的被捕。

虞非子在《帕斯捷尔纳克创作〈日瓦戈医生〉的心迹》一文中也描述了这次通话:

1934年6月末的一天,斯大林给帕斯捷尔纳克打来电话。这个电话后来成了帕斯捷尔纳克无法解开的一个心结……

5月13日深夜,曼德尔施塔姆因"反诗"被克格勃逮捕。这首克格勃在诗人家中搜查了一夜也未找到诗稿的"反诗",现以审讯记录的形式保存在克格勃档案馆中。

问:你意识到自己创作反革命的作品是有罪的吗?

答:我是下面这首反革命诗的作者:

"我们未感到生活有国家作为脊梁,/近在咫尺而我们的演讲却了无声响。/当我们希望稍稍开口时,/克里姆林宫的居住者站在路中央,/他粗粗的手指像蛆虫一样油亮,/他的话语的重量确有四十磅,/他穿着闪闪发光的牛皮服装,/他的开怀大笑像嘴唇上有只蟑螂。/在他周围是一群脖如鹤颈的丑类,/他把这种半人半鬼家伙的奉承当做儿戏玩耍。/他们吹口哨、学猫叫和哭哭啼啼地诉说,/只有他独自地用他的手指在指指戳戳。/他一点点地扔出马蹄铁似的东西——/公正写在眼睛里、脸上、额头上。/枪毙一词使他的那帮人更加愉悦,/奥塞梯人挺起宽阔的胸膛。"

曼德尔施塔姆被捕当天,诗人阿赫玛托娃便从列宁格勒赶到莫斯科,与帕斯捷尔纳克商量通过上层关系进行营救。随后,帕斯捷尔纳克立刻去找《消息报》主编布哈林,气愤地对他说,他不明白怎么会不饶恕这样一位伟大诗人所写的几首不大高明的诗歌,竟然把人抓去坐牢。

布哈林于是给斯大林写了封信,结尾处写道:"连帕斯捷尔纳克也感到紧张。"

帕斯捷尔纳克的确紧张,"因为您知道,现在发生了多么怪异可怕的现象,他们开始抓人。我怕隔墙有耳……"4月末的一天晚上,当曼德尔施塔姆在街心公园向他朗诵这首诗后,他马上说:"我没听过这首诗。您也不曾向我读过这首诗。"他显然是希望曼德尔施塔姆不要再传播这首诗,"克里姆林宫的居住者"无处不在。

斯大林很熟悉帕斯捷尔纳克:他的父亲曾是少数几位获准出入克里姆林宫并为列宁画像的画家之一,斯大林本人也常常电话约见帕斯捷尔纳克等作家,对他们的作品作出具体的评判,虽然他这样做常常令作家们胆寒。

关于这个电话,帕斯捷尔纳克本人并没有留下文字记录,现存的几个版本都是与他比较亲近的人根据他的讲述记录下来的,关键内容也大同小异。阿赫玛托娃的回忆应该比较贴近当时的真实情况——

斯大林问帕斯捷尔纳克为什么不替朋友奔走,"如果我的诗人朋友遭到了不幸,我会不顾一切地去救他。"帕斯捷尔纳克回答说:"如果我不为他奔走,您大概还一无所知……""为什么您不来找我或者找作家组织?""作家组织从1927年起就不管这种事了。""可他毕竟是您的朋友吧?"帕斯捷尔纳克一时语塞。斯大林在短暂的冷场之后继续问道:"他毕竟是位大师,大师呀!"帕斯捷尔纳克回答:"这没有意义。"

……"为什么我们老是说曼德尔施塔姆曼德尔施塔姆,我早就想跟您谈一谈了。""谈什么?""谈生与死。"斯大林挂断了电话。

之后,帕斯捷尔纳克一再试图给斯大林打电话,但"斯大林同志正忙着",于是他只能给斯大林发了一封信……曼德尔施塔姆虽然被减轻了处罚,但还是被"隔离并保护"着流放了3年。在那段时间里,帕斯捷尔纳克和阿赫玛托娃又多次去找不停更换的最高检察长替曼德尔施塔姆说情,但那时恐怖已经开始,一切努力都无济于事。1938年5月,曼德尔施塔姆再次被捕,年底死于集中营。克格勃档案中这样记载:"一块木板捆在他的腿上,在木板上用粉笔写着他的编号。"

诗人曼德尔施塔姆的死,无疑成为帕斯捷尔纳克一个解不开的心结。从这些"草绳灰线"的记录中,我们能感受到当年弥漫于整个社会的恐怖氛围。也许,帕斯捷尔纳克为没敢于挺身而出为诗人辩护而终生内疚。当时,莫斯科流言四起,有人指责他在斯大林面前没有替曼德尔施塔姆说情,甚至有人写诗攻击他坑了曼德尔施塔姆,要他对曼德尔施塔姆之死负责。

当帕斯捷尔纳克的朋友在肃反扩大化中被捕和处决时,他却安然无恙。据研究者认为,这得益于他译了格鲁吉亚民间赞颂斯大林的诗歌,使斯大林非常高兴。也有人认为他的诗重在描写大自然,而不是政治。这些优美的风景诗,唤起了斯大林的共鸣。因此斯大林对他特别关照,在要求处治帕斯捷尔纳克的卷宗上批示:"不要碰这只闲云野鹤!"其实,斯大林很赏识帕斯捷尔纳克的诗才,早在1925年就召见他,希望他成为"时代的歌手"。曼德尔施塔姆被流放后不久,帕斯捷尔纳克便与高尔基并排坐在苏联第一届作家代表大会的主席台上。布哈林在报告中称赞帕斯捷尔纳克是"我们这个时代最杰出的诗坛巨擘之一"。他在这次代表大会上当选为第一届理事会理事。

音乐家肖斯塔科维奇在他的回忆录里说:"恐惧和压抑是弥漫着我们这一代人一生的共有心理。左琴科说:'我从小就怕一只突然伸过来的手。'我呢?显然也怕向我伸过来的手。这只手似有还无,又无处不在,突然就伸出来把你给抓住。"肖斯塔科维奇又说:"我永远都不相信这个世界上都是傻子。他们一定是带着假面具,这是一种生存策略,可以使你保持最低限度的体面的策略。"他还说:"在那些日子里,人人都有些不足为外人道的事情。你总得活下去,而且谁都挨着边缘在走。"

李慎之在论述哈维尔时说:"一个人为什么会被编织进意识形态的网中?因为恐惧。每个人都有东西可以失去,因此每个人都有理由恐惧。""出于对生计、地位,或者前程的恐惧。"李慎之更进一步明确说,与其号召大家去做海燕，不如承认大多数人是家雀的现实，并维护做家雀应有的权利。

然而，这样一段人生经历，却成为帕斯捷尔纳克生命中挥之不去的阴影。十多年后，帕斯捷尔纳克在给女友伊文斯卡娅讲述这段往事时说，斯大林在挂断电话前还讲过这样一句话："看来，你不善于保护同志。"这句话是此前其他版本中所没有的，而几十年来，这句话却像是刀刻火烙般镌在帕斯捷尔纳克心灵上。其实，斯大林的这句话完全可以作另一解读：这是窥测对方心迹的一种试探！20 世纪 30 年代斯大林亲手制造的大恐怖，据不完全统计，死于这一时期的作家不少于 600 人，最多可能达 1500 人。这是一个手无缚鸡之力的诗人所能"保护"的吗？

虞非子在《帕斯捷尔纳克创作〈日瓦戈医生〉的心迹》一文中，记载有这样的文字：

> 几个月后，帕斯捷尔纳克便病倒了，"患了精神障碍症，睡不着觉，生活失常，经常哭泣，总说到死"。很多年以后，帕斯捷尔纳克对这段日子仍记忆犹新。在斯大林去世前两天（1953 年 3 月 3 日）写给友人的信中，他回忆起了自己当时的境况：现在"我就坐在 18 年前（即 1935 年）认为是死胡同的窗前，那时我面对着窗户什么也干不了，什么也不知道"。
>
> 1935 年 6 月，帕斯捷尔纳克应邀出席巴黎国际反法西斯作家代表大会。当现场翻译、法国作家马尔罗介绍"我们时代最伟大的一位诗人"将发表演讲时，代表们全体起立，向帕斯捷尔纳克致以长时间的掌声欢呼。而据作家爱伦堡回忆，帕斯捷尔纳克会前提供的在疗养院里写的发言稿，竟然"主要是谈他的病"。
>
> 帕斯捷尔纳克病了。
>
> "大清洗"开始了。
>
> 1937 年 2 月，诗人尊敬的布哈林被捕，一去无回。7 月，他的好友一位格鲁吉亚诗人亚什维里开枪自杀。10 月，另一位格

鲁吉亚诗人,也是他的好友塔比泽被逮捕并很快被处决。同月,另一位好友、作家皮里尼亚克从家里被带走,从此"失踪"……在帕斯捷尔纳克居住的别列捷尔金诺作家村,当时就有25位作家被逮捕。(有人根据1962年出版的企鹅版《俄罗斯诗歌史》作了统计,结果显示,自十月革命以来,流亡异域的诗人平均活到72岁,而一直生活在俄罗斯或重返俄罗斯的诗人,其平均年龄仅为45岁。)

楚科夫斯基回忆说:"在战前最后几年里,每次跟他相会时,有一种印象越来越分明,那就是:仍然是原来的帕斯捷尔纳克,但又不是那个人。……他变得沉静了、稳重了、沉思了,而且心软得令人惊奇。他终于从拖延得相当长的稚气中脱身了。"诗人不再天真。

打击接踵而至。1941年6月,战争爆发。两个月后,帕斯捷尔纳克最挚爱的女诗人茨维塔耶娃自缢身亡。对此,他深感负疚。因为6年前在巴黎,茨维塔耶娃曾向他征询是否应该回国。当时,"在这个问题上我没有明确的意见。我不知道应当向她提些什么建议,我生怕她和她那可爱的一家人,到了国内,生活会感到困难。这一家人总的悲剧大大超出了我的顾虑。"1939年夏,茨维塔耶娃回国后不久,大女儿阿丽阿德娜即遭逮捕、流放,接着是丈夫银铛入狱,最后她连谋得一份食堂洗碗工的工作以维持生计的要求都被拒绝了。她给儿子留下了这样一份遗言:"小莫尔,请原谅我,但往后会更糟。我病得很重,这已经不是我了。我狂热地爱你。你要明白,我再也无法生存下去了。请转告爸爸和阿利娅(阿丽阿德娜的爱称),如果你能见到的话,我直到最后一刻都爱着他们,请向他们解释,我已陷入绝境。"

对此,帕斯捷尔纳克"永远不会原谅自己"。在回忆录《人与事》最后一章"三个幽灵"中,他这样写道:亚什维里、塔比泽"两个人的遭遇,还有茨维塔耶娃的遭遇,是我经受的最大悲痛"。1943年在给友人的信中,他又将这种悲痛和负疚交织着化成了这样的文字:"既然不是坑害他人的人,就不要给他人做坏事……"

其实还有一个"幽灵",那就是曼德尔施塔姆。他的遭遇或许不是帕斯捷尔纳克的"最大悲痛",但可以肯定是其内心深处的"最大隐痛"。帕斯捷尔纳克曾告诉曼达尔施塔姆的妻子娜捷日达,自斯大林电话后,他很久写不出诗;当流言四起,娜捷日达建议他把电话记录下来时,他又表示不愿意……隐痛,只有隐痛才难以言说,尤其是诉诸文字;而这种隐痛如果得不到疏导,将导致手足无措般的"精神失常",也就是斯大林电话之后没几个月帕斯捷尔纳克得的那种"病"。于是帕斯捷尔纳克只能在不同时期向亲近的、可信赖的人不断讲述那个电话(这些内容大同小异、时间跨度长达20多年的电话记录计有:阿赫玛托娃版、娜捷日达版、吉娜伊达版、伊文斯卡娅版,以及曾为诗人塑像的女雕塑家马斯连尼科娃版等);于是帕斯捷尔纳克只能在回忆录中借着"三个幽灵"将曼德尔施塔姆这样捎带一过:"我对茨维塔耶娃长期估计不足,同样,由于不同的原因,我对其他许多人:巴格里茨基、赫列勃尼科夫、曼德尔施塔姆、古米廖夫也都估计不足。"隐痛,让帕斯捷尔纳克陷入了一种欲言又止、欲说还休的尴尬。

身边众多知识分子的命运,成为帕斯捷尔纳克创作《日瓦戈医生》的最初冲动。这是还清人生的"债务"!这是身上所担负的"责任"。

帕斯捷尔纳克曾经说过这样一句话:"我们唯一能够支配的事是使发自内心的生命之音不要走调。"1946年1月,帕斯捷尔纳克几乎在"第一时间"写信告诉曼德尔施塔姆遗孀娜捷日达:"我想写一部关于我们生活的叙事作品……"

十年磨一剑,帕斯捷尔纳克终于写出了忠实记载苏维埃无产阶级革命真相的经典名著《日瓦戈医生》。

3 知我者《春秋》，罪我者《春秋》

帕斯捷尔纳克的《日瓦戈医生》一书写成后，他首先把手稿寄给《新世界》杂志社。这是苏联作家协会主办的刊物，可见他当时并不认为这本书有什么问题。可是，《新世界》编辑部把手稿退给帕斯捷尔纳克，并附了一封由当年苏联作协领导西蒙诺夫、费定等人签发的严厉谴责的信："你的小说精神是仇恨社会主义……小说中表明作者一系列反动观点，即对我国的看法，首先是对十月革命之后头十年的看法，说明十月革命是个错误，支持十月革命的那部分知识分子参加革命是一场无可挽回的灾难，而以后发生的一切都是罪恶。"这无异于当头一棒，打得帕斯捷尔纳克晕头转向。

苏联作协领导对帕斯捷尔纳克的看法，有着许多难以言说的潜台词。蓝英年在《帕斯捷尔纳克和他的红颜知己》一文中，说了这样一番话：

> 帕斯捷尔纳克在西方的影响超过苏联国内许多走红的作家。这些社会主义现实主义大师多次荣获斯大林奖金，他们的作品选入中学文学课本，他们的名字几乎家喻户晓，可国外却没人听说过他们，但欧洲文化界都知道苏联有个帕斯捷尔纳克。自一九四五年至一九五七年，他十次被提名为诺贝尔文学奖候选人。这必然招致作协领导人的嫉妒。他们想出种种压制帕斯捷尔纳克的办法，不发表他的作品，迫使他向他们靠拢、低头。帕斯捷尔纳克并未屈服，见诗作无处发表，便译书维持生计。他所翻译的《哈姆雷特》和《浮士德》受到国内外一致好评，威望反而增高。为制服帕斯捷尔纳克，一九四七年，苏联莎士比亚研究者斯米尔诺夫对他的译文横加挑剔，致使已经排版的两卷译文无法出

版。同年三月，作协书记苏尔科夫在《文化与生活》杂志上发表《论帕斯捷尔纳克的诗》一文，指责帕斯捷尔纳克视野狭窄，内心空虚，孤芳自赏，未能反映国民经济恢复时期的主旋律。

"功夫在诗外"，在意识形态幌子的遮蔽下，有着见不得阳光的人性丑陋。帕斯捷尔纳克做了在国内出版的努力和尝试，他将书稿送给了《新世界》杂志主编西蒙诺夫，《旗》杂志主编科热夫尼柯夫和国家文学出版局。《新世界》编辑部和《文学莫斯科》丛书编委会都拒绝了刊登《日瓦戈医生》。《新世界》编委们给帕斯捷尔纳克复信指出，由于小说对于俄国知识分子中大部分人和人民一起投身革命的问题作出了否定的回答，因此该杂志不可能刊出小说。

1956年5月，在长久拖延和眼见在俄罗斯出版小说前景无望的情况下，帕斯捷尔纳克将手稿转交给意大利出版商费尔特里内利，希望在西方出版。但三个月后，帕斯捷尔纳克又有些后怕，因为当时苏联的背景，这种把书交给西方出版的现象，被看作是在"为敌人提供反苏的炮弹"。在意识形态严重对立的冷战时期，"西方即敌人"的观念在人们的心目中根深蒂固。

以赛亚·伯林在《会见阿赫玛托娃与帕斯捷尔纳克》一文中，对这种情绪有描述：

> 午饭之后，他的妻子琴娜伊达·尼古拉耶芙娜把我拉到一旁，哭着求我劝说帕斯捷尔纳克不要把《日瓦戈医生》拿到国外出版。她不愿自己的孩子为此受难。我应该很清楚"他们"会干出什么事来对吗？我无法无动于衷，立即对帕斯捷尔纳克谈起这件事。我答应他将他的小说制成胶卷，埋在世界的四个角落，也埋在牛津，埋在瓦尔帕莱索，在塔斯马尼亚，在开普敦，在海地，在温哥华，在日本，这样即使爆发一场核战争，这些胶卷也能留下来——你真的决定对抗苏联当局，你考虑过后果吗？
> 在一周之内，他第二次对我怒气冲冲，他知道我所说的完全

出于好意，我对他和家人的关心令他感激（他说这些时略带一些讽刺意味），他说知道自己在做什么，他与孩子们谈过了，他们准备为此受难，请我别再提起这事。我已经读过小说，我应该知道它（特别是它的散播）对他意味着什么。我哑口无言。

帕斯捷尔纳克在与意大利出版人洽谈时，提出一个前提条件：必须先在国内出版后才能在国外出版。伊文斯卡娅（她的身份及与帕斯捷尔纳克的关系，后文再作介绍）又去找文学出版社商议，恳求他们出版，并提出他们可以随意删去他们无法接受的词句以至章节，哪怕出个节本也行，但遭拒绝。这时，被称为"灰衣主教"的苏斯洛夫出面了，要求帕斯捷尔纳克以修改手稿为名，向费尔特里内利索回原稿。帕斯捷尔纳克照苏斯洛夫的指示做了，但费尔特里内利拒绝退稿。苏斯洛夫亲自飞往罗马，请求意共总书记陶里亚蒂出面干预，因为费尔特里内利是意共党员。没料到费尔特里内利抢先一步退党，并在1957年年底出版了《日瓦戈医生》的意文译本。接着欧洲又出版了英、德、法等各种语言的译本，《日瓦戈医生》成为1958年西方最畅销的书。苏联领导人发怒了，不完全由于《日瓦戈医生》的内容，因为他们当中谁也没读过这本书，而是由于苏斯洛夫亲自出马仍未能阻止小说出版丢了面子。当时，苏维埃文艺正处于"解冻"时期，就其暴露苏联现实的程度而言，《日瓦戈医生》远不如1956年在国内出版的杜金采夫的小说《不只是为了面包》来得露骨。为何能容忍杜金采夫却不容忍帕斯捷尔纳克？读过手稿的西蒙诺夫、费定等人愤怒是由于，在他们控制的作家队伍中竟然出现了这样不听招呼的"异端"，其中还夹杂着嫉妒等感情因素。至于广大群众则因为领导人愤怒而愤怒，这已成为他们根深蒂固的习惯了。党一直是这样教育他们的，他们相信领导人的每句话。总之，帕斯捷尔纳克成为众矢之的。报刊连篇累牍发表抨击《日瓦戈医生》的文章。可是因为《日瓦戈医生》在国内没有出版，所以很少有批判的作者读过这本小说。许多作家本来就同他关系疏远，现在唯恐躲避不及，只有几位老作家见面同他打招呼。

帕斯捷尔纳克曾写过《梦魇》一诗，大概颇能表达此时此刻作家的心情:"每夜他从达玛拉家那边过来,/包裹在冰川般的幽蓝里。/他用一对翅膀标出/噩梦呜咽和结束的位置。/没有号哭,也没有包扎/他裸露而带着鞭伤的手臂。/但那发丝间有闪光扑朔,/像白磷在噼叭作响。/那个庞然大物却没有听见/高加索因悲伤而白了头。/在离窗一步之遥的地方,/他掸去斗篷上的毛发;/他指着冰峰起誓:/'睡吧亲爱的,我必如雪崩再来。'"

蓝英年在《日瓦戈医生》一书的译本前言中,记载了此书发表后在世界文坛掀起的巨大冲击波:

> 西方报刊纷纷发表文章称赞这本书。意大利《现代》杂志主编尼古拉·奇亚洛蒙特认为,帕斯捷尔纳克概括了俄国最重要的一段历史时期,"继《战争与和平》后,还没有一部作品能够概括一个如此广阔和如此具有历史意义的时期"。英国作家彼得·格林把《日瓦戈医生》称为"一部不朽的史诗",并说"《日瓦戈医生》的出版使阳光穿透了云层"。美国著名苏联文学研究专家马克·斯洛宁则宣称:"鲍里斯·帕斯捷尔纳克的这本书是我们这个时代最重要的著作之一。它的出版是文学界的头等大事。"

帕斯捷尔纳克及其《日瓦戈医生》一经问世,"天下谁人不识君",帕斯捷尔纳克的名字立马传遍世界上每一个角落。汪介之在《帕斯捷尔纳克与中国知识者的精神关联》一文中作了这样的回顾:

> 帕斯捷尔纳克作为一名知识分子历尽沧桑的遭遇……都使中国读者、特别是广大知识分子产生了一种特殊的亲切感。……抚今追昔的中国知识者深切地感受到了自己与这位俄罗斯作家之间有一种"剪不断,理还乱"的内在精神关联。

属于"知青一代"的中国女作家张抗抗在读过《日瓦戈医生》中译本之后不久写下的一段话,或许不少人都有同感:

"……因着复生的《日瓦戈医生》和《阿尔巴特街的儿女》,在我临近40岁的时候,我重新意识到俄苏文学依然并永远是我精神的摇篮。岁月不会朽蚀埋藏在生活土壤之下的崇高与美的地基——我们拆除掉密不透风的愚昧的笃信,重新开启了疑问之窗的笃信。如果不笃信在人世的丑恶与伪善之上,还有超越了世俗的光荣与爱之神的召唤,人生还有什么值得过的呢?"(张抗抗《大写的"人"字》,《外国文学评论》,1989年第4期)……中国当代知识者在这些形象身上看到了那种由俄罗斯民族文化传统培育起来的面对苦难时的从容、自信与高洁的俄罗斯精神。

帕斯捷尔纳克对于个性精神自由的坚守,是他深受中国知识分子崇敬的又一原因。正如当代散文家筱敏所说:"帕斯捷尔纳克曾被称为'另一个俄罗斯的代言人'……他承继了酷爱俄罗斯大地须臾不能离开的俄罗斯文学传统,但拒绝像同时代的许多作家那样,将俄罗斯与极权主义融合为一个民族的形象,并在民族的定义下放弃个人生活和思想的权利。他的声音——一个人的声音何其微弱!——每每被时代的进行曲所淹没,被强权禁锢和扼杀。但是,当那些唯唯诺诺纷纷攘攘的合唱潮水一样退去的时候,这个声音就像峭石一样凸现出来,穿过时间的屏障,让人们看到隽永的人的心灵史。"(筱敏《流亡与负重》,《南方周末》,1998年5月1日)

中国当代诗人王家新对此有深刻的感悟。他曾以诗的语言传达出自己对帕斯捷尔纳克的这种理解,并由此而进一步感受到俄罗斯文学与文化对中国知识分子的启示和借鉴作用。王家新的《帕斯捷尔纳克》(1990)一诗,以深沉的忧伤和思虑体认了一个时代苦难的承担者的形象,并赋予这一形象以坚定地守护内心良知与人类整体原则的精神特征:"你的嘴角更加缄默,那是/命运的秘密,你不能说出/只是承受、承受,让笔下的刻痕加深/为了获得,而放弃,/为了生,你要求自己去死,彻底地死。"在这位中国诗人笔下,帕斯捷尔纳克无疑是一个苦难时代的见证人，同时他又自觉地承担起这种苦难，承担起时代和命运的巨大重负，试图以微弱的力量保持童稚般清纯的心灵，使人类精神得以承续。

于是，帕斯捷尔纳克便成了20世纪俄罗斯知识分子的一种精神象征，他似乎站立在主动守护人类精神的高度上，启示着中国知识分子的自我审视与历史反思："这就是你，从一次次劫难里你找到我／检验我，使我的生命骤然疼痛"；"不是苦难，是你最终承担起的这些／仍无可阻止地，前来寻找我们／发掘我们：它在要求一个对称／或一支比回声更激荡的安魂曲"；"这是你目光中的忧伤、探询和质问／钟声一样，压迫着我的灵魂。"（王家新著《王家新的诗》，人民文学出版社，2001年）

饶有趣味的是，当一个时代政治斗争的喧哗声压倒一切其他声音时，斯大林时代的评论家指责帕斯捷尔纳克"逃避现实"、"脱离人民"，并引用了他20年代写的著名诗句："我用围巾围住脖子，用手掌遮住脸庞"，并对帕斯捷尔纳克展开了旷日持久的严厉的批判。当帕斯捷尔纳克的《日瓦戈医生》被贴上政治标签时，就给人以滑稽、荒唐、嘲讽的意味。

茨维塔耶娃称帕斯捷尔纳克的诗为"光的照射"。任何现象只要被帕斯捷尔纳克截选入他的作品，它们就犹如被一道强烈情感的光束所照亮。他相信这光束能提示出真正的现实和事物的核心。帕斯捷尔纳克常常说自己的作品是"现实主义的"。他对霍夫曼（德国诗人）风格或貌似神秘的暧昧笔调写成的幻想作品不屑一顾。1958年，帕斯捷尔纳克在给他作品的译者、美国人尤金·凯顿的信中说："艺术不仅仅是要描写生活，而且是客观世界的一个背景……自己时代的重要作家……就是揭示或表现无人知晓的、无法重复的、独特的活生生现实。"他在晚期的一首诗中写道："活着，这是关键，一直要活到最后一息。"

帕斯捷尔纳克的所谓"脱离人民"，实际上是超越芸芸众生的"独立寒秋"。帕斯捷尔纳克曾说过这样一句话："不要组织起来！组织是艺术的死亡。只有个人的独立才最重要。"

帕斯捷尔纳克认为作家的作品应该是"表达在痛苦中诞生的新事物",所以他要求给艺术家自由。他说:艺术家应该"通过自己的灵魂来倾听世界"。30年代,组织上叫他去写经济建设和西方资本主义国家反苏阴谋。他回答说:虽然这两个主题都非常重要,但是他作为一个诗人,情愿写他最了解的东西,去做对艺术家来说更为重要的事情,探索人们内心的冲突和不断变幻的感情,以及人们心里的期望。他知道这样自己就会脱离主流话语。他不无痛苦地大声疾呼:"在伟大的苏维埃时代,当所有的席位都为最高当局所占据时,诗人的席位徒有虚名。这种席位是危险而空虚的。"

马克·斯洛宁目光如炬洞若观火,他在《苏维埃俄罗斯文学》一书中,对帕斯捷尔纳克作出这样的评价:早在《日瓦戈医生》使鲍里斯·帕斯捷尔纳克举世闻名的30年前,他就被誉为革命后那个时期最伟大的俄国诗人了。他是一个令人难以捉摸的诗人,他塑造了一个"和他的世纪相争辩"的异端分子的形象,并以个人的信念反对集体主义的神话。肖洛霍夫称他是"寄居蟹"这句话的目的尽管旨在毁谤,但却说明了一个事实:帕斯捷尔纳克一直是孤独的,为他时代的动乱所淹没。当机会主义分子歌颂五年计划、斯大林的智慧和官方的开明时,帕斯捷尔纳克拒不承认文学是教育群众的手段。他拒绝创作应时和实用的诗歌,继续写他喜欢的题材,自由地选择形式;他写大自然、爱情、寂寞以及那种"高级的弊病,这种异常而古老的弊病还自称为一曲诗歌"。这就使他在那些比较顺从的同时代人中显得独特,并且决定了他的命运。

他们经常把他当作攻击的目标,指责他是一个"颓废的形式主义者,脱离人民,和我们的时代格格不入"。他的呼声听上去似乎很奇特,经常被时代的进行曲和大合唱所淹没;但现在我们可以清楚地看到,他以独特的方式表达了这样一些人的悲哀和呼声,他们在革命斗争和专政的压制下被迫保持沉默。

他意志坚强,这使他在人们唯唯诺诺和放弃信仰的日子里,成为勇敢和正直艺术家的象征。这一切决定了他在苏联的危险处境,他几乎不能为当局所容忍,不时成为诽谤和谩骂运动的打击对象。

马克·斯洛宁还对《日瓦戈医生》中作者笔下的人物作出如是评价:

日瓦戈的主要目的是保持自己的思想独立。他虽然间接地卷入战争和十月革命，却表现得像个局外人，并拒绝"参与"。……日瓦戈热爱生活，紧张地生活着，他并不感到远离大自然，但他不愿使自己的自由受到限制。他欢迎十月革命，而且在开始阶段也喜欢它那横扫一切的气势、它的世界大同的理想和它的悲壮。然而，当共产党开始告诉他应该怎样生活和思考时，他反抗了……

　　《日瓦戈医生》由于它那难以置信的独创性，经常被误认为是一部含有政治使命的作品。这听起来也许是自相矛盾的，但是《日瓦戈医生》的主要政治影响恰恰在于它是以一部非政治性的作品写成的。共产主义的小说总是把人描写成"政治动物"，他们的行为和感情应当取决于社会和经济条件。在《日瓦戈医生》里，人是通过他的个人的单一性来表现的，他的生活不是用来说明历史事件，而是作为一场独特和奇异的冒险，是在人的知觉、本能、思想和精神反抗的现实中发生的。……日瓦戈和拉拉决心捍卫人的本质、个人的权力和尊严。他们捍卫这些有价值的东西，反对政治势力对它们的歪曲和破坏。他们和那些过分殷勤的同时代人有着明显的区别，因为他们是历史的牺牲品而不是代理人。

　　作者笔下塑造的人物，某种程度上就是自己的自画像，或者换言之，是对自己心路历程的回顾。帕斯捷尔纳克的《日瓦戈医生》，确实如一道强光，照亮了我们长久以来被遮蔽的蒙昧心灵。

4 城门失火，殃及池鱼

　　帕斯捷尔纳克的儿子叶夫根尼在《帕斯捷尔纳克的诺贝尔奖风波》一文中，还透露了这样一个细节：当帕斯捷尔纳克给诺贝尔评奖委员会发出"拒绝领奖"的电报后,同时给苏共中央委员会发了一份电报:"我已拒绝领奖,请恢复伊文斯卡娅的工作。"

帕斯捷尔纳克为了悍卫荣誉,可以不畏惧死亡和流放,但"生命诚可贵,爱情价更高",当这一切将牵连到心上人伊文斯卡娅同遭迫害时,帕斯捷尔纳克退缩了。

马海甸在《俄国诗人帕斯捷尔纳克生命中的两个女人》一文中,对帕斯捷尔纳克与伊文斯卡娅的关系做了这样介绍:

> 五十年代初,帕斯捷尔纳克认识了时为《新世界》杂志编辑的奥尔加·伊文斯卡娅,即人称《日瓦戈医生》女主角拉拉的原型。伊文斯卡娅比诗人要小近二十岁,有一对同母异父的子女,颇有姿色,早年也写诗和散文。诗人一见钟情,两人在莫斯科的作家村别列杰尔金诺附近赁房共赋同居。帕斯捷尔纳克虽然侥幸逃过大清洗,但秘密警察并不因此就放过他,对照料诗人日常起居、专事对外联络的这位情人尤其紧盯不放。伊文斯卡娅为诗人两次流产,两次系狱,代价不可谓不大,也因此赢得了拉拉原型的美名。
>
> 伊文斯卡娅在上世纪末撰有一部回忆录,名为《时代的囚徒》,在苏联解体前就出了英译本。译者是《日瓦戈医生》的英译者马克斯·海沃德和玛莉娅·哈拉里。

电影《霸王别姬》中,屠洪刚的歌声不断在耳边回荡:"我心中,你最重,悲欢共,生死同。你用柔情刻骨,换我豪情天纵。""人世间有百媚千红/我独爱你那一种/伤心处别时路有谁不同/多少年恩爱匆匆葬送……"

蓝英年在《帕斯捷尔纳克和他的红颜知己》一文中,对两人关系做了更为详尽的讲述:

> 伊文斯卡娅是帕斯捷尔纳克晚年的知音,创作的缪斯。十几年前在北京翻译《日瓦戈医生》的情景立即浮现在眼前。记得

译第十四章《重返瓦雷金诺》时曾激动得几次搁笔，无法译下去。暴风雪袭击旷野中久无人住的住宅，四周渺无人迹，只有四只狼对着窗内的灯光号叫。栖身在屋内的日瓦戈医生和拉拉陷入绝境，等待着他们的不是逃脱便是死亡。在这性命攸关的时刻，两颗相爱的心互相温暖、支撑。拉拉的原型便是伊文斯卡娅，日瓦戈同拉拉的爱情便是诗意化的帕斯捷尔纳克同伊文斯卡娅的爱情。

一九四六年，他乘着这股清新的风开始写《日瓦戈医生》。就在这一年，他在西蒙诺夫主编的文学杂志《新世界》编辑部里结识了伊文斯卡娅。伊文斯卡娅是编辑还是西蒙诺夫的秘书，说法不一。帕斯捷尔纳克一直是伊文斯卡娅热爱的诗人、崇拜的偶像。她亲眼见到他激动不已。帕斯捷尔纳克也被伊文斯卡娅超尘拔俗的美貌所震撼。两人目光一接触便激起心灵的火花。帕斯捷尔纳克几天后便把自己所有的诗集签名赠给伊文斯卡娅，并请她到世界著名钢琴家尤金娜家听他朗读《日瓦戈医生》的前三章。伊文斯卡娅觉得，第二章《来自另一个圈子的姑娘》中的拉拉的气质同自己非常相似。后来，帕斯捷尔纳克便以她为原型塑造拉拉，把伊文斯卡娅的经历也写入这个形象。伊文斯卡娅第一个丈夫是在大清洗中被迫自杀的，第二个丈夫病故，她同女儿伊琳娜相依为命。拉拉的丈夫也是被迫自杀的，她也同女儿卡佳厮守在一起。帕斯捷尔纳克同伊文斯卡娅在《新世界》编辑部的邂逅，改变了他们两人的命运，使伊文斯卡娅历尽磨难，把帕斯捷尔纳克过早地送入坟墓。一九四六年伊文斯卡娅三十四岁，帕斯捷尔纳克五十六岁，但年龄的差异并未阻碍他们相爱。一年后，帕斯捷尔纳克对伊文斯卡娅说："我对您提出个简单的请求，我要同您以'你'相称，因为再以'您'相称已经虚伪了。普希金没有凯恩心灵不充实，叶赛宁没有邓肯写不出天才诗句，帕斯捷尔纳克没有伊文斯卡娅便不是帕斯捷尔纳克。"——他们相爱了。

帕斯捷尔纳克依然我行我素，不买作协的账，除继续译书外，他潜心写小说《日瓦戈医生》，并把写好的章节读给邻居楚科夫斯基、伊万诺夫和伊文斯卡娅听。有时，他还在伊文斯卡娅家给她的朋友们朗读。作协为了教训帕斯捷尔纳克，阻止他写《日瓦戈医生》，想出一个狠毒的办法，一九四九年十月九日逮捕了伊文斯卡娅，罪名是她伙同《星火画报》副主编奥西波夫伪造委托书。帕斯捷尔纳克明白伊文斯卡娅与此事无关，逮捕她的目的是为了恫吓自己，迫使他放弃《日瓦戈医生》的创作。他无力拯救自己心爱的人，除悲愤和思念外，把所有精力都投入小说写作中。他被传唤到警察局，民警把从伊文斯卡娅家中抄出的他的诗集退还给他。帕斯捷尔纳克拒绝领取，声明诗集是赠给伊文斯卡娅的，已不属于他，应归还原主。帕斯捷尔纳克的倔强态度使监狱里的伊文斯卡娅受罪更大。审讯员对她连轴审讯，让耀眼的灯通宵对着她眼睛，不让她睡觉，一直折磨她三天三夜，逼她交代"犹太佬"的反苏言行。帕斯捷尔纳克是犹太人，审讯员都管他叫"犹太佬"。为了压下她的"气焰"，审讯员把她关进太平间，暗示帕斯捷尔纳克已死，她还顶什么？伊文斯卡娅一人在几十具蒙白布的尸体之间并不害怕，一一揭开白布，发现没有自己的爱人，反而增加了对抗的勇气。这时，审讯员发现她怀有身孕，不再审讯她，把她送入波季马劳改营。她同其他女劳改犯用铁镐刨地时流产了，这是她和帕斯捷尔纳克的孩子。伊文斯卡娅在劳改营里关了五年，一九五三年才被释放。伊文斯卡娅在劳改营期间，帕斯捷尔纳克无法同她联系，每次忆起他们在一起的情景便痛不欲生，写了不少思念她、赞美她的诗。

……

伊文斯卡娅释放后，帕斯捷尔纳克急于见她又怕见她，五年的折磨不知会把人变成什么样。帕斯捷尔纳克见到伊文斯卡娅后惊喜万分，劳改非但未摧毁她的精神，也未改变她的容颜，依然楚楚动人。他们的关系更加密切，伊文斯卡娅不仅是帕斯捷尔纳克温柔的情人，还是他事业的坚决支持者。拉拉的形象可以说是他们共同创造的，伊文斯卡娅的亲身经历丰富了拉拉的形象。形象原型参与塑造形象在文学史上也属罕见。从此，帕斯捷尔纳克的一切出版事宜皆由伊文斯卡娅承担。这是帕斯捷尔纳克的妻子奈豪斯无法胜任的。帕斯捷尔纳克对这两个女人的态度同日瓦戈医生对妻子东尼娅和拉拉的态度一样，对妻子深感内疚，下不了决心同她离异，因此也无法同伊文斯卡娅正式结合。

《帕斯捷尔纳克和他的红颜知己》一文，对帕斯捷尔纳克身后伊文斯卡娅的命运也作了记载：

> 帕斯捷尔纳克下葬的那天，成千上万的人到他的住宅同他告别。奈豪斯不准伊文斯卡娅同他告别，伊文斯卡娅在门前站了一夜，最后只能在人群后面远远望着徐徐向前移动的灵柩。此时她五内俱焚，晕倒在地。但她万万没料到等待着她的是更大的磨难。帕斯捷尔纳克逝世后，伊文斯卡娅同二十岁的女儿伊琳娜同时被捕，罪名是向国外传递手稿并领取巨额稿酬。伊文斯卡娅除了在莫斯科给意大利出版商看过《日瓦戈医生》手稿外，从未向国外传递过任何手稿，至于稿酬则更是一戈比也未领取过。当局把对帕斯捷尔纳克的气都撒在伊文斯卡娅身上，她被判处四年徒刑，伊琳娜两年。赫鲁晓夫下台后，伊文斯卡娅才被释放。她同帕斯捷尔纳克相爱了十三载，共同经历了人生旅途的惊涛骇浪。她把这一切都写入了回忆录《时间的俘虏》中。书名取自帕斯捷尔纳克一九五六年所写的抒情诗《夜》的最后一节：
>
> "别睡，别睡，艺术家，／不要被梦魂缠住，／你是永恒的人质，／你是时间的俘虏。"

生不同衾死不同穴，伊文斯卡娅无愧为帕斯捷尔纳克的"红颜知己"！两人上演了一幕惊世骇俗的"生死恋"。

帕斯捷尔纳克获诺贝尔文学奖引出的风波，在他身后仍"涛声依旧"：流连的钟声/还在敲打我的无眠/尘封的日子/始终不会是一片云烟……

5 迟到三十年的诺贝尔授奖仪式

"《日瓦戈医生》事件"发生在赫鲁晓夫当政时期，这是一段"乍暖还寒"的大转型之际，既出现了"解冻"的迹象，又有着"倒春寒"的回潮趋向。

赫鲁晓夫的儿子谢尔盖在《赫鲁晓夫下台内幕及晚年生活》一书中，曾回忆到赫鲁晓夫对帕斯捷尔纳克的《日瓦戈医生》的态度：儿子断不了带一些"地下手抄本"给父亲看。那时，有许多官方不让出版的作品以手抄本的形式在莫斯科广为流传。所以当年的苏联作协书记处书记、《新世界》主编的特瓦尔多夫斯基才向赫鲁晓夫建议："靠接吻是不能够生孩子的。取消对文艺作品的书刊检查吧！如果手抄本遍地都是，那是再糟糕不过的了！"

谢尔盖在回忆录中写道："有一次搞到一本帕斯捷尔纳克的《日瓦戈医生》。父亲读了很久：铅字很小，字迹不清，纸又薄得几乎跟卷烟纸一样。有一次散步的时候，父亲对我说，我们不该禁这本书的。当时我本该亲自读读，书中没有一点反苏的东西。"

帕斯捷尔纳克在苏联的遭遇，激起了世界范围内有良知的作家们的同情和愤怒，那段时间的外国报刊有许多报道：

在里约热内卢，巴西的小说家、斯大林奖金获得者若热·亚马多表示，把帕斯捷尔纳克从苏联作家协会开除出来，说明公式化、概念化、宗派主义和教条主义分子在苏联仍然占有优势，他们企图阻碍文学创作，只许一家独鸣，就像在斯大林时代一样。他还说："如果没有各家共鸣，文学艺术就不能发展。"

法兰西学院院士、作家弗朗索瓦·莫里亚克发表声明说:"听到鲍里斯·帕斯捷尔纳克受到惩处,我感到愤怒。无论如何,我希望苏联政府重新考虑这个决定,不要阻止帕斯捷尔纳克到斯德哥尔摩去,因为他的作品能使俄国永远获得荣誉,并且帮助我们更好地了解今天的俄国。"

另一位法国作家,1957年诺贝尔文学奖得主阿尔贝·加缪说:"《日瓦戈医生》这一伟大的著作是一本充满了爱的书,并不是反苏的。它并不对任何一方不利,它是具有普遍意义的。俄国只要记住这次诺贝尔奖金是授予了一个在苏维埃社会里生活和工作的、伟大的俄罗斯作家这样一件事就行了。"

英国作家托·斯·艾略特、格·格林、奥·赫胥黎、罗素、毛姆、普里斯特利、福斯特、韦斯特等人,联名拍了电报给苏联作家协会主席,要求他保证不使帕斯捷尔纳克受迫害。电文中说:"我们深切地关怀世界最伟大的诗人之一帕斯捷尔纳克的命运。我们认为他的小说《日瓦戈医生》是一个动人的个人经历的见证而不是一本政治文件。"电文最后要求不要使"这位为整个文明世界所尊敬的作家"受害,并说这样会"玷污伟大的俄罗斯文学传统"。

奥地利的一流作家们当时也联名发表决议,抗议苏联对帕斯捷尔纳克所采取的行动,并向这位"我们伟大的俄国同行……在他孤独的时刻"表示敬意。

意大利全国作家联盟致电苏联作家协会:"意大利全国作家联盟对于你会对鲍里斯·帕斯捷尔纳克所采取的态度表示沉痛的惊愕,并提出抗议。""我们认为即使是对待一个政治性的、并肯定是决死的论战,这样的措施也是不公正的。它严重地违反作家的职业尊严。"意大利另一个全国作家组织公开发表宣言:"意大利的作家们希望未来每一个国家的艺术家都可以发挥创作能力,而不必在灵感方面对国家承担任何义务。意大利的作家认为以捏造的政治理由剥夺一个真正的作家作为一个作家的权利是荒唐的。意大利作家们谨此表明他们与今天被阻挠接受诺贝尔奖金的鲍里斯·帕斯捷尔纳克是团结一致的。"

巴西争取文化自由协会表示:"任何阻碍艺术家发出他的艺术的呼声

的企图，都是非人道的极其严重的犯罪行为。苏联政府针对帕斯捷尔纳克所采取的行动，是对人类尊严和自由的无先例的侵犯。这种行动表明，作家的作品必须顺从官僚政治的既定形式，而不是服从于人类的不朽精神的最高准则。"

三位芬兰作家分别发出了两份呼吁，致电苏联作家协会，要求苏联作家协会恢复帕斯捷尔纳克的会籍，以便他能继续从事文学写作。

"《日瓦戈医生》事件"之后，帕斯捷尔纳克的名字在中国读书界的视野中消失了整整20年，直到1978年，也即"文化大革命"结束后的第三年，才有一篇关于这位作家的消息出现在我国《外国文艺》杂志上——《有关帕斯捷尔纳克的回忆在美国出版》。这一客观的、谨慎的报道似乎有着某种试探性，它当然还未能引起人们对于帕斯捷尔纳克的广泛关注。一年以后，中国社会科学出版社出版的三卷本《外国名作家传》（中册）收有帕斯捷尔纳克的评传一篇。这篇评传可以说是我国内地出版物中首次出现的关于这位作家的正式评介性文字。遗憾的是，它对于帕斯捷尔纳克和《日瓦戈医生》的评价，仍旧显示出对20年前大批判文章的一种回应。撰稿者认为，帕斯捷尔纳克是那些"长期坚持资产阶级的思想和艺术立场"，"始终与苏联人民格格不入，最后被人民唾弃"的旧文人中的一个代表；"长篇小说《日瓦戈医生》结构混乱，内容既反动又露骨"。

1987年3月，苏联作协秘书处宣布撤销1958年关于开除作家、诗人、翻译家帕斯捷尔纳克作协会员的决定。据《莫斯科新闻》披露，开除帕斯捷尔纳克的决定完全是由于当时的苏联领导人赫鲁晓夫的失误造成的。赫本人并未读过《日瓦戈医生》，偏听偏信铸成了这宗冤案。当时文坛上某些人对帕斯捷尔纳克的妒忌，歪曲事实地摘录出这部小说的一些片断，偷偷地塞给赫鲁晓夫。正是这些阴谋家，唆使赫作出了这一决定。一部抒情小说成了政治恶魔（以上均转引自汪介之《帕斯捷尔纳克与中国知识者的精神关联》一文）。

1990年是诗人诞辰100周年，联合国教科文组织宣布这年为帕斯捷尔纳克年。

叶夫根尼·帕斯捷尔纳克在《帕斯捷尔纳克的诺贝尔奖风波》一文中，记叙了事隔30年后，儿子代表父亲到斯德哥尔摩领奖的情形：

许多年过去了。现在我已到了父母1958年时那样的年纪。就在父母从1914年至1938年居住地旁边的造型艺术博物馆里，"帕斯捷尔纳克的世界"展览开幕了，时间是1989年12月1日。瑞典大使伯纳先生将诺贝尔奖金获得者证书带到了展览会上。纪念品决定在瑞典科学院和诺贝尔奖金评定委员会为1989年获奖者举行的招待会上隆重交付。伯纳先生认为我应该到斯德哥尔摩去领取这一奖品。我回答说：我觉得自己根本不可能安排好这件事情。是伯纳先生去征得了诺贝尔奖金评定委员会的同意，大使馆和文化部也在几天之内办好了所需的各种手续，7日，我才偕同妻子乘上装饰有圣诞小铃的飞机，飞往斯德哥尔摩了。

前来迎接我们的是以研究20年代俄国先锋派著称的拉尔斯·克莱伯格教授。他一直把我们送到1989年诺贝尔奖金获得者及其亲朋好友下榻的、该市最好的旅馆"格兰德大饭店"。……

这一天，我们是与尼尔斯·杜凯·尼尔森教授和皮尔·阿恩·巴登一起度过的。尼尔森教授在30年前的1959年夏天来找帕斯捷尔纳克时，我们就认识了。巴登写过一本谈尤里·日瓦戈的福音组诗的书。我们一起散步、吃午饭，观看国家博物馆丰富的收藏品。报界人士向我们询问此行的意义。

第二天，12月9日，在有各位诺贝尔奖金获得者、瑞典大使和苏联大使以及众多宾客出席的瑞典科学院的隆重的招待会上，科学院常任秘书斯托勒·艾伦教授将鲍里斯·帕斯捷尔纳克的诺贝尔奖纪念品交给了我。他宣读了父母于1958年10月23日和29日所拍发的两封电报后说，瑞典科学院确认帕斯捷尔纳克拒绝领奖是出于被迫，现于31年后将其纪念品交给他的儿子，并对该获奖者已不在人世表示遗憾。他说，这是一个历史性的时刻。

我作了答谢发言。我感谢瑞典科学院和诺贝尔奖金评定委员会所做出的这一决定，并说：我领取诺贝尔奖的这一荣誉时悲喜交集。诺贝尔奖本应把鲍里斯·帕斯捷尔纳克从孤独和遭迫害的境况中解救出来，可结果却导致他在生命的最后一年半的时间里饱受新的苦痛与磨难。他被迫拒绝领奖和在交给他的致政府的信上署名是一种公然的强暴行为，它折磨着帕斯捷尔纳克直至其生命终止。他生性廉洁，对金钱毫不在乎，可非常珍视在他去世之后的现在才终于获得了的这一荣誉。我愿意相信，当今世界所发生的、并已促使今天的事件成为可能的良好变化，确实能使人类像我父亲所期望并为之而工作的那样和平、自由地相处。我只能这样非常概略地转述我发言的内容，因为我当时没准备发言稿，也太激动，所以现在很难准确地一一回忆起来。

12月10日举行的隆重的1989年诺贝尔奖金授奖仪式，使我不由自主地想起了莎士比亚和他的"哈姆雷特"。我觉得我已经明白了莎士比亚为什么会为该剧选配斯堪的纳维亚的场景。简短、庄重的发言和奏乐一个接着一个，礼炮轰鸣，国歌高奏，满场是穿着古老的礼服燕尾服和袒胸露背的衣裙的人们。正式仪式是在音乐厅举行的，有数千人参加的宴会和舞会则在市政厅举行……

在这个令人大开眼界、大饱耳福的盛会上，姆斯季斯拉夫·罗斯特罗波维奇出现在宽阔楼梯的平台上却是令人沉闷、压抑、悲从心起的一幕。他在作表演之前先讲了如下的话语："国王和王后陛下、尊敬的诺贝尔奖金获得者，女士们先生们：在这个美好的大喜日子里，我想提请你们注意伟大的俄罗斯诗人鲍里斯·帕斯捷尔纳克——他在生前被剥夺了领取诺贝尔奖并享受该获奖者的幸福与荣誉的权利。请允许我以其同胞和俄罗斯音乐使者的身份为你们演奏巴赫D小调组曲中的'萨拉班达'大提琴独奏曲。"

大提琴用哈姆雷特在克劳狄斯酒宴上的独白那种悲怆的音调哀吟着，巴赫那深不可测的乐曲之中流露出痛苦的客西马尼情调：

"喧嚣声已沉寂。我走上前台/身靠门框，留神地细听/我要从往事的余音之中/揣度出我今后半生的历程。"

在这一历史性时刻，用大提琴奏响巴赫D小调组曲中的"萨拉班达"可谓是匠心独具意味深长。

帕斯捷尔纳克是莎士比亚戏剧的俄文译者。帕斯捷尔纳克说："我成年时代的主要时光都花在翻译歌德、莎士比亚及其他难度大的巨著上了。"茨维塔耶娃自缢身亡那一年，帕斯捷尔纳克完成了《哈姆雷特》的翻译，并由莫斯科艺术剧院开始排演。但在克里姆林宫的一次招待会上，当哈姆雷特的扮演者问斯大林应该怎样理解哈姆雷特、如何演好这个角色时，斯大林却作了这样的回答：本来就不应该排演《哈姆雷特》，因为它不适合当代现实。《哈姆雷特》的演出计划被取消了。

帕斯捷尔纳克写过《哈姆雷特》一诗："语静声息。我走上舞台/依着那打开的门/我试图探测回声中/蕴含着什么样的未来。/夜色和一千个望远镜正在对准我/上帝，天父，可能的话/从我这儿拿走杯子。//我喜欢你固执的构思/准备演好这个角色/而正上演的是另一出戏/这回就让我离去。//然而整个剧情已定/道路的尽头在望/我在伪君子中很孤单/生活并非步入田野。"（北岛译）

1960年5月30日，当帕斯捷尔纳克在他的寓所弥留之际，说了这样一句话："认真地彻底死去。"这是何等凄怆绝望下发出的生命哀叹！此时此刻，他一定对《哈姆雷特》一剧中的那句著名台词"生存还是毁灭，这是个需要考虑的问题"产生刻骨铭心的共鸣。大概正是基于对"生与死"的辩证法哲学考虑，帕斯捷尔纳克在临近生命终点时，与朋友说了这样一句话："我已经老了，也许很快就会死去，我再也不能放弃自由表达自己思想的机会了。"这大概可以看作是帕斯捷尔纳克的"生命绝唱"！

"永远批判者"角色的硬骨与软肋
——1970年诺贝尔文学奖得主 索尔仁尼琴

1 索尔仁尼琴说：我写作的唯一目的在于永远不忘怀这一切

2008年8月3日，1970年诺贝尔文学奖得主俄罗斯作家索尔仁尼琴去世。我国的报刊发了不少文章：《俄罗斯坐标上的雕像》《俄罗斯为什么会诞生索尔仁尼琴》《俄罗斯知识分子的真实形象》《为什么是索尔仁尼琴》《索尔仁尼琴的忠告》《俄罗斯的良心》等等，以至有人撰文说《索尔仁尼琴应该敬重但不要神化》。

原本已不需要再锦上添花或狗尾续貂地赘言什么。写此篇文章的起因，完全是出于与评论家李国涛同时看到了《中华读书报》上的两篇文章。

《中华读书报》2008年9月3日在"人物"版上，同时推出两篇文章：刘文飞的《索尔仁尼琴的遗产及其意义》和舒晋瑜的一篇专访《张贤亮：写作对我而言就是玩》。

张贤亮无疑是我国作家中的"成功者"。他的《牧马人》《绿化树》等作品表现的是与索尔仁尼琴《伊凡·杰尼索维奇的一天》《第一圈》《古拉格群岛》类似题材的"劳改营"生活，因此而闪亮登场并扬名于文坛。此后，他又创办影视城，文人下海游刃有余。

在这篇访谈录中，正如文章的标题，贯穿了"写作对我而言就是玩"的主题。舒晋瑜说：张贤亮"的确是个很'贪玩'、很'会玩'，也'玩'出了名堂的人。"这使人不由得想到王朔那篇调侃崇高的小说《玩主》。

访谈中，张贤亮说了这样一番话："这几年我虽没有发表重要作品并不等于我没在写作。现在中国文坛的风气不正，信仰迷失、礼崩乐坏，也不是发表重要作品的时候。"张贤亮确实指出了中国文坛的现状：在上世纪70年代末80年代初与张贤亮同时出道的"新时期作家"中，到21世纪还有谁在坚守这块批判现实主义的阵地呢？多少人退回书斋转而写无关痛痒的纯文学散文或研究《红楼梦》，多少人离开文坛到其他领域去"实现自我价值"了。整个中国作家队伍呈现出整体溃退的趋势。张贤亮还说："虽然近些年我在文学上似乎止步不前，但至少我为社会提供了200多个就业机会，给镇北堡西部影城周边农民每年提供5万个工作日，原来举目荒凉的地方被我带动成为繁荣的小镇，附近数千人靠我吃饭，这总使我感到自豪。"这话就说得有点色厉内荏像是辩护词了。

刘文飞在《索尔仁尼琴的遗产及其意义》一文中用"受难的先知"、"永远的持不同政见者"等标题，介绍了索尔仁尼琴的一生"都形成了一个抗议，构成一种挑战"。

看了两篇文章，我们二人产生了相同的感慨：不知道是编者的良苦用心刻意为之，还是阴差阳错偶然巧合，当把这两篇文章比照着读时，就极易让人产生联想。

李国涛说："知识分子的职能就是不断批判社会和进行自我批判的人。就是对不完美的现实挑鼻子挑眼挑毛病的人。正如别林斯基所说，是叮在社会肌体上的牛虻。放弃这一功能，文人下海，你也许做出不小贡献，但那毕竟是一种社会角色的错乱了。"

我深以为然。如果说张贤亮的创作历程构成"生命中不能承受之重"，那么，索尔仁尼琴的创作，则构成了"生命中不能承受之轻"。

俄罗斯新出的一部文学百科全书在关于索尔仁尼琴之词条的最后，有这样一段文字："在18世纪和19世纪，俄国文化塑造出了一种先知作家的形象，这样的先知作家用自己的语言抨击虚假，传播真理。索尔仁尼琴或许就是将作家天赋和布道者使命自然地合为一体的最后一位俄国作家。他简洁地表述过自己生活唯一的崇高意义：'我在书写俄国历史的真理。'"

索尔仁尼琴清醒地意识到："我知道的东西确实太多太多了，我写作的唯一目的在于永远不忘怀这一切，为了也让后代了解，在这个世界上，在某个国度曾经发生过这样或那样的事情……"

索尔仁尼琴在被开除出苏联作家协会时还说过这样一句话："我不能用几十万几百万同胞的苦难和生命，仅仅为了换取一顶作家的头衔。"

列宁在评价列夫·托尔斯泰时有一句名言："托尔斯泰是俄国革命的一面镜子。"我们是否可以套用列宁的名言：索尔仁尼琴是映照每一个写作者的一面镜子。

唐太宗李世民说："以人为镜，可以明得失。"在此话语背景下，我们重温长春出版社1996年版的"全球诺贝尔奖获得者传记大系"的《索尔仁尼琴》（张晓强著），会得到更多的启迪。

2　赫鲁晓夫成为索尔仁尼琴的"知音"

索尔仁尼琴的文学之路，与我国1978年"新时期"到来时崛起于文坛的作家们大致相同。冤假错案得到平反，万马齐喑的局面被打破，意识形态的控制有所放宽，写作者赶上了一个绝佳的历史机遇。

1956年的苏共二十大掀开了苏联"解冻文学"的序幕。爱伦堡在《旗帜》杂志上发表小说《解冻》，于是这个时期的文学被人们称为"解冻文学"，犹如我们以卢新华的小说《伤痕》命名我国那个时期的文学为"伤痕文学"。1956年10月，苏联作家协会主办的《新世界》杂志（如同我们的《人民文学》）刊登了弗·杜金采夫的小说《不单单为了面包》，这是一篇揭露官僚主义的作品，披露了一直讳莫如深的"社会阴暗面"。这年岁末年初，老作家肖洛霍夫在《真理报》发表了那篇著名的短篇小说《一个人的遭遇》，涉及"人们在战争中心灵和肉体难以忍受的痛苦"。这些"离经叛道"的写法与多年来已形成模式的作品截然不同，它吹起了一股风或曰亮出了一个信号。

索尔仁尼琴关注着所发生的一切变化。索尔仁尼琴在他的自传《牛犊顶橡树》中，回顾自己所处的20世纪60年代的精神氛围时，说了这样一番话：到了1961年苏共二十二大召开时，情况"已经不像二十大那样秘密进行了"，而是"公开的进攻"！"我一遍又一遍、一遍又一遍地读这些发言……觉得我这内心的墙壁在摇动，如同是剧场后台的帷幕一样，动荡在加剧，我也晃动起来，心情激动不已。"他预感到："是不是梦寐以求的令人激动得可怕的时刻已经降临？是不是自己应当把头伸出水面的时刻已经来到了呢？"

1961年，索尔仁尼琴对《854号劳改犯》几经修饰润色，棱角"磨平"了，刺激的言词也和缓了，可能引发争议的内容也已经很少了。打印之后，他没像往常那样为书稿安排藏身之处，他对藏头藏尾的生活已经厌倦了，他想寻找一种新的生存状态和新的生活方式。他把稿子投给了《新世界》杂志。

索尔仁尼琴信任《新世界》杂志的主编特瓦尔多夫斯基。索尔仁尼琴在流放期间曾阅读了特瓦尔多夫斯基的《瓦西里·焦尔金》等作品。索尔仁尼琴印象深刻的一点是诗人具有一种罕见的个人分寸感，在《瓦西里·焦尔金》里，诗人并没有说出战争中所有的一切，然而，他是话中有话弦外有音，在应当停下脚步的地方及时驻足，这种意在不言中的把握，使索尔仁尼琴很折服，感到一种心灵上的契合。索尔仁尼琴还听说，特瓦尔多夫斯基曾向赫鲁晓夫进言："靠接吻是不能够生孩子的。取消对文艺作品的书刊检查吧！如果手抄本遍地都是，那是再糟糕不过的了！"特瓦尔多夫斯基主张更大胆、更自由地出版印行一些作品。

也许是《854号劳改犯》这一题名太刺激人的视觉神经了，特瓦尔多夫斯基就以小说中的主人公伊凡·杰尼索维奇的名字做了小说的题目，把他改得比较中和模棱两可一些。这就是后来给索尔仁尼琴带来巨大声誉的《伊凡·杰尼索维奇的一天》（以下简称《一天》。该文后来被评论家称之为：浓缩了一个世纪一个时代的"一天"。并有人对作者说："世界上有三颗原子弹，肯尼迪有一个，赫鲁晓夫有一个，你有一个"）。

然而，这颗原子弹的炸响却是一波三折，其过程充满了历史的诡谲和时代的荒诞。

一向敢作敢当的特瓦尔多夫斯基这次在发《一天》时显得格外谨慎，

突然间变得"弯弯绕"起来。据维克托·涅克拉索夫对索尔仁尼琴说，这是因为特瓦尔多夫斯基自己"拿不准"，心里害怕。一年前，格罗斯曼的小说《生活与命运》因为题材涉及斯大林时期的集中营，结果遭到没收。当时，《新世界》编辑部还接到一个嗅觉灵敏的克格勃上校打来的电话，根据他的命令，特瓦尔多夫斯基私人保险柜里保存的作品复本被迫上交了。所以，他不愿意把《一天》交给书刊检查部门让他们轻易否定掉，弄成夹生饭。他先把书稿交给几个著名作家、评论家看，期待得到他们的肯定。他们是当时苏联作家协会第一书记、老作家费定，苏联作协书记处书记、《文学报》的主编恰可夫斯基，享有盛誉的老诗人马尔夏克，很有影响力的老作家帕乌斯托夫斯基，还有一位就是写出《解冻》的老作家、政论家爱伦堡。可以说，这五人是很有代表性和权威性的。

　　审阅过程是漫长的，以至索尔仁尼琴思前想后有些"后怕"起来。1945年苏联的卫国战争即将取得胜利之际，当时的炮兵上尉索尔仁尼琴因在给朋友的一封信中，对斯大林发了一些不敬之论，在劳改营中被关了八年。他被"关"怕了，他开始担心这部书稿会给他带来新的不幸，会引起有关方面的注意。于是，他又一次清理手稿，把草稿和多余的文件全部烧掉，留下来的其他稿件也不放在家里，以防止有人来查抄。

　　1961年12月，特瓦尔多夫斯基在《新世界》编辑部召开了一次作品讨论会，根据"上面"的旨意，编辑部对作者说：手稿多处都存在各种各样的问题，有的段落应当删除，有的段落艺术表现力差，还有……也许，当年如果真按这样子改，一部传世名著就被阉割了。索尔仁尼琴愤怒了，他说："我可以再等上十年。我并不急于发表它。我不是靠文学来维持生活的。把手稿还给我，我要离开这里。"特瓦尔多夫斯基感到很吃惊，他劝说索尔仁尼琴不要感情用事，大家谈的一切都仅供参考，共同目的是为手稿能顺利通过。但"固执"的索尔仁尼琴没有一点通融的余地：要么按它的本来面目，要么干脆不要让它与读者见面。

　　还有一个同样显露索尔仁尼琴个性特点的细节：《新世界》编辑部要发1964年的作品预告，问索尔仁尼琴有什么新作。索尔仁尼琴提出了《癌病房》。编辑部认为书名让人难以接受，太晦气了。习惯于给作品重新命名的主编特瓦尔多夫斯基自作主张，把《癌病房》改为《病人和医生》。而且要印在杂志的新书栏目里。不就是一个作者吗？有了杂志才会有作家的一切，作家就是应该为杂志做出让步才是。索尔仁尼琴断然拒绝，他说，任何一部作品的名字都是作家心血的结晶。就这样，《癌病房》没有被列入1964年的出版计划。

《一天》最终递到了最高领导人赫鲁晓夫那里。据赫鲁晓夫的文化顾问列别杰夫回忆：当他为赫鲁晓夫朗读这部作品时，这位领导人听得很认真。时而大笑，时而啧啧嘴以示赞许。听到一半时，赫鲁晓夫还请米高扬一起听。

很快，《新世界》编辑部收到党中央的指示：务必在第二天上午交给中央23份《一天》。当时编辑部只存有三份，打字根本来不及，只好油印。于是使用《消息报》的几台打字机，分给每个工人一小段，让他们分头去排字。校对工作也连夜分段进行，终于在凌晨装订好了25份样书。在随后召开的苏共中央主席团会议上，委员们都拿到了一份小说清样，但大家对于是否出版此书都默不作声不予表态。赫鲁晓夫忿忿然说："你们根本没有理解这个问题。"于是又第二次上了主席团会议。赫鲁晓夫要求委员们表态。虽然会上不是人人都同意，但赫鲁晓夫还是用他第一书记的权威，做出了出版《一天》的决定。

1963年3月10日的《真理报》，报道了赫鲁晓夫在克里姆林宫第一次接见索尔仁尼琴的情形。赫鲁晓夫高度赞扬了《一天》。赫鲁晓夫说，这是"一部从党的立场上，真实地阐明了那些年代苏联实际情况的作品"。

还有一个细节：在这次接见中，赫鲁晓夫把索尔仁尼琴称作了"伊凡·杰尼索维奇"。把书中的主人公和作者混为一谈，这大概就是高度真实性所引发的错位吧？

赫鲁晓夫在接见中还说："如果由一个人或一批人来判定什么是好的什么是坏的，这会给知识分子造成严重的苦恼。任何形式的限制都犹如给创作活动套上了枷锁。斯大林像所有暴君一样，只有在作家的作品吹捧他本人和他的统治时，他才对他们优礼有加。"

赫鲁晓夫说出了一个真理：出版一部小说，需要党和国家的最高领导人出面拍板，这倒真是一个专制极权国家的"特色"。

据记载，《一天》一经问世，洛阳纸贵。当时正在参加苏共中央全会的中央委员们也都跑遍书市，会上会下几乎人人腋下都夹着红蓝两本书：红的是全会文件，蓝的是《新世界》杂志。

这本书的问世，不以人的意志为转移地成为一个政治事件。这部作品中描绘的"劳改营生活"，与赫鲁晓夫要揭露斯大林的专制恐怖"不谋而合"，"英雄所见略同"，于是，"歪打正着"，作品又一次成为政治的工具。第一本揭露苏联"劳改营生活"的小说，在最高领导人那里变成了巩固自己地位、同领导集团中反对派进行斗争的砝码。索尔仁尼琴因此文而名声大振，后也因此文而惹下不少麻烦。这倒真应了中国的一句老话："知我者《春秋》，罪我者《春秋》。"

索尔仁尼琴说过一句颇有哲理的话："我们好比是两条有各自特殊方程式的曲线。在某一点上可能接近和重合，甚至可以有共同的切线，共同的等数，但是它们初始的原型不可避免地会很快地把它们引向不同的方向。"

这是一个扇面。共同的出发点，由于相异的思想观念和不同的价值取向，展开时却变得"差之毫厘，谬之千里"了。

3 小鸟儿飞出去了很难再困住

这是一个短暂的"早春二月"，随之而来的是"倒春寒"。

《一天》的巨大轰动效应，使发现索尔仁尼琴的"伯乐"特瓦尔多夫斯基处于亢奋之中。他不止一次地对人说："小鸟儿飞出去了！现在再想困住它已经很难了！几乎不可能了！"他让索尔仁尼琴把更多的作品交给《新世界》出版。

索尔仁尼琴很快修改完《第一圈》，交给了特瓦尔多夫斯基。《第一圈》也是一部写监狱生活的长篇小说。写了关在莫斯科监狱被政府指控有罪的一批科学家。小说的名字《第一圈》源自意大利文艺复兴时期大诗人但丁的不朽诗作《神曲》。《神曲》的《地狱篇》里把地狱分成了九圈，而第一圈里收容的是信仰的叛逆者。光从这个名字，就可以看出索尔仁尼琴"心怀叵测"。他已经在《一天》的起点上又大大向前跨进了一步。

特瓦尔多夫斯基花费四整天的时间阅读了这部长达87章的小说手稿，最初的评价是："下半部分和结尾被作家弄坏了。""弄坏了"是什么意思呢？特瓦尔多夫斯基说："你是一个可怕的人。如果我掌权，我一定会把你监禁起来的。"特瓦尔多夫斯基的话，已经说明了这部小说的全部内涵。索尔仁尼琴的话也是耐人寻味的："杂志每一期的内容都不应当以今天上层的情绪为转移，不应囿于昨天批准的范围之内，不在恐惧和谣言之间摇来荡去，应当每一期都比前一期多少有一些超越。"

这时，已经是1964年8月了。为了摸清"上头"的脉搏，特瓦尔多夫斯基又试探地给列别杰夫送去了《第一圈》的部分书稿。他推说这只是小说的前一部分，其余的部分正在赶写中。特瓦尔多夫斯基说："《静静的顿河》提出的问题是人要为革命付出多么大的代价。我们讨论的这部小说（《第一圈》）的问题是：人要为社会主义花费什么样的代价。"

这一次，特瓦尔多夫斯基没能得到期待中的"绿灯"。列别杰夫审稿后，认为小说"是对苏维埃制度的恶毒攻击"。列别杰夫还说了一句令人费神回味的话："你还不知道谁现在很不满意而且后悔让《伊凡·杰尼索维奇的一天》出版了。"

后来，从对赫鲁晓夫的回忆材料中我们得知，赫鲁晓夫向他的政治同僚诉苦说："你要知道索尔仁尼琴让我触了多么大的霉头就好了。今后我可不再干预这些事情了！"

这个打开"潘多拉魔盒"的人，引来了"洪水猛兽"。没过多久，赫鲁晓夫由于"年迈和健康状况恶化"，"根据他本人的请求"被解除了一切职务。

勃列日涅夫执政以后，出现了一段谁也"认不清方向"的非常时期。勃列日涅夫对文艺界提出了"既反对抹黑，也反对粉饰"的要求。对揭露阴暗面，宣扬"小人物"、"非英雄化"的倾向进行了严厉的批判，同时也反对"简单化"。看起来这是公允的，是在反对两种倾向，实际上是想把赫鲁晓夫时期曾经开启了一条缝的门重新关死。

"乍暖还寒时候，最难将息。"索尔仁尼琴面临着严峻考验。

4 "露重飞难进，风多响易沉"

至此之前，索尔仁尼琴所经历的，与张贤亮他们这批1978年复出的右派作家们没有太大区别：时势造英雄，他们以自己苦难生活的积累，厚积薄发，获得创作上的丰收，同时也赢得了巨大的社会声望。但是下面的故事则大不一样。到了勃列日涅夫时代，正如苏联作家阿尔马里克所言："革命的总发条已经松动。"极权主义的原始动力已经衰竭，虽然制度仍依惯性在运转，但专制统治已经变换了手法。斯大林时代残酷消灭肉体的做法，已经为后来被人们形容为"天鹅绒监狱"所替代。一个作家，你只要不触及"敏感政治问题"，就像鲁迅杂文集《准风月谈》讽刺挖苦的：风花雪月可以任你无病呻吟。或者如我们当年批判"苏修文艺"的说法，"小骂大帮忙"，充当御用文人。美国记者赫德里克·史密斯在他著于1976年的《俄国人》一书中，讲述了勃列日涅夫时代弥漫于苏联社会的犬儒主义。史密斯发现，在苏联，共产主义意识形态实际上已经很少有人相信，首先是苏共领导人自己就不再相信。勃列日涅夫的侄女柳芭在她的回忆录中，写到勃列日涅夫当年曾对自己的弟弟说："什么共产主义，这都是哄哄老百姓听的空话。"史密斯引用一位莫斯科的科学家的话："意识形态可以起两种作用——或者是作为一种象征，或者是作为一种理论，两者不可得兼。我们的领导人把它用来作为一种象征，作为断定其他人是否忠诚的一种方法,但它并不是这些人身体力行的一种理论。"好比赵高在金銮殿上指鹿为马,以此测试群臣,看谁能睁着眼睛说瞎话,与自己保持一致的口径。《真理报》的一位高级编辑指出,现今当政的这些苏共领导人是没有信仰的人,"是一些对一切都无所谓的人。他们所要的是权力,纯粹是权力"。这位编辑说,虽然上上下下的人都不再相信官方的意识形态,而且对各种事情也并非没有自己不同的看法,但是一到了正式的场合,他们却照旧举手拍掌,重复着官方的陈词滥调。人们明知这一切是毫无意义的,是逢场作戏,"可是你必须去玩它"。

如果说在第一轮"思想解放"时期,许多人与索尔仁尼琴同行,那么到了"天鹅绒监狱"时期,同行者中的大多数人又缩了回去,他们愿意安于现状,安于舒适的"天鹅绒监狱",享用来之不易的身份和地位。

应该客观地说,索尔仁尼琴有过彷徨、矛盾、痛苦、犹豫。索尔仁尼琴在思忖、权衡。他毕竟不再是梁赞的一名教师,他现在是被执政者捧起来的当红作家。他有着很大能进能退可供选择的余地。

索尔仁尼琴在他的自传《牛犊顶橡树》中,写下这样的话:

……此时此刻,在对我们这个时代几乎是不可思议的万籁俱寂之中,眼望严寒里覆盖着沉重白雪的枞树,我应当做出一个最重要的生活选择。有一条路——相信这种表面的相安无事会给予我许多不平静的年份,我将尽可能规矩地坐在那里从事写作,写下迄今为止没有允许任何人写的主要作品。谁还能够写呢?做这种事我需要7到10年。还有第二条路:理解到可以这样拖上它1年、2年,但不是7年。这种表面上不真实的相安无事自己也会打破,于是在做自己最喜欢的工作之前放下笔杆,去进行冒险,或者无可挽回地和公开地同组织搞坏关系,并以此来站稳脚跟。是这样吗?命运在促使我这样做吗?

索尔仁尼琴在思索今后的岁月应当怎样度过:是牢狱,还是创作?是流放到穷乡僻壤,还是在首都被奉为上宾?

在张晓强的《索尔仁尼琴》一书中，还有这样一个小细节：

> 这一天的下午3点钟，索尔仁尼琴怀抱着刚满5个月的小儿子在院子里散步。周围寂静无声，像往常一样，人们在做着每个人应当做的事情。索尔仁尼琴边走边思考、遐想：平安无事的一天，恬静舒适的时刻，田园牧歌式的生活，没有人来打扰的世界。作家注视着熟睡着的儿子的面孔，回想自己55年来走过的历程，他真真切切地感觉到生活的美好，家庭的温馨，他不想失掉这得来不易的幸福，更不希望抛家舍业去向不知命运的远方。他渴望平平常常的生活，安安稳稳地度过时光。

索尔仁尼琴从本质上说，也是充满七情六欲之人。一方面他想把自己隐藏起来，潜心创作；另一方面，他又不甘寂寞，渴望充分表现自我。

索尔仁尼琴经历了一段"露重飞难进，风多响易沉"，"寂寞开无主"，"弦断有谁听"的写作。但是，一个作家只是埋头创作却发表不了作品，这是件何其痛苦的事情！

有一段时日，索尔仁尼琴的创作开始规避现实，退回历史，退回到写十月革命以前的历史中去。他开始着手写《1914年8月》，并给当时意识形态的总管、人们称之为"灰衣主教"的苏斯洛夫写了一封信。信中有这样一段话：

> ……我可以提供给您我的一部新作，它是日内即将结束的长篇小说《1914年8月》。这部书在书刊检查方面完全不会遇到困难：它是对1914年"萨姆松诺夫悲剧"的详细军事分析。在这次事件中，俄国官兵的自我牺牲精神和积极的努力由于沙皇军事指挥机构的瘫痪而被白白葬送了。如果我们国家连这样一部书也加以禁止，有可能引起普遍的吃惊。

索尔仁尼琴的书当然没有被接受。

鲁迅有句名言："从血管里流出的都是血，从水管中流出的都是水。"索尔仁尼琴就是在写沙皇的残暴专制时，笔端也充溢着"指桑骂槐"、"含沙射影"。这些"雕虫小技"，岂能瞒天过海蒙蔽得了革命的烈焰炼就的一双双火眼金睛。

苏联作家协会书记处书记苏尔科夫就一针见血地指出："对于我们来说，索尔仁尼琴的创作比帕斯捷尔纳克更加可怕。帕斯捷尔纳克是个脱离生活的人，而索尔仁尼琴的气质具有动态性、战斗性、思想性，这是一个有思想的人。"

肖洛霍夫则一副奴颜媚骨地配合主流话语说："这是个疯子，不是作家，是个反苏的诽谤者。"

5　跪久了，要挺起腰杆，活动活动膝盖骨

在赫鲁晓夫倒台之后，索尔仁尼琴说过这样一番话："我是被赫鲁晓夫捧起来的，在他的面前，我没有行动的真正自由，我应当在他和列别杰夫的态度方面永远毕恭毕敬感恩戴德，尽管这对于一个从前的劳改营分子来说是十分可笑的。怀着一种朴素的人对人的感激心情，这种感情是任何政治上的公正所不能取代的。现在，我摆脱了庇护，也就随之摆脱了对他们的感恩戴德。"

这句"忘恩负义""离经叛道"的话颇能反映出索尔仁尼琴的个性。

特瓦尔多夫斯基劝过索尔仁尼琴："现在是退潮。树根、水草全都露了出来，是一幅狼狈不堪的景象。"

特瓦尔多夫斯基还劝索尔仁尼琴："可是您希望得到什么呢？要知道这是有些读者故意做出的一种支持您的姿态。他们虚伪地为您长吁短叹，然后马上就忘记了。我知道，在您谈到要慷慨赴死时，您不是在装腔作势。但是，这是毫无益处的。您什么也向前推进不了。"

索尔仁尼琴做了这样的回答:"亚历山大·特里丰诺维奇,您爱护我,希望我好,这我知道。但是在苏联,您依据的是另一个时代的经验。"

索尔仁尼琴还说:"既然如此,也只好如此,也就是说,牺牲目前来说还是无谓的。但是,在遥远的未来这种牺牲总归还是会发生影响的。"

索尔仁尼琴在给特瓦尔多夫斯基的信中这样吐露了自己的心声:

> 当我决定重要的生活方面的问题时,我首先谛听我流放同志们的声音。一些人已经亡故,死于疾病或者被处决。我忠诚地倾听,看他们处在我的地位该如何去做……
>
> 我以这封信表明:1. 我将会抵抗到最后一息。我所说的"献出生命"绝非戏言。对于继之而来的任何打击我将都予以还击,而且会还击得更猛烈。2. 我会利用时不再来的机会,我已经不再受任何章程和术语之类的约束,可以自由行动。3. 这一生我都感受到自己是从下跪的状态渐渐直起腿来,我是由被迫缄默到逐步自由自在说话的。这都是巨大的享受的时刻,是心灵解放的时刻……

索尔仁尼琴在回答记者问题时还说:"朋友们一个个弃世而去,而自己却还活在这个世界上。既然如此,就有义务让人们、让世界了解一切,了解自己。"

无疑,在索尔仁尼琴身上,他对自己的写作,有一种强烈的使命感责任感。他在劳改营期间就立下誓言:一定要将这里所发生的一切记载下来告诉人们。为了那些不能够活着回到人世间的无数生命,他觉得自己是他们其中的一位代言者。

这大概正用得上那句我们耳熟能详的豪言壮语:"沧海横流,方显英雄本色。"我们对五四运动后的鲁迅有个评价:"挟潮而来的不是先生独自一人,而潮退之后,唯先生孤独地留在那里。"

索尔仁尼琴跪久了,要挺起腰杆,活动活动膝盖骨。

此后的事情就是世人皆知的了。索尔仁尼琴的《第一圈》《癌病房》

在国外发表，引起全球关注。索尔仁尼琴成为1970年年度的诺贝尔文学奖得主。

索尔仁尼琴在诺贝尔文学奖获奖演说辞中说："一句真话要比整个世界的份量还重。"他还在回忆录中强调了这一层意思："我一生中苦于不能高声讲出真话。我一生的追求，就在于冲破阻拦而向公众公开讲出真话。"

林贤治在《索尔仁尼琴和他的阴影》一文中，说了这样一层意思："在正常社会中，讲真话只是一个道德问题；但是，在警察国家里则首先是一个勇气问题。索尔仁尼琴是有勇气的。他的'讲真话'，便迥乎不同于别样的作家，仅限于忆述禁锢时代与私人问题相关的某些具体的行为、对话、场景，根本不想去触及社会制度的真实的本质。而索尔仁尼琴，他集中加以暴露的，唯是苏联社会中'非人的残暴统治'，大量的反人权、反自由、反人类的现象，种种暴力与谎话，与现代极权制度的核心部分密切相关的事实。他讲的真话，涉及国家犯罪，最高统治集团犯罪。唯是这种合法性犯罪，才有可能导致罪恶的扩大化。所谓'真话'，除了真诚，就是真实和真理。真理是不承认任何权力与权威的，这样，说真话本身便意味着一种堂吉诃德式的挑战，以及由此带来的风险。不存在风险性的真话，是没有社会价值的。"

《古拉格群岛》有一个情节，写高尔基的索洛维茨岛之行。索洛维茨岛是苏联著名的劳改营地，在这里，犯人受到非人的虐待，冻死、炸死、烧死是常有的事，还曾发生多起逃亡事件。逃犯在国外著书揭露岛上种种劣迹，当然这是有损于苏联形象的"诽谤"了。政府当局让刚刚回国的高尔基上岛考察，目的是利用他的证词，对那些攻击性言论进行驳斥。海燕来了！岛上的所有犯人简直像期待救世主般地期待高尔基的出现。高尔基在十月革命后写过《不合时宜的思想》，批评过苏维埃政权，还敢于在列宁面前，仗义执言，营救过不少作家和知识分子。这些犯人们以为他可以坚持正义，可以管教一下管理者，让他们肆虐的行为有所收敛。可是，怎样也想不到他会顺从克里姆林宫主人的意志，以至无视他们的存在。在儿童教养院，一个14岁的男孩子花了一个半钟头，把岛上的一切告诉了他。他听了，老泪纵横，一副悲愤的样子。等到他登船离岸，男孩子就被枪毙了。然而，这位文坛领袖，社会主义现实主义文学的奠基人，却做了一个漂亮的转身，然后发表文章，称索洛维茨岛的犯人生活得很好，改造得也很好。

索洛维茨岛头一项大工程是开凿沟通白海和波罗的海的白波运河，这项工程，是由斯大林亲自下令安全部头子雅戈达执行的。索尔仁尼琴写道："斯大林需要的是在随便什么地方搞一项由犯人施工的大工程，它将吞噬许多劳力和生命，具有毒气杀人室的可靠性，但比它便宜，同时又可以留下一座属于他的朝代的金字塔式的宏伟的纪念碑。"运河于1931年冬开工，至1933年夏竣工，在不足两年的时间内，死掉了30万人。是年8月，120名作家集体游览了运河，事后由36人组成写作组，在高尔基的领导下，赶制了一部《斯大林白海波罗的海运河修建史》。这部集体撰写的历史著作，居然以毫不含糊的口气宣称：运河施工没有死一个人！

一个优秀的作家为什么会给斯大林唱起肉麻的颂歌来的呢？索尔仁尼琴用了最低下的动机——物质欲——进行解释。他认为，高尔基为了获得更大的声誉和金钱，就必须坐定全国作家协会的头一把交椅，接受一切附带条件，自愿充当斯大林和雅戈达的俘虏。

索尔仁尼琴不是不知道"言论自由"、"出版自由"是写上宪法的谎言，但是，事关无可计数的被害者和死难者的集体记忆压迫着他，使他无法靠说谎过日子，安然享受一个公民的被赐予的"自由"。他最反感于一种所谓"不要翻旧账"的论调，而把个人写作看作是对有意或无意的遗忘的抵制。他认为，写作必须忠实于记忆，何况这些记忆中的事实并没有成为过去，作为现实的连体，仍直接威胁着人们当下的生存。这个明确而坚定的写作观念，从一开始，就决定了索尔仁尼琴的作品有别于几乎所有登场扮相于官方出版物的文学的特异的品质。

因为当权者是惯于说谎的，所以"说真话"的行为本身是反当权者的。这样的作品，在现行出版制度中根本无法出版。将国内无法出版的作品拿到国外去发表，已然表明了与当权者对峙的立场，肯定吃不到好果子，注定了以卵击石的悲剧命运。西方为索尔仁尼琴的叫好，引来了国内更多的指责。

波瓦连金说:"索尔仁尼琴作品的思想不能够帮助我们建设共产主义社会。他向我们的光明未来抹黑。他内心全是黑的。只有我们思想上的敌人才能塑造出像伊凡·杰尼索维奇这样的形象来。"

马图什金说:"我有一个问题提给索尔仁尼琴,请您解释一下,为什么西方那么乐意出版您的作品呢?"索尔仁尼琴的回答也很妙:"我想反问一句,为什么在祖国如此顽固地不想出版我的作品呢?"

肖洛霍夫在全苏集体农庄庄员代表大会上指责索尔仁尼琴是"吃着苏联面包,为西方资产阶级主子服务,并且通过秘密的途径把作品送到西方的人",他指出索尔仁尼琴是"苏联作家们要求除掉的典型疫病"。

当年的苏共主管书记杰米切夫曾讲过这样一段话:"我们要把索尔仁尼琴放逐到国外去,让他投靠他的主子们去吧。"

索尔仁尼琴给全苏作协发出一封公开信,要求"取消对文艺创作的一切公开和秘密的审查制","保障作协会员免受污蔑与非法迫害";接着,他参加了物理学家萨哈罗夫发起的"人权委员会",从此成为著名的"持不同政见者"之一;再接着,他提出他的政治纲领,发出《致苏联领导人的公开信》。他当然清楚地知道,他的公开的叛逆性行为会招致什么后果,可是,他确实不堪忍受如此接连不断的沉重的迫害了。他要做一个人,而不是永远的囚犯!他要把自由夺回来!把一个人的尊严夺回来!他在公开信里说:"人类之不同于动物界是因为人类有思想和语言。思想和语言自然应当是自由的。如果对思想和语言加以禁锢,我们就要蜕化为动物。"

就像当年发出《一天》之后,索尔仁尼琴被飞快地吸收进苏联作家协会一样,这一次他又被飞快地开除出了作家协会。而且具有讽刺意味的是,两次都没通过本人。

索尔仁尼琴在得知被开除出苏联作家协会后,再次发表公开信,信中所说的一些话,至今听来仍让人感到锋芒毕露且振聋发聩:"请你们擦拭一下刻度盘吧!你们的表落后于时代了。快撩开昂贵而沉重的帷幔吧,你们甚至还没有发觉外面已经破晓。""一群瞎子为另一群瞎子担当向导!"

索尔仁尼琴那句"一群瞎子为另一群瞎子担当向导"的话,被许多西方著名媒体所引用，成为嘲讽苏维埃政权的一句名言。

索尔仁尼琴还说："公开性，真诚和全面的公开性，这是任何社会健康的首要条件，我们的社会亦然。谁如果不希望我们的国家具有公开性，那么他们对于祖国就是漠不关心的，他们就是只关心自己的一己私利。如果有谁不希望祖国具有公开性，那他们就是不希望祖国治愈病症，而是想要病入膏肓，无可救药。"

索尔仁尼琴在这里指出了检验一个社会进步与否的试金石——公开性。一个"此地无银三百两"，睁着眼睛说瞎话的社会，一个"背着牛头不认账"，企图掩耳盗铃篡改历史的社会，一个缺乏透明度，人民没有知情权的社会，不管它如何标榜，它必定是一个专制黑暗的社会。

6 在无比强大的专政机器面前

哈维尔说过这样一句话："假如社会的支柱是在谎言中生活，那么在真话中生活必然是对它最根本的威胁。正因为如此，这种罪行受到的惩罚比任何其他罪行更严厉。"

索尔仁尼琴为此自然要付出惨痛的代价：传讯、逮捕、流放……这是世人皆知的了。

也许其中有一个小细节不应该遗忘，张晓强在《索尔仁尼琴》一书中有这样一段描述：

> 车子终于开到了列弗尔托沃克监狱的大门口，像乞丐一样打扮的索尔仁尼琴走下车来。天色昏暗，更加显得这座庞大的建筑物阴森。走进房间后，监狱检查员让索尔仁尼琴把背袋里的东西全部摆到桌子上。另一个人把衣服裤子所有的线缝全都仔细地摸了个遍。……这一切，让索尔仁尼琴重新回想起自己过去坐牢时

的情形。

走进来一位满头白发的上校,他身后跟着几个人。上校用对待犯人的语气,厉声喝斥道:

"你为什么不站起来?我是列弗尔托沃监狱的典狱长科马罗夫上校!"

索尔仁尼琴原本想坐在床边对来人说,您也请坐吧。或者说,在旧俄时代政治犯在典狱长面前从来不起立,我看不出为什么在苏维埃时代要站起来。也许,他一听到门响时就马上站起来,装出没有人命令就站了起来的样子。但是此时此刻再抗争下去已无意义,任何其他的"设想"都不现实。于是,几乎一丝不挂的索尔仁尼琴慢吞吞地站了起来,扭歪着脸,显出一副不心甘情愿的样子。

是习惯成自然吗?还是内心深处服从的愿望大于反抗?

在无比强大的专政机器面前,人显得何等渺小卑微。那一刻,索尔仁尼琴心灵的震颤是为自己的叛逆和抗衡后悔了吗?

还不止是索尔仁尼琴独自一人,所有支持过、帮助过索尔仁尼琴的人也都受到了牵累。

在20世纪70年代初期的很长一段时间里,索尔仁尼琴都寄居在罗斯特洛波维奇的家里。罗斯特洛波维奇是苏联著名的大提琴家、钢琴家和指挥家。1951年就获得斯大林奖金。他的妻子维什涅夫斯卡娅是著名的女高音歌唱家,从50年代起两人就经常联袂出国演出。罗斯特洛波维奇在苏联文化艺术界享有崇高的威望。1970年,罗斯特洛波维奇公开支持索尔仁尼琴之后,开始受到当局的冷遇,尤其是当他把索尔仁尼琴"收留"在家后,压力加大,迫害加剧。罗斯特洛波维奇被限制出国演出,被撤销了在莫斯科大剧院的指挥职务,也不被允许在莫斯科举办个人演奏音乐会。当这一切无效时,1971年,更是来了几个民警,明目张胆地要索尔仁尼琴搬出罗斯特洛波维奇的住所,并威胁说:"我们甚至也可以没收他的这座别墅。"

对于给索尔仁尼琴提供阵地的《新世界》杂志，自然也不会轻易被放过。1969年春起，在为期近一年的时间里，针对《新世界》展开了一场批判，批判《新世界》低估了敌对思想影响的危险性，"倾心于世界主义思想"，"这种对敌对思想故作镇静的姿态实际上是带有麻醉人民乃至投机的性质"；批判《新世界》有计划、有目的地培植对苏联社会精神道德的财富、对苏联成就抱怀疑态度的倾向，等等，最终导致了《新世界》编辑部的改组和主编特瓦尔多夫斯基的辞职。

还有两个颇有意味的细节：

在开除索尔仁尼琴苏联作协会员时，特瓦尔多夫斯基说了这样的话："钟摆正从一端摆到另一端去。原先曾对索尔仁尼琴是一片空前的赞扬声，现在一切翻转了，对索尔仁尼琴的斥责也是前所未闻的。……我不想参加到这里面来……当然，我也会服从多数。"由于特瓦尔多夫斯基服从了组织纪律，在关键时刻"站稳了立场"，保持了"晚节"，所以得到了一个体面的退休生活，并有一个高规格的"盖棺定论"。1981年12月18日，特瓦尔多夫斯基在郁闷中以61岁的短龄走完了他的生命历程。12月19日，《真理报》在第一版刊登了苏共中央、最高苏维埃、部长会议联名发布的讣告，21日又刊登了以勃列日涅夫为首的88人签名的悼词。悼词称："特瓦尔多夫斯基是一名伟大的苏联诗人，他的逝世给多民族的苏联文学带来了沉重的无可挽回的损失。"

把索尔仁尼琴对特瓦尔多夫斯基的悼文与官方的悼词对照着读，倒是一件饶有趣味的事情。索尔仁尼琴的悼文这样写道：

> 杀害诗人的手段是多种多样的。
>
> 为特瓦尔多夫斯基选择的一种是：剥夺他的心血所在，剥夺他的激情所在，剥夺他的杂志。
>
> 16年的屈辱不算太多，这位壮士顺从地忍受过来了。他只希望杂志能够坚守住，只希望文学不要猝然中断，只希望人们能够出版，人们能够阅读。怎么不算太多？还要再加上解散改组、摧毁击败、种种不公正对待带来的灼痛。半年里这种灼痛烧伤了

他,半年之后他已经得上了不治之症。只是由于惯有的耐力他才活到现在,直到弥留之际他仍然清醒,他仍然在经受痛苦。

……看,书记处全部不正派的12人都爬上了主席台。守灵的人当中就是那些面如死灰皮肉松弛的人们,他们曾经公开地群起迫害他……他们用一些冷酷无情的人包围着棺木,就以为是隔断了一切。他们拆散了我们唯一的杂志就认为是已经取得了胜利。

只有是完全不了解、完全不理解俄罗斯历史的最后一个时代才会认为这是自己的胜利,而不认为是难以改正的失策。

1911年,普列汉诺夫回眸沙皇专制血腥统治的俄罗斯文坛,发出了这样的感慨:"一切历史,自然包括文学史,都可称为一片大坟场——其间,死者多于生者。"这与《红楼梦》中的诗句"只落得白茫茫一片大地真干净"有了异曲同工之妙。

一手狼牙棒,一手胡萝卜的政治手腕,使一批人不幸"夭折",使一批人滋润地"活着"。不断"死"去的人,增加着这个大坟场的死寂;活着的人醉生梦死形同行尸走肉,也使这个死寂愈加阴森。生者与死者,殊途而同归,犹如古希腊哲人欧里庇得斯的名句:"或许谁都知道,生就是死,而死就是生。"

然而在这一片死寂中,俄罗斯文学毕竟时有强音发出:普希金在《纪念碑》一诗中呼喊:"不,我不会死亡——我的灵魂在圣洁的诗歌中,将比我的灰烬活得更久长。"俄罗斯一批不屈的反叛者,用自己不朽的作品耸立起一座座灵魂的丰碑。

7 《古拉格群岛》是彻底决裂的宣言

下决心把《古拉格群岛》在国外发表,是索尔仁尼琴与专制体制彻底决裂的宣言。

在俄罗斯并没有"古拉格"这么一个地名。"古拉格"是"劳动改造营管理总局"俄文缩写词的译音。"群岛"，在这里是指众多与外界隔绝的地方。索尔仁尼琴把"古拉格"和"群岛"联结在一起，暗喻集中营遍地。全书共三大册七个部分，它概括了长达40年之久的苏联各地劳改营、监狱和边远地区利用犯人开发的情况。书中几个人物的命运，完全来自真人真事，详细地记叙了政治苦役犯的命运。1917年十月革命前的二月革命废除了苦役刑，1943年斯大林时代又恢复了苦役刑。苦役犯一般居住在特种劳改营里，受尽折磨和污辱，生还者甚少。索尔仁尼琴在卷首题词中写道："献给没有活到今天的诸君，要叙述这些事情他们已经无能为力，但愿他们原谅我没有看到一切，没有想到一切，没有猜到一切。"索尔仁尼琴认为，在血腥残暴的斯大林时代，作家的想像力一钱不值。无论作家的想像力多么丰富，也构想不出难以想像的残虐现实。总之，《古拉格群岛》是一部画面广阔内容丰富的纪实性作品，里面既没有臆造的人物，也没有虚构的事件，作者所披露的一幕幕触目惊心的画面完全是血写的真实。索尔仁尼琴在书中的最后一章，专门记叙了1962年2月的新切尔卡斯克市的暴动事件，用来说明"古拉格群岛"仍然在继续发挥着作用。

当索尔仁尼琴决意把这部180万字的鸿篇巨制通过其在国外的委托人正式出版时，他为巴黎俄文第一版写下这样一段前言："几年来，我怀着压抑的心情没有把这本写好的书付梓。对生者应负的责任超过了对死者应尽的义务。但是现在，当国家安全机关反正已经把这本书稿查抄走之后，我除了立即将这本书公之于世之外，已别无他途。"

《古拉格群岛》所引发的世界范围的强烈反响，是索尔仁尼琴也没有想到的。他掀开了多年来遮蔽在人们眼前的铁幕。

英国一家杂志说："这是50年来苏维埃政权自1918年以来全部实验中所存在问题的白热化标志。"德意志电波电台评论说："索尔仁尼琴号召忏悔。如果克里姆林宫里的人们能够读完这本书，那么，它可能成为民族复兴的典章。"

国外的反响自然惹恼了莫斯科。1973年1月14日，《真理报》发表了一篇文章《背叛之路》，第二天各大报纸都奉命予以转载。《文学报》也发表文章，谴责索尔仁尼琴是对苏维埃国家的背叛，是卖国求荣。

索尔仁尼琴接到恐吓电话："喂，叫索尔仁尼琴听电话……我们也在劳改营呆过，可是我们不出卖祖国。我们不允许这个家伙乱说乱动。"

如此场景，让我们想起易卜生笔下的那个汤莫斯·斯多克芒医生，因为说出了真话，所以成为"人民公敌"！这就是一种社会形态的逻辑和因果关系。

最高决策层对叛逆者索尔仁尼琴做出这样的决定：

由于索尔仁尼琴系统地从事与苏联公民身份不相容的行为，而这些行为已给苏维埃造成危害，兹决定剥夺他的苏联国籍，并于1974年2月13日将其强制押解出苏联国境。

中国有句话叫"热土难离"。索尔仁尼琴终究被驱逐出这块生他养他，他依依难舍的热土。

我在《索尔仁尼琴》一书中看到这样的描绘：

> 索尔仁尼琴沉浸在对俄罗斯大自然的无比依恋之中。他伤感地说："将怎样回忆起这一切呢？……如果有朝一日不住在这片富饶美丽的土地上……"

就是在获得诺贝尔文学奖时，索尔仁尼琴因担心去斯德哥尔摩领奖，会"被利用来使我和祖国的土地隔离，直截了当地阻止我返回家园"，而放弃了去斯德哥尔摩领奖。

当索尔仁尼琴被一架飞机抛到了异域他乡，在《索尔仁尼琴》一书中有这样一段描写：

> 他相信，自己一定会活着返回祖国。祖国对于他，不是抽象之物，而是具体生动的实体。那里有妻子儿子，有关心帮助他的朋友；那里埋葬着生身父母；那里有他从事写作的隐居地：桦树亭亭玉立，垂柳依依，林间空地里摆放着粗糙的长凳、书桌……

祖国多么辽阔广大，却不容他自由呼吸……

我国诗人艾青有诗云："为什么我的眼里常含泪水，因为我对这块土地爱得深沉。"爱之愈甚，恨铁不成钢的心情也愈显急迫。索尔仁尼琴面临的是爱与恨的悖论。

8 保持一个"批判者"的角色

李国涛对我说："索尔仁尼琴令人肃然起敬的地方是，他在噤口如瓶的苏联也敢于发出批判的声音，而被驱赶到联邦德国这一'自由世界'时，索尔仁尼琴却沉默不语了。"

索尔仁尼琴在联邦德国作家、诺贝尔文学奖获得者伯尔家中，面对西方记者的采访，他说了这样一句话："当我在苏联的时候，我已经说得够多了。现在我需要沉默。"

后来，索尔仁尼琴对友人说："在苏联说话需要勇气，而跑到国外来大骂苏联，就是孬种。"

索尔仁尼琴在西方，也保持了一个"批判者"的角色。

1976年初，索尔仁尼琴应邀到英国访问，在几次讲话中都是持批判口吻，因此而引起舆论界的不满。英国评论家发表文章和索尔仁尼琴争辩。

后来索尔仁尼琴在美国定居，美国政府对他礼遇有加，但他在哈佛大学发表讲演时，题目却叫《分裂的世界》。他对西方的拜金主义、实用主义和自由主义进行了抨击。他指出西方的物质丰富妨碍了精神的自由发展，他认为东方的精神世界要更丰富些。他说："我不能够把你们的社会作为改造我们社会的理想加以推荐。""人的性格在西方弱化了，而在东方得到了强化。我们经历了精神上的锻炼，这种锻炼比西方的经验要强得多。复杂的和令人窒息的压抑生活培养了更坚强、更深刻、更有趣味的性格，这是安逸的西方所难以企及的。"他批评了西方的人道主义，批评了西方的舆论、大众传播媒体无孔不入、干涉私人生活等等现象。索尔仁尼琴的讲话在西方在美国引起轩然大波，甚至可以说遭到围攻。美国的报纸称索尔仁尼琴是一个"忘恩负义的老头"。

1994年，首任俄罗斯总统叶利钦迎接索尔仁尼琴回国，他仍保持着一个"批判者"的本色。他公开贬斥新权贵，批评民主派，也批评共产党。当戈尔巴乔夫要为《古拉格群岛》给索尔仁尼琴颁奖时，他拒绝了。后来当叶利钦在他80岁生日要颁发给他圣安德烈勋章时，他又一次断然拒绝了。

德国《明镜》周刊2007年7月23日出版的第30期上，以《用血书写成的》为题发表了索尔仁尼琴的访谈记录。在这篇访谈录中，索尔仁尼琴说："实际上1990年就已经要为《古拉格群岛》给我颁奖。不过提出建议的不是戈尔巴乔夫，而是俄罗斯社会主义联邦共和国，当时它还是苏联的一个组成部分。我拒绝了。我不能因为一本用几百万人的血写成的书而获得个人荣誉。1998年，当国家处于困苦的低谷时，我的《俄国在堕落》出版了。那时叶利钦亲自下令授予我最高国家勋章。我回答说，我不能接受一个把俄国带到毁灭边缘的国家政权的嘉奖。"

《明镜》记者提出："对此我们很难理解。在俄国，批评的声音几乎是不受欢迎的，几乎没有反对派。而您，为什么对现政权一直持批判立场？"索尔仁尼琴回答："毫无疑问需要一个反对派，每一个力求俄国能健康发展的人都希望如此。与叶利钦时代一样，现在确实只有共产党人才是真正的反对派。"

索尔仁尼琴还说："戈尔巴乔夫的领导作风表现出令人吃惊的政治幼稚、缺乏经验和缺乏对自己国家的责任感。这不是在行使权力，而是愚蠢地放弃权力。西方对他赞赏，他感到这是对他的行为方式的认可。不过仍必须承认，第一次给我国公民以言论自由和行动自由的是戈尔巴乔夫，而不是——像到处都认为的那样——叶利钦。"

索尔仁尼琴还说："叶利钦对俄国人民不负责任的程度丝毫不亚于戈尔巴乔夫，而且扩大到其他领域。他努力使国有财产尽可能快地转入私人之手，他听任俄国的财富毫无阻拦地受人掠夺。为了得到地方诸侯的支持,他直截了当地要求实行分离主义,促使通过了使俄罗斯国家四分五裂的决议。这就剥夺了俄国的当之无愧的历史作用和它在国际坐席中的地位。西方则报之以大声喝彩。"

俄罗斯人评价索尔仁尼琴时有这样一段话:"今天的索尔仁尼琴仍然是昨天的那个索尔仁尼琴。"这句话说得有了点中国"咬定青山不放松"的意味。索尔仁尼琴一生坚守一个作家的独立性,不与任何人结盟,自成一体,同时又横扫一切。同一切人、一切事物保持一定距离,永远保持对所有事物的批判权。

俄罗斯人送给索尔仁尼琴两个字"难得":一方面是说,索尔仁尼琴这么多年流亡国外,本可以在国外优裕的条件下颐养天年,现在却跑回混乱中的祖国来,为俄罗斯的命运操心,为普通老百姓说话,这难得;另一方面是说,他既不站在激进民主派一边,也不站在共产党人一边,既不明确表示支持总统,也不表明支持议会,始终具有自己的立场,这也难得。

9 肖斯塔科维奇嘲讽地把索尔仁尼琴称为"一个发光体"

索尔仁尼琴作为俄罗斯这块土壤上成长起来的作家,当然会受到俄罗斯传统社会文化"随风潜入夜,润物细无声"的影响。在他身上,既体现了一个作家对独裁专制极权的批判力度,也不可避免地存有大国沙文主义、"斯拉夫民族情结"的思想限度。当索尔仁尼琴居住在美国,并获得"美国荣誉公民"称号后,索尔仁尼琴否认自己是侨民、流亡者,坚持认为今天人类历史的关键唯是俄罗斯。他有大俄罗斯情结,是典型的斯拉夫文化优越论者,像古代的圣愚一样,强调俄罗斯民族自身的传统,强调"东方精神",批评西方文化是堕落文化,宣布西方民主陷入严重危机,美国即代表了"荒唐胡闹的民主制度",又说西方的现代技术是"虚伪的神道",是"罪恶之源",西方流行音乐是"铁蹄下渗进去的污水",等等。他断言:"人的性格在西方被弱化了,而在东方得到了强化。我们经历了精神上的锻炼,这种锻炼比西方的经验要强得多。"为了取得一种对西方的优越感,他不惜省略了整个国家为此"锻炼"所付出的巨大代价。总之,他整个地否定西方经验,否定英法革命的政治遗产,否定近代的普世价值。桑塔格批评美国本土,其激烈程度并不稍逊于索尔仁尼琴,但是当说到索尔仁尼琴时,她的评价是:"他对西方一无所知。"不是说西方不可以批评,知识分子从来都是说"不"的人,问题是,为什么批评,用什么样的尺度批评。

别尔嘉耶夫多次说到俄罗斯精神的矛盾性。发生在19世纪俄罗斯知识社会中的"西方派"和"斯拉夫派"的斗争,其实就是这样一个东方大国的民族精神的内在矛盾的体现。他以陀思妥耶夫斯基为例,说:"俄罗斯民族的自我感觉和自我意识总是这样:要么狂热地否定整个俄罗斯,完全摒弃家园和故土;要么狂热地肯定整个俄罗斯的特权地位,而这时,世界上所有其他民族就都属于低等民族。"他批评陀思妥耶夫斯基,说这样优秀的人物也同样缺乏一种"坚定性",缺乏完全成熟的、独立的民族意识,在他身上感觉到的是"俄罗斯民族精神的病态"。说到"爱国"的病态,索尔仁尼琴当然要比陀思妥耶夫斯基严重得多。

林贤治在《索尔仁尼琴和他的阴影》一文中描绘了索尔仁尼琴"衣锦还乡"的情形:

> 从美国搭机飞抵海参崴,然后坐进英国广播公司为他包租的车厢,横穿西伯利亚,经过七周的时间才回到莫斯科。被逐到西方,从东方返回。索尔仁尼琴所以选择这条独特的返回路线,据说是为了更直接地接触苦难中的人民。然而,比起去国时,索尔仁尼琴的身份已经从一名作家晋升为政治文化明星了。在给他单独加挂的车厢里,配有专门的厨师和侍者。英国广播公司的摄制组如影随形,摄像头忙个不停。所到之处,人潮汹涌,鲜花如云。官方出动大批警察保护他的安全,一如保护国家首脑,待遇

是很特殊的。

　　索尔仁尼琴自我感觉好极了。他要充当先知、精神领袖。据统计，当时有48％的人愿意选他为总统。他到处访问，发表演说，接见记者，做电视节目。头一年，他在电视上露面的频率在国内名人中位居榜首。

　　然而，很快地，俄罗斯社会对他不感兴趣了，尤其在知识界。大概这同他发表的政见陈旧、保守、毫无新意有关。

　　他推崇宗教、国土、俄罗斯祖国三位一体，反西方的观点是一贯的。对于苏联解体，他多次表示不满，认为这是"西方阴谋"，是向西方、尤其在美国面前"下跪"的结果。他大谈"爱国"，就是爱"大俄国"，强调"只有爱国主义才能凝聚起俄国人民"。在国会演讲时，他宣扬的就是"大俄国"的观念：恢复俄国的大版图，兼并乌克兰和哈萨克，或者至少"统一"苏联领土北部的一半。因为在俄罗斯以外的其他共和国中，居住着很多俄罗斯人，所以要保护俄罗斯在这些国土上的利益，包括俄国文化和语言。他批评戈尔巴乔夫"对国家权力的轻率放弃"，批评叶利钦"支持分离主义"，"使苏联分崩离析——这让苏联人长期奋斗形成的历史功绩荡然无存，使俄罗斯在国际社会上的地位急剧下降，而这一切都令西方国家叫好"。

　　但是，这个行动并不表明一个知识分子的真正独立性。2000年和2007年，俄罗斯总统普京两次登门拜访，至2007年颁给他国家荣誉奖章，他都欣然接受了。他所以接受普京，就因为普京在反西方化、中央集权以及重建神圣俄罗斯等方面，与他的政治观念相契合。虽然他曾长期关注个人在社会中的"主角"地位，但是又同时强调"民族精神的凝聚力"；他承认"国家理念"是一个不明晰的概念，但是又认为这是一个"有用"的"统一的思想"。在会见普京的时候，他表示说，现在赋予市政机关越来越大的权力，他是一直支持的。他驳斥西方对普京"专制"、"反民主"的指责，以及关于"俄罗斯的言论自由受到压制"的说法，认为"目前新闻传播基本上是自由的"，"没有感到什么压力"云云，使用的是卫道者的语言。他极力为普京辩护，赞赏普京"提出了正确的目标：强大的俄罗斯，加强俄罗斯的统一"。

这就是具有独立精神的索尔仁尼琴的另一面。

别尔嘉耶夫在谈到俄罗斯知识分子反对国家组织的传统时，说了这样一句话："像害怕污秽一样害怕政权。"俄罗斯知识分子在民族问题上，普遍存在大俄罗斯主义倾向。19世纪俄国政府在东亚细亚、高加索等地区的扩张战争，他们是不关心的；对于波兰尝试摆脱俄罗斯的独立行动，他们基本上持敌视态度。甚至连普希金、托尔斯泰、陀思妥耶夫斯基这批俄罗斯的优秀人物也无不如此。苏联在意识形态及社会实践方面，延续了沙皇俄国的大国沙文主义、反犹和排外的历史。知识分子及普通民众即使诅咒极权主义，也仍然希望有一个强有力的外在权威，维护他们的伟大的祖国。

这种双重信仰，显然保护了专制主义的文化传统，使现存制度中的反民主倾向也因有了合法性的精神外衣，而得以顺利地扩展。在复活俄罗斯主义的统一行动中，东正教起着极其重要的作用。在历史上，东正教一直宣扬服从国家，以此加强专制统治及自身的世俗权力。它构成了爱国、团结、稳定、和谐，作为俄罗斯特性的重要部分。索尔仁尼琴是不承认苏联历史与传统的政治文化资源有任何联系的人，所以说，他是国家正统意识形态的当然继承者，正如他声称自己是一个"正教徒"一样。

索尔仁尼琴说，他花了50年时间研究苏联的革命历史，若是简要地概括造成"灾难性革命"的主要原因，就是"人们忘记了神"。一个挑战神坛、毁坏神像的人，以同样的双手制造神像，包括神化自己。在俄罗斯历史上，这样的知识分子"江山代有才人出，各领风骚数十年"。

另一位"持不同政见者"，索尔仁尼琴当年的盟友萨哈罗夫早就指出，索尔仁尼琴身上有一股权力主义气味，说他的大俄罗斯民族主义是"完全从半官方宣传武库里出来"的东西，带有冷战时期进行的那种"臭名昭著的军事爱国主义说教"的味道;甚至暗示说,他突出地宣传斯拉夫文化优越论,与斯大林的做法遥相呼应,值得警惕。同样作为"持不同政见者"的麦德维杰夫也批评索尔仁尼琴的宗教性的俄罗斯文化优越论,认为如果推行的话,将有蜕化为专制神权国家的危险。

肖斯塔科维奇对索尔仁尼琴的态度是矛盾的。对作为作家的索尔仁尼琴,他评价很高,感到索尔仁尼琴对待生活极有勇气,而且对人民的苦难有着深深的同情怜悯之心。但是索尔仁尼琴的斯拉夫情结和大俄罗斯主义,又使有着波兰血统的肖斯塔科维奇非常反感,认为索尔仁尼琴是在为自己塑造一个"发光的"形象,是像要当一个新的俄国圣徒。这种矛盾心理反映在1974年索尔仁尼琴被驱逐到西方后,肖斯塔科维奇接连写成的两部作品中。在为米开朗琪罗的诗谱写的声乐组曲中,肖斯塔科维奇借用诗人但丁被逐出佛罗伦萨的历史事件,用激愤的音乐表达了对驱逐索尔仁尼琴的愤怒。后来,他又写了讽刺性的乐曲《发光体》,套用了陀思妥耶夫斯基《魔鬼》里的几句话。

肖斯塔科维奇说过这样一番话:

"单独一个人不可能教育或者改变世界上所有其他的人。没有人这样做成功过。就是耶稣基督也不能说他做到了。没有人创造过这样的世界纪录,特别是在我们这个多事的和令人紧张的时代。想要一举拯救全人类的试验,我们已领教过了它的狰狞。

"但是在我这并不太长的一生,遇到过一些病态的人,他们自以为负有指引人类走上正途的使命。即使不是全人类,至少也是本国的同胞。我亲眼看到过两位这样的救世主,两位这样的人物,正如他们所宣称,他是享有专利的。

"两位享有专利的救世主有许多共同之处,这两人都是不容别人违抗的。一不高兴马上就用毫不留情的语言糟蹋人。最重要的是,他们都完全蔑视他们打算拯救的人们。

"这种蔑视是一种令人吃惊的习性,你们可以蔑视平民百姓,他们本来没有什么特殊之处,他们肮脏、不干净。可你们为什么又要自称是先知和救世主呢?"

肖斯塔科维奇明确点出了其中一个是斯大林，而另一个却没点出名字。但言下之意谁都听得出，另一个指的就是索尔仁尼琴。

肖斯塔科维奇还嘲讽地把索尔仁尼琴称为"一个发光体"。

"横看成岭侧成峰，远近高低各不同"，不同的人从不同的视角，为我们勾勒出一个多面体的索尔仁尼琴。

知识分子从本质上来说，就是自由知识分子，或可称为反抗知识分子。如果去除了反抗，去除了独立自主的意识，去除了自由选择，而仅使个人性从属于权力关系，自我约束以适应于现存秩序的逻辑，那么，自由将从知识分子身上自行剥离开来，从而从根本上改变其性质。对于索尔仁尼琴，萨哈罗夫有一个评价说："在我看来，尽管索尔仁尼琴的世界观存在某些错误，但是在当代充满悲剧的世界上，他仍不失为一个为捍卫人类尊严而斗争的巨人。"在反抗暴政方面，索尔仁尼琴确实表现出了过人的勇气，而且直到最后，仍然坚持调查当年专制的罪恶，像德国清算纳粹一样追究迫害者的罪责；但是，毋庸讳言，他的错误也是致命的，尤其在"民族主义情绪"误导民众方面。

活着的人总有影子。光辉与阴影构成生命的两极。这才是一个完整的索尔仁尼琴。索尔仁尼琴用自己有血有肉的鲜活生命，为每一个写作者树起了一面观照自我的镜子。

"局外人"是自觉"边缘化"的隐喻
——1957年诺贝尔文学奖得主 加缪

1 背离时代主流话语的诺贝尔文学奖得主

1957年,瑞典文学院把该年度的诺贝尔文学奖授予了法国作家加缪。评奖委员会在授奖词中这样评价:"作为一个艺术家和道德家,通过一个存在主义者对世界荒诞性的透视,形象地体现了现代人的道德良知,戏剧性地表现了自由、正义和死亡等有关人类存在的最基本的问题。""就个人而言,加缪已远远超出了虚无主义。他以严肃而认真的思考,重新建立起已被摧毁的理想,力图在无正义的世界上实现正义的可能性。"

加缪在获奖感言中说:"不论我们个人的弱点是什么,我们作品的高贵处,永远是植根在两项十分难于遵守的誓约:对于明知的事情绝不撒谎,并且奋力抵抗压迫。"

加缪的获奖,比其他任何诺贝尔文学奖获得者所引起的争议都多,因为他在法国意识形态的左派和右派中都有激烈的反对派。

上世纪50年代,欧洲思想史(抑或说是世界思想史)上发生了一起被人称之为"火星撞地球"的意识形态大论战,论战的双方是被法国哲学界文学界称之为"双子星座"的加缪和萨特。论战的起因是加缪发表了《反叛者》(也有译为《反抗者》。本文的书名和引文取自译林出版社2001年11月版郭宏安等译的《加缪文集》)。

早在1943年,加缪在《致德国友人的信》中,阐述了"干净的手"的道德含义(萨特写过对国际共产主义运动批判的《肮脏的手》,加缪的命名也许有着某种借寓):反暴力残害是道德政治必须坚持的基本价值原则。加缪认为,无论是标榜为何种意识形态的政治,都必须坚持一条底线:不到生命受到直接威胁时,不得使用暴力。1946年11月19日至30日,加缪在其主办的《战斗报》首页的底部,都印有一个代表加缪道德立场的信条:"不当受害者,也不当刽子手。"加缪指出:"如果我们赞同

'为达目的可不择手段'的原则,那么我们就会视恐怖为合理。"加缪拒绝以目的来证明手段的政治恐怖,尤其是斯大林模式的那种"社会主义绝对哲学"。斯大林主义宣称,"为几亿人的幸福,几十万具尸体是值得付出的代价。"这一时期,"以革命的名义"已成为集体杀人的"合法"借口。加缪力图在当时"亲共"和"反共"的知识分子对立立场之外,寻找一条"第三道路"。

加缪《不当受害者,也不当刽子手》一文发表后,达斯梯埃男爵迅即撰写了反驳文章,题目是《把受害者从刽子手的手中夺回来》。光从题目看,其针锋相对的意味已"锋芒毕露"。达斯梯埃男爵战前曾是右翼人物,德国法西斯占领法国期间他参加了抵抗运动。战后创办左倾的《解放报》得到共产党的支持。达斯梯埃有着极为特殊的背景和身份:他是戴高乐将军的亲信,同时又与斯大林有很深的私交。达斯梯埃曾任世界和平委员会的副主席,获得过列宁勋章。达斯梯埃在文章中写道:"在当前的形势下,有三条道路供人选择:共产主义革命、资本主义、第三种力量。而第三种选择只是助长了资本主义势力,所以实际上只是在两条道路、两个阵营中做出选择。"达斯梯埃指责加缪:"您逃避政治,而躲进了道德中。也许目的不能肯定手段,但是要想达到目的的人必须接受某些必要的残酷手段。……把资本主义和共产主义相提并论是十分错误的,拒绝选择实际上是成为资本主义的同谋。"达斯梯埃的文章明确告诫加缪:非此即彼,第三条道路是不存在的。

达斯梯埃的观点代表了当年的社会主流意识。

加缪在《反叛者》一书中,进一步阐述了《不当受害者,也不当刽子手》一文中的观点。加缪认为,所有的革命都是从反抗开始,而以专制主义结束;革命是必要的,但要有一定的限度和法则来防止社会主义革命陷入过度的暴力;革命应该忠于它的起源反抗,即建立在适度、节制、博爱、平衡的新人道主义上。

在《反叛者》一书中,加缪强调:"反叛"不等同于"革命"。反叛是生命的自救,是在有限世界中选择自主自足的生活方式,坚持自我独立的清醒认知。这种反叛是有界限的,即只为"人"自身的权利和内里的

"价值完整"而抗争——其目的并非要完成对外部世界的掠夺和对他者的"征服"。革命与"反叛"则貌合神离：革命是暴力，是一个阶级推翻另一个阶级的暴力行动。它强调的是"唤起工农千百万"，为了某种遥远的历史目的，不惜动用一切手段，即"不择手段"，无所不用其极。它的全部主张都在于以剥夺反抗剥夺，以统治反抗统治，以消灭敌对来保全自我，以剥夺对方利益来弥补自身所欠。加缪认为，由于革命的巨大颠覆力量源于"恨"而不是"爱"，源于占有和剥夺对方的强烈欲望，这就有可能导致无度的暴行和罪恶，由"反叛"而走向反叛的反面——新统治。加缪说："革命本身，尤其是被称为唯物主义的革命，只是一场过分的形而上学的十字军远征而已。大部分的革命在谋杀中成型……奴隶暴动、农民起义、穷人战争、农夫反叛均提出了相同的原则：一命换一命……反抗者拒绝受奴役，宣称自己同奴隶主是平等的，然后再轮到自己当奴隶主。"加缪实质上是说出了在人类历史上，"红旗卷起农奴戟，黑手高悬霸主鞭"，"城头变换大王旗"，"天翻地覆慨而慷"所完成的只是"换汤不换药"、"打倒皇帝做皇帝"。

绝不污辱任何人！绝不统治任何生命！既反对少数人剥削多数人，亦反对以多数的名义迫害少数！任何私已的自由都不能以剥夺他人的自由为前提！这正是加缪授予"反叛者"最醒目的行为准则、最高的道德律令。根据这样的准则，人类历史上许多所谓的"革命"其实都构不成真正的"反叛"意义，仅仅是夺取利益的"拼命"而已……

历史学家吴思提出一个"血酬定律"的概念："强盗、土匪、军阀和各种暴力集团靠什么生活？靠血酬。血酬是对暴力的酬报，就好比工资是对劳动的酬报，利息是对资本的酬报，地租是对土地的酬报。不过，暴力不直接参与价值创造，血酬的价值，决定于拼争目标的价值。"

"不要说我们一无所有，我们要做世界的主人。""失去的只是身上的镣铐，得到的却是整个世界。"这些歌词已然唱出了革命者的心声。

加缪这些背离时代主流话语的"异端邪说"，使《反叛者》一经问世马上成为众矢之的。加缪以一个人道主义思想家的彻底性，反对一切形式的专制主义。加缪拒绝站在两大阵营的任何一边，坚持一个自由知识分子批判的权力。他认为苏维埃的现实是马克思主义指导的结果。他抨击马克思主义历史观，反对"进步暴力论"。由于他对苏联的攻击和敌视，共产党人指责他的言行是"客观的背叛"，是帝国主义的帮凶。加缪由于坚持自己的立场，自然被划入了"反动派"。

加缪对于苏维埃红色政权的看法，对斯大林专制主义的质疑，自然引起了当时以"社会主义同路人"著称的萨特的强烈不满。当年法国的左翼知识分子几乎都站在了萨特一边。加缪成为孤家寡人。

当加缪提出"既不当受害者，也不当刽子手"的时候，萨特嘲讽地反问一句："非暴力的信徒也有一个良好的观点，他们说，他们既不当刽子手也不当受害者。那么很好，设若当你们投票选出的政府，当你的弟弟毫不犹豫地、无情地投身于军队着手实施种族屠杀时，你们不是受害者的话，那么毋庸置疑，你们就是刽子手。"

2　加缪塑造卡里古拉形象的心理潜台词

加缪对马克思主义的认识与斯大林领导下的苏维埃现实有着密不可分的联系。加缪认为，苏维埃政权是马克思主义理论的实践。所以他思想的变化也与对苏联了解的加深有很大关系。

1945年之后，随着反法西斯战争的胜利，苏联与西方的"蜜月"也告结束。斯大林重新露出专制血腥的嘴脸。

当年，到西方政治避难的原苏共高官大卫·胡塞，写出了《集中营》一书，披露出苏联存在集中营和政治苦役犯的事实。这本书在西方引起强烈震动。逃亡的苏联外交官克拉夫琴科，当年也在巴黎发表文章，披露出布尔什维克党内斗争的残酷和血腥，以及他在集中营的经历。再后来，索尔仁尼琴的《古拉格群岛》在西方发表，更为形象地揭露了苏维埃政权专制独裁的真面目。

加缪在反驳达斯梯埃的文章中，列举了在苏维埃集中营里被合法化了的暴力形式，然后说："世界上没有任何理由，无论是历史的还是非历史的，进步的还是反动的，能使我接受集中营这个事实。"

加缪早期的剧作《卡里古拉》，也许对我们了解加缪的思想轨迹，不无启迪作用。

从1936年5月起，加缪已经开始酝酿写一个剧本，他为这个剧本定下基调：荒诞—孤独—死亡三部曲。加缪在《手记》中这样计划：一部哲学著作，写荒诞；一部文学作品，写征服中的力量和死亡。前者指的是《西绪福斯神话》，后者便是剧本《卡里古拉》。在1937年1月的《手记》中，加缪更为明确地写道："（《卡里古拉》）写于1938年，在读了苏托（拉丁文传记作家、学者，曾做过罗马皇帝亚历山大的秘书）的《十二恺撒生平》之后。"加缪仔细研究了这部历史传记，了解了罗马皇帝卡里古拉，他执政初期的谨慎谦恭以及其后被强权意志所左右的疯狂、猜忌、残忍。加缪感到卡里古拉这一历史人物的命运悲剧，最能反映出人类的荒诞生存这个主题。加缪以卡里古拉作为剧中典型人物，描绘出他由奋斗到绝望、因意志而毁灭的人生历程。卡里古拉是权力意志的一个象征，他试图超越命运的欲望，使他如同一个疯子一样，对所有进入他权力场的人施行暴政。他任意处死贵族，试验他们敢不敢有丝毫反抗，以证实自己是否拥有了绝对权力。他强迫手下的人，仰其鼻息唯命是从，让他们时刻生活在恐惧之中。他让所有的臣民接受他的"真理"，宣扬如此可以使他的臣民们达到永恒的幸福……他被一个永远不可能实现的目标所困扰（剧中表现为要摘下月亮），他极重的猜疑心使他不放过任何反抗的蛛丝马迹，企图通过杀人和对一个价值体系的颠覆来实现个人的意志。剧情的结尾是：孤独的卡里古拉面对镜子中自己的形象，感慨地悲叹："我的自由并不是真正的自由。"他碰碎了镜子，死于谋反者的刀剑下。临死前他还不甘心地喊："我还活着！"这句广为流传的著名台词，使人感受到"战斗正未有穷期，老谱将不断袭用"的言外之意。专制统治者将会不断地在新的历史条件下"死灰复燃"。

这个描述罗马皇帝的剧本一经上演，马上引起人们强烈的时代共鸣。

人们从卡里古拉的身上，看到了纳粹希特勒的影子。

随着时间的推移，人们从卡里古拉的身上又引发了对时代专制独裁者的联想。一个文学的典型形象是超越时空的，观众总能从中常读常新。加缪的《卡里古拉》一剧，不断被搬上舞台并久演而不衰。

加缪在《反叛者》一书中，颇为幽默也更为明确地说："把法西斯主义的目标与俄国共产主义的目标混为一谈是不正确的。前者由刽子手自己颂扬刽子手，而后者更富有悲剧性，竟由受害者来颂扬刽子手。前者从未想过要解放所有的人，而仅仅想解放某些人而征服其他人。后者就其最深刻的原则而言，旨在解放所有的人，但要暂时地奴役他们所有的人。"

这真是人类选择的荒谬：前门拒狼后门迎虎。加缪说："推翻了现存价值观念的超人王国对卑贱者来说只是一座监狱，他们力图否定自己现有的生存方式，却是陷入了另一种奴役之中。"

第二次世界大战中，法西斯残酷无情地摧毁了自文艺复兴以来确立的人道主义理想和价值观念体系。当西方知识分子陷入了失落、焦虑和虚无之中，对人类命运感到绝望之际，马克思的共产主义乌托邦理论则给世界注射了强心针、兴奋剂。这是知识分子世界性的"向左转"时期。当年法国的许多进步作家、诗人，如纪德、罗曼·罗兰、阿拉贡、艾吕雅、吉尔维特、夏尔、蓬热等等，都一度成为苏维埃政权的狂热拥戴者。

面对苏维埃的"古拉格群岛"这一"红色奥斯维辛"，巴黎的大多数知识分子仍抱视而不见掩耳盗铃的态度，断然否认苏联有集中营存在（高尔基的"索洛维茨群岛之行"的文章在《真理报》上发表后，为"谎言"做了最好的注脚），认为这是仇视苏维埃政权的敌对势力的造谣惑众。毕加索的朋友、文艺批评家彼埃尔·戴克甚至声称，集中营是为了进行社会主义教育，是"苏联的荣耀"。

从美国的萨特研究专家阿隆森的著作中，读者看到了萨特对谎言的解释："……不得不把这些事掩盖起来，因为我们的行动是政治性的。我们必须接受政治强加的一种限制，对某些事情保持沉默。否则人就成了'君子'，就无法作出政治行为。"

丹麦物理学家玻尔说过："和小真理相对的当然是谬误，可是和伟大的真理相对的仍然是伟大的真理。"

3 拒绝在生活和人之间放一本《资本论》

达斯梯埃在抨击加缪的文章中，说了这样一句耐人寻味的话："不要把自己的穷苦出身作为资本。"这是一个非常讲究"出身""成分"的时代。"在阶级社会中，每个人都在一定的阶级地位中生活，各种思想无不打上阶级的烙印。"你的出身和社会地位，决定着你的立场和政治态度。

加缪 1913 年出生在当时的法国殖民地——阿尔及利亚。父亲是一个贫困清苦的农业工人。1914 年第一次世界大战爆发，加缪的父亲被征入伍。就在加缪还不到一岁的时候，父亲死于马恩河战役。从此，加缪成为国家抚养的战争孤儿。加缪的出身"理应"成为无产阶级革命队伍中的一员。

加缪对自己的出身有过这样一个表达："贫穷对我来说，从来就不是一种不幸：光明在其中播撒着它的财富，甚至我的反抗也被照亮了。……我被置身于苦难和阳光之间。苦难不能使我认为阳光下和历史中一切都是好的，阳光告诉我历史并不就是一切。"

加缪的"反叛"是一个清醒思索者的反叛，是来自"营垒内部"的反叛。

在加缪的人生经历中，有这样一个值得关注的细节：

加缪曾在《时政评论一集·道德与政治》一书中，作为对希特勒"国会纵火案"的谴责，提出了"反共论是独裁的开始"的观点。显示着加缪早年倾向于共产主义的激进政治立场。

1935 年，"路漫漫其修远兮，吾将上下而求索"的加缪选择了共产党。

1935 年 8 月 21 日，加缪在给格勒尼埃的信中有这样的话语："您劝我加入共产党是有道理的。我从巴贝雅尔回来后就申请入党。我向您承认一切都把我吸引向共产党人，我决心去做这一体验。"

格勒尼埃是加缪中学哲学班的老师，他不仅是加缪走上文学道路的引路人，无疑还可称为加缪的思想启蒙导师。

在经历了"资本自来到世间，每一个毛孔都流着血与肮脏的东西"（马克思语）的资本主义初期，揭露资本主义的剥削本质，宣扬人人生而平等的马克思主义哲学，对生活于社会底层的民众无疑具有强烈的吸引力。马克思主义是那个时代的"显学"。斯大林领导的苏联正是在马克思主义的指导下取得了革命的胜利。一时间，苏联成为红色圣地，是人类未来的象征和希望。

格勒尼埃在他的回忆录中有这样的记载："……纪德的书《从苏联归来》引起极大的震动。《公社》之友团体组织了一场讨论，参加者大多数站在斯大林一边，认为他不应该被看作是同希特勒、墨索里尼一样的独裁者，因为他与这些人不同，他努力表达的是全体苏联人民的思想……讨论会上许多人都把希望寄托于制度的变化上，而且大家都是怀着至诚的心这样期望着。"

安德烈·纪德（1869—1951）是对加缪产生过很大影响的法国作家。纪德是 1947 年诺贝尔文学奖获得者，长篇小说《伪币制造者》是其代表作。16 岁时，加缪读到了纪德的哲理散文《地粮》（又译作《地上的粮食》），自此，加缪为纪德所深深吸引。当年，加缪在一份阿尔及利亚的左翼日报上开了一个名叫"阅览室"的专栏。在此文学专栏里，加缪评论过纪德的《伪币制造者》。加缪经常与要好的同学聚集在咖啡馆里进行无休止的争论，纪德就是他们这群年轻人的中心话题。

加缪后来表示："加入共产党是为了不离开时代，跟上时代的步伐，为了人类的和平和幸福。"加缪出身底层，经历了贫穷困苦，他本能有靠拢共产党的倾向。他从共产党那里感受到一种兄弟般的情谊，感到自己是在同广大劳苦大众同甘共苦风雨同舟。

另一方面，加缪的"黑脚杆子"出身和贫困的童年经历，使他从一开始就有别于巴黎正统学院培养出来的那些资产阶级知识分子。加缪说：

"我不是在马克思著作中学到自由的,而是在贫困中学到的。"加缪即便在加入共产党之后,对马克思主义也并不是盲信盲从。他认为马克思当年的一些预言,也并没有成为现实。所以,马克思主义必须在实践中逐步发展完善,而不应该成为一种教条。尤其是对马克思主义学说中的无产阶级专政理论,他从一开始就持保留态度。他说:"在我将要经历的生活中,我始终拒绝在生活和人之间放一本《资本论》。"

柳鸣九在2010年上海译文出版社出版的最新版《加缪全集》的总序中,这样评价加缪:

> (他的经历)使他学会了任何理论学说都无法给予的东西。于是,在共产党学说、社会主义思潮风起云涌的20世纪,他成为了一个杜绝了抽象精神、狂热理论、偏激学说、狭隘党派利益的真正"左"倾思想家,一个从实际出发、保持了精神独立与自由人格的思想家,一个不跟任何学说主义、路线政策随波逐流,不附着于任何实体阵营的自由的"左"倾思想家。

4 都是太阳惹的祸

《反叛者》一文发表后,《现代》杂志的编辑弗朗西斯·尚松在措辞激烈的评论文章《阿尔贝·加缪或反抗的灵魂》一文中,说了这样一句话:"加缪的反抗是静止的反抗,那么这种反抗只与他自己有关。……在我看来,一切都好像加缪在为自己寻找一个避难所,并预先努力为一种潜在的'逃避'作辩解。"

无独有偶,萨特在《答加缪先生》一文中,也说了类似含义的话:"加缪先生,因为您是在局外,以一个没有内容的正义去衡量一个没有正义的世界。对于我来说,只有一个办法可以帮助受压迫的奴隶们,那就是加入共产党。要想在战斗中带领人们,首先必须加入他们的行列。"

萨特还进一步明确地指斥加缪:"您只有一半生活在我们中间,您试图完全离开我们,躲进某种孤独中去。……依我看,加缪先生,这个世界上您只有一个去处,那就是卡拉帕格斯群岛(南美爱克瓦多的一处死火山群岛,一个荒无人烟的地方)。"

说话听音,锣鼓听声。尚松和萨特的话,显然在指责加缪:要做一个逃避革命的"局外人"。

半个多世纪以来,人们对加缪那篇充满哲学象征意味的小说名著《局外人》,总在发生着不同程度的误读。

浙江人民出版社1980年版的《诺贝尔文学奖获奖作家作品选》一书中,对加缪的《局外人》作了这样的评价:

> 中篇小说《局外人》出版于1942年,作品塑造的莫尔索这个典型形象,是一个对世界上的一切事物毫不关心的人,他对母亲的去世,情人的求爱,甚至自己因为莫明其妙地杀了人被判了死刑都无动于衷。他糊里糊涂地降生到世界上来,又糊里糊涂地离开世界而去。他,就是"局外人"。
>
> 加缪在他的创作中,竭力把人间世界、社会的一切都描写成冷漠的、荒唐的真实。他笔下的人物都是具有那种"荒诞"感情的人。这些人总是与社会格格不入,总觉得自己活在世界上是一种偶然的错误,因而把自身当作是一个与世无关的"局外人"。

上海文艺出版社1981年7月版的《外国现代派作品选》一书中,对加缪的《局外人》作了这样的评价:

> 《局外人》刻画的是加缪大力宣扬的"荒谬的人"。主人公莫尔索对外界一切事物完全持无动于衷的态度。莫尔索的形象多少反映了三四十年代一部分青年对混乱的世界秩序所感到的精神

不安和绝望心理。"局外人"是这个冷漠的、排斥人们生存的资本主义世界的产物。同十九世纪某些患上了忧郁症——世纪病的青年人一样，"局外人"是二十世纪的畸零人和精神畸形儿。

半个多世纪以来，莫尔索一直被作为一个与世无争漠然置之浑浑噩噩麻木不仁醉生梦死行尸走肉的典型形象来解读，并被界定为"这是资本主义罪恶制度下的产物"。

《红楼梦》有诗云："满纸荒唐言，一把辛酸泪；都言作者痴，谁解其中味？"

加缪在为美国版《局外人》写的序言中，对人们对莫尔索的误读发出抗议的声音："他远非麻木不仁，他怀有一种执著而深沉的激情，对于绝对和真实的激情。"加缪曾经把《局外人》的主题概括为一句话："在我们的社会里，任何在母亲下葬时不哭的人都有被判死刑的危险。"这句颇具"黑色幽默"的话语，可谓是作家对自己作品的"画龙点睛"之笔！在貌似荒唐的话语中，蕴涵着的是对一种制度揭示的深刻。

加缪在《堕落》一书中，借助主人公之口，说了这样一句话："让我们开门见山吧，我爱生活，这是我唯一的弱点。我是那样地热爱它，对此之外的一切毫无想像力。"

加缪又说："荒诞的人"就是"那个不否认永恒，但也不为永恒做任何事情的人"。

加缪还说："一个能用歪理来解释的世界，还是一个熟悉的世界，但是在一个突然被剥夺了幻觉和光明的宇宙中，人就感到自己是个局外人。"

"局外人"就是不愿加入"刽子手"的行列，不愿成为一部专制暴力机器的螺丝钉和齿轮，自觉"边缘化"的立场。

当我们获得更为丰富广阔的思维空间和想象空间之后，我们再来读《局外人》，就有了某种新的感悟：

当法官问起莫尔索杀人动机时，主人公有一句著名台词："是太阳的错。"都是太阳惹的祸！

摆脱不掉的争议

《局外人》中，在决定莫尔索命运的重大转折关口，有一段对太阳的描绘：

> 我想，我这时要是转身走了，也就没事了。可是整个的海滨全晒在太阳底下，跟火烧一样在后面烤着我。……也许是他脸上阴影的缘故，看起来仿佛在笑。……太阳晒得我的脸发烫，我感觉到汗珠一滴滴地流在我的眉毛上。这一天的太阳和母亲下葬的那一天完全一样。我的头特别难过，皮肤下面所有的血管好像都在抽动。
>
> 我热得简直受不了，我又往前走了一步。我知道这是愚蠢的，因为往前走一步也是逃不过太阳的。可我依然往前迈了一步，只一步……刀子亮出来了，钢锋上光芒闪闪……只觉得太阳像铙钹似的在我头上一阵乱响，人感到天旋地转，海上泛起一阵闷热的狂风，我仿佛觉得整个的天空都裂开了，往下倾斜着火雨……

于是，一个杀人事件发生了。

加缪在人物命运生死攸关的转折关头，对太阳做着如此浓墨重彩的描绘，难道仅仅是画蛇添足的闲散之笔吗？无独有偶，它使我联想到《静静的顿河》中，肖洛霍夫在葛里高利的命运转折关头，抬头望见的那轮"黑色的太阳"。两个不同国界不同意识形态领域的文学大师，竟然是"英雄所见略同"地发生了视角的重叠。

马雅可夫斯基有诗云："我们把目光投向太阳，强烈的光线却灼瞎了我们的眼睛！"仰望的是光明，得到的却是黑暗。

它还使人联想到我国"后羿射日"、"夸父追日"的成语典故。

还可以作更深层的理解：海德格尔在《论真理的本质》中所阐述的思想：我们制造的"光明"已经"比一千个太阳还亮"。

太阳成为一个象征。在这束强光的照射下，莫尔索完全变换了"本来面目"。

5 沉默构成了对"荒诞世界"的"反抗"

当加缪既对资本主义的"金钱物欲"世界观持一种批判态度,又对马克思主义的"以革命的名义"所实施的专制独裁抱着某种警惕性的时候,他就进入了一种失语状态。

当众口一词随声附和甚嚣尘上地把一种价值观唱成主旋律时,沉默就构成了对这种"荒诞世界"的"反抗",沉默更需要内心的定力。

先锋派评论家崔卫平对沉默有一段颇为精彩的表述:"沉默就是不去加入'胜利者'的合唱,不去学习胜利者的语言,不去更换服装和给自己脸上涂上油彩。坚持沉默也就是坚持不更换背景,不去宣布新的真理、新的救世主和新的时代已经降临。这是对于自身的处境、记忆以及死去的那些人们所表达的忠诚和尊重。"

加缪写过一篇小说,题目就叫《沉默的人》,描述了在一次向资方争取自身权利的大罢工中,主人公伊瓦尔在是选择坚持罢工还是选择妥协复工上,心理极端矛盾。加缪通过作品中的人物吐露着自己的心声:"他只不过不说,并不是心里就没想法。"

加缪并不是一个因逃避而沉默不语的懦夫,他在与加布利也·马塞尔论战时,曾写下这样的字句:"……您甘愿对任何事情保持沉默,以便更有力地对付别一种恐怖。我们是对任何事情都不愿保持沉默的人。"梅洛·庞蒂为1937年的莫斯科审判辩解,令加缪怒不可遏。加缪指责对方是"旁观的哲学家"。

加缪说过:"若无生之绝望便无对生活的热爱。"他用自己的作品,构成了一个人文学者一个公共知识分子向时代向现实宣战的投枪匕首。此时无声胜有声。

当加缪在车祸中遽然离世,已经有近十年没有往来的萨特于1960年

摆脱不掉的争议

1月7日在《法兰西观察家》周刊上,写出了被后世认为"最感人"的悼念文章。这是一个思想家对另一个不同观念思想家的盖棺定论,值得我们去认真解读:

> 从半年前,直到昨天,人们还在揣度:他将要做什么?因为他被一些不可回避的矛盾所困扰,曾暂时选择了沉默(沉默的人是对自己言论负责的人)。但他属于那种罕见的人,他们迟迟不作选择,可一旦作出了抉择便忠贞不渝;对这种人我们完全可以等待。总有一天,他会开口的。我们甚至不敢贸然对他未出口的话稍加推测。但我们相信他与我们每个人一样,是随着世界的变化而变化的:这就足以使他的存在始终富有活力了。
>
> 他和我之间发生过争执。争执,这并没有什么——即使我们再也不见面——而这恰恰是我们在这个狭小世界里互不忘却、共同生活的另一种方式。这并不妨碍我经常想到他,在他阅读过的书报的篇页里感到他的目光,并且自言自语说:"他会怎么说呢?他此刻在怎么说呢?"
>
> 随着事件的变迁和我情绪的不同,有时我认为他的缄默过于谨慎,有时又认为他的缄默非常痛苦。他的缄默,就如热和火一般,是一种日常必须的特质,不过是一种人的特质。
>
> ......
>
> 他思考过自身的难以忍受的环境,从困境中超脱出来。……他的沉默甚至也不再是一种沉默,而是绝对的乌有。
>
> ......
>
> 一个中断的生命——即使是这样一个年轻人的生命——既是一张摔碎的唱片,又是一个完整的生命。

6 思想的另一种深刻是忏悔

加缪的小说《堕落》发表于1956年。小说发表后，萨特在《法兰西观察家》撰文写道："这部小说也许是加缪的作品中最好的，但也是最不为人理解的一部作品。"这是一个哲学家写的小说，它那晦涩的笔调与多义的主题，使读者产生着多重歧义。

有不少人把《堕落》认为是加缪对论战中向他发难的知识分子的反击。尤其其中的一个细节，被认为是对萨特的影射：小说中的主人公克拉芒斯躺在床上，回忆自己在战俘营里当"教皇"的一幕。有一天，他抢喝了一个濒临死亡的同伴的水，为了良心的平静，他声称自己所担负的责任使他的生命比别人更为宝贵。这些描述，使人不由得联想到加缪对萨特的那些指责。

加缪在《手记》中还写有这样一段话，被看作是"项庄舞剑，意在沛公"："……他们接受原罪而拒绝拯救——渴望做牺牲品……他们唯一的辩白是这个可怕的时代。他们身上的某种东西渴望奴役，他们想通过某种充满思想的高尚道路达到这一目的。但是对于奴役来说没有辉煌的道路可走。"

但是细读之，我们发现，加缪已然从论战的个人恩怨气氛中超脱，而进入了一种形而上的哲学思索之中。在《堕落》中，加缪的批判矛头指向的是同时代的所有知识分子，也包括他自身。《堕落》富有自我反省的色彩，是个人悲剧与时代悲剧的综合反映。

在小说卷首的说明中，加缪这样表述他的作品：

> 《堕落》中喋喋不休的人是在进行一番有计划的忏悔。这位昔日的律师躲避到阿姆斯特丹这个被运河和寒冷环绕的城市，在

一个可疑的酒吧里等待着殷勤而顺从的听众。他有一颗具有现代意识的心，也就是说他不能忍受被审判，于是他急于进行自我审判，目的是为了更好地审判别人。那面他自我审视的镜子最终被他推向了别人。忏悔是何时开始的？控告又是何时开始的？在这个地方喋喋不休的人是在审判自己还是在审判时代？

小说中有这样一个细节：克拉芒斯原是巴黎很知名的律师，在一个秋天的晚上，他登上塞纳河的艺术桥。"我刚要点上一支香烟，一支满足的香烟，就在这个时候，我身后发出一阵笑声，我惊奇地猛然转过身来，却没有看到任何人。"回到家后，他感到浑身都不自在，觉得镜子里自己的微笑也变得虚伪了。这一感受意识流地引出了克拉芒斯的一段回忆：

> 那天夜里，是在十一月份，人到了左岸，通过王家大桥回家。半夜一点钟，下着小雨，说毛毛雨更合适，行人寥寥。我刚离开一个女友，此刻她肯定已经睡了。我走得兴致勃勃，还有些懒洋洋，周身平和，血液缓缓地流着，如同小雨一般。上了桥，我从一个俯在栏杆上的人后面走过，他好像正在望着流水。走得更近些，我认出了那是一个身腰纤细的女人，穿着黑衣服。在深色头发的大衣领子之间，只看见后脖颈，新鲜而湿润，我对此是敏感的。然而，我犹豫了一下，又继续往前走。过了桥头，上了滨河路，朝圣米谢尔走去，我住在那里。我已经走了大约五十米远，听见身体跃入水里的声音。尽管距离这么远，但在夜晚的寂静中，我觉得那声音非常宏大。我立即站住了，但未回头。几乎同时，我听见一声呼叫，重复了好几次，顺流而下，然后戛然而止。夜色突然凝固，我觉得那随之而来的寂静无边无际。我想跑，却仍伫立不动。我认为，我因寒冷和惊恐而瑟瑟发抖。我心想应该快快行动，我感到一种不可抗拒的软弱占据了我的全身。我忘了当时我想些什么：太晚了？太远了？……或诸如此类的东西。我一直在倾听，纹丝不动。然后，我轻移小步，冒着细雨，

走远了。我没有告诉任何人。

　　加缪作品中选取的细节，往往具有象征意味。克拉芒斯因恐惧、软弱，或因利弊权衡患得患失而出现的"见死不救"，升华成为具有普遍性的"人性弱点"。

　　这件事，使克拉芒斯再不可能保持纯洁，也无法去爱了。自己过去"正直人"的形象被打碎了，对他来说，只剩下堕落这一条路，他无可奈何地陷入堕落行为中。终于有一天水面上的一个黑点使他回到现实中，他似乎看到一个溺水的人，领悟到应该承认有罪⋯⋯

　　加缪通过作品中人物之口，说出了这样的话："因为所有的人都急于审判别人以免自己被审判，所以有敌人并不奇怪。别人的嘲笑使他看清了自己的双重性。他的每一种德行都有一个反面。于是他幻想把社会和人的价值观念都翻个面。他不再是个纯洁无罪的人，他身上也有污点，他不再被人作为偶象，这样总比披着虚伪的外衣好。"

　　加缪通过主人公克拉芒斯忏悔式的独白，显示了人的双重性，揭露了同时代人的普遍的伪善。克拉芒斯这一典型形象超越了"这一个"而具有了共性，既可看作是作者，也不妨认为是读者，抑或任何什么人。因为我们每个人都既是罪人又是审判者。无论多么著名的人，在内心深处都有堕落的一面。

　　作家邱华栋评价加缪和萨特：萨特的作品是思想大于形象，加缪的作品是形象大于思想。让形象出来说话的深刻意义在于："理论是灰色的，生命之树长青。"

　　小说中，加缪创造了一个名称"法官—忏悔者"。加缪通过克拉芒斯之口解释了"法官—忏悔者"的含义：这一职业首先是自我起诉，把自己最阴暗的形象公之于众，当这一形象描述完之后，起诉也就结束了，同时这一形象变成了一面镜子，他就可以利用这面镜子去照所有的人，从而他就可以审判所有的人。

　　"法官—忏悔者"也许是加缪给知识分子的最佳冠名：对社会做出审判，对自我进行忏悔。

加缪解剖自我并不比解剖别人来得轻描淡写，甚至可以说更为严厉苛刻。他在《堕落》中借克拉芒斯之口说出这样一番话：

我的职业成功地完成了这种攀登高峰的志愿。它使我高居于法官之上，该我来审判他们，高居于被告之上，迫使他们认罪。任何审判都与我无涉，我不在法庭的舞台上，而在某个地方，在舞台的上空……

我们停留在这些顶峰上吧。您现在明白了我说更远大志向的意思了吧？我说的正是这些顶点。我只能在那上面生活，是的，我从来只是在高尚的境界中才感到怡然自得。哪怕是生活中的细节，我也需要处于高境界中。

请您相信，至于我，我可不消磨岁月。一天里每时每刻，我都在自身中和众人中向高处攀登，在那里点燃有目共睹的火焰，于是，一阵欢乐的致敬声向我升起。这样，我至少是热爱生活，对我的优秀品质感到满意。

我帮助一个盲人过马路，当我在人行道上离开他的时候，我向他致敬。这一脱帽致敬显然不是为了他，因为他看不见。那是对谁而发呢？对公众，演完角色后，致敬。

应该谦卑地承认一点，我亲爱的同胞，我总是虚荣得要死。我，我，我，这就是我宝贵的生命之歌。不管我说什么，都听得到它。我永远是一边说话，一边自我吹嘘，特别是以一种我深谙其中奥妙的吵吵嚷嚷的谨慎来自我吹嘘。的确，我总是自由地、强有力地生活。只是，面对所有的人我感到自由，其最充分的理由是我不承认有与我平等的人。我总是自视比所有的人都聪明，……我只承认我的优越，这就解释了我的善意和坦然。当我照顾他人的时候，那是纯粹的屈尊低就。我有完全的自由，而全部功劳又回到我的手上：我在我的自爱中又升高了一级。

……我满身污秽，慢慢地揪着头发，脸上划过一道道指甲印，然后目光敏锐，站在全人类面前，回顾我的耻辱，同时盯着我所制造的效果,说:"我是无耻之尤。"

加缪对舆论界对他的赞誉极为反感,舆论常说他是"正义者的化身"、"有德行的人"。加缪在《堕落》中借克拉芒斯之口说:"我想搅乱这场游戏,尤其是要毁掉这个夸张的名誉,一想到这一点我就感到气愤。'一个像您这样的人',人们和蔼地对我说……"加缪要打破别人强加给他的假面目,希望人们了解真实的加缪,一个瞭然的、不戴面具的加缪。加缪说:"反正我知道我的两副面孔,是个可爱的贾努斯(贾努斯是罗马神话中的一个神,具有阴阳两副面孔),上面写着家传的格言'别相信'。"

有罪的主题在《堕落》中得到总结:在这个可怕的时代里,种族主义、统治欲、专制主义肆意泛滥,这个时代向我们展示了战争技术的日臻完善,集中营的恐怖。时代教我们鄙视人,轻视人的生命,无视人的尊严和人的自由,以冷酷的心对待世界。在这个时代生活的人能保持清白无罪吗?这是不可能的,所有的人都有错。克拉芒斯通过自省意识到自己是有罪的,但他没有得到法庭的审判,他只有自己审判自己。加缪把内心有沉重负罪感的克拉芒斯形象推广到所有人身上,认为没有任何人是完美无缺的,都或多或少"助纣为虐"地构成和成全了这个罪恶的世界。克拉芒斯只不过是一个清醒的例子。

既食人间烟火,谁家锅底没点黑?哈维尔说:我们作为一个齿轮或螺丝钉,都在自觉或不自觉中成全了那部专制机器的运转。

思想的另一种深刻是忏悔。不懂忏悔的民族是不能得救的。

加缪的《堕落》一书,有这样一个意味深长的结尾:

我清楚地知道我们是同一类的人。我们不是都一样吗?……我求求您,有天晚上您在塞纳河畔的路上遇到的事,您如何做到从不冒生命危险。您自己说出那话吧,多年来,这些话不断地在夜里回响在我的耳畔,而我最后将通过您的口说出:"唉,年轻的姑娘,再往水里跳一次吧,让我有机会来使我俩都得救!"第二次，嗯，多冒失啊。假定，假定人们根据我们的话看待我们呢？应该勉为其难吧。哎哟……水这么凉！但是让我们放心吧，现在太晚了，将永远是太晚了。

谁能把"阿喀琉斯的脚踵"第二次伸入命运的河里？

命运选择的两难困境
——1964年诺贝尔文学奖得主 萨 特

1 拒领诺贝尔文学奖唯一人

1964年10月22日，瑞典文学院宣布，因为萨特的"充满自由精神及探求真理的创作已对我们的时代产生了巨大的影响"，而将该年度的诺贝尔文学奖授予萨特。然而，获奖的消息传来，萨特却在咖啡馆拟写了一份拒绝接受诺贝尔文学奖的"声明"。

在诺贝尔文学奖颁奖百年历史上，只有两个人拒绝了这一殊荣。一个是1957年诺贝尔文学奖得主，苏联的帕斯捷尔纳克，一个就是萨特。然而严格地说，帕斯捷尔纳克的拒领是受到了不可抵御的政治压力，只有萨特是在完全没有任何外力作用下的自由选择。

当年帕斯捷尔纳克致瑞典诺贝尔评奖委员会的电文，是耐人寻味而又意味深长的："鉴于我所从属的社会对这种荣誉的用意所作的解释，我必须拒绝这份已经决定授予我的、不应得的奖金。"诺贝尔奖给帕斯捷尔纳克带来的不是殊荣而是噩运。帕斯捷尔纳克正是承受了苏维埃当局强大的政治压力，才被迫宣布放弃诺贝尔奖。

萨特在给诺贝尔评奖委员会的信中，这样表达了他拒领的理由：

> 我拒绝该奖的理由并不涉及瑞典科学院，也不涉及诺贝尔奖本身……
>
> 我一向谢绝来自官方的荣誉。……这种态度来自我对作家的工作所持的看法。一个对政治、社会、文学表明其态度的作家，他只有运用他的手段，即写下来的文字来行动。
>
> 当前文化战线上唯一可能的斗争是为东西方两种文化的共存而进行的斗争。我并不是说，双方应该相互拥抱。我清楚地知道，两种文化之间的对抗必然以冲突的形式存在，但这种冲突应

该在人与人、文化与文化之间进行，而无须机构的参与。

我个人深切地感受到两种文化的矛盾，我本人身上就存在着这些矛盾。我的同情无疑趋向社会主义，也就是趋向于所谓东方集团，但我却出生于一个资产阶级的家庭，在资产阶级的文化中长大。这使我能够与一切愿意使这两种文化相互靠拢的人士合作共事。不过，我当然希望"优胜者"，也就是社会主义能取胜。

所以我不能接受无论是东方还是西方的高级文化机构授予的任何荣誉，哪怕我完全理解这些机构的存在。尽管我所有同情都倾向于社会主义这方面，不过我仍然无法接受譬如说列宁奖，如果有人想授予我该奖的话。

我很清楚，诺贝尔奖本身并不是西方集团的一项文学奖，但它事实上却成了这样的文学奖。有些事情恐怕并不是瑞典文学院的成员能决定的。

所以就现在的情况而言，诺贝尔奖在客观上表现为给予西方作家和东方叛逆者的一种荣誉……

我的意见并不是说，诺贝尔奖是一项"资产阶级"的奖金……

从萨特拒领诺贝尔奖的"声明"中，我们看到的是一个不受对立意识形态干扰，坚持特立独行立场的自由知识分子形象。

2 "共产党同路人"的四年经历

1947年，萨特在《什么是文学》一文中，表达了他既不愿投靠英美集团，也不愿追随共产党的中立思想。1948年1月，萨特加入了中立主义的"革命民主同盟"。这个组织的宗旨是反斯大林主义，也反戴高乐主义。直到1950年，萨特还与一批法国作家一起谴责社会主义阵营的存在。

但是，由于在推翻资本主义制度方面，他与法共的主张不谋而合，政治态度向左转。从1952年到1956年间，他和法共密切合作，这是他自称为"共产党同路人"的四年经历。

英国《新政治家》的主编保罗·约翰逊，对世界文学史哲学史上已有定评的诸多"大人物"，如托尔斯泰、卢梭、易卜生、海明威、罗素、布莱希特等人进行了"洞幽烛微"的"解构"，揭示出"光环下的阴影"。他在写萨特的专著《萨特："裹着毛皮的小墨水瓶"》一文中，对萨特作了这样的描述：

1952年，萨特打消了对共产党的两难态度，决定支持它。这是一个情绪化的而非理智的决定，它是在共产党的两场宣传攻势影响下作出的（即亨利·马丁的入狱事件和马修·李奇微的残酷镇压事件）……萨特本该更明智些。

1952年12月，在维也纳召开的荒唐的共产主义世界和平运动大会上，他竟让人把自己当成一只演把戏的熊。这就是说，为了取悦于那位把他称之为"豺狼和鬣狗"的法捷耶夫，他向所有的代表宣称，他一生中最重要的三件大事就是：1936年的人民阵线、法国解放和"这次大会"——这是个明显的谎言——不仅如此，在共产党头头的指示下，他还取消了他早期的反共戏剧《肮脏的手》在维也纳的演出。

在坚定支持共产党路线的四年里，萨特有些言论简直令人难以置信。……1954年6月，在一次俄国之行后，萨特接受了政治同伴《解放报》的一位记者两小时的采访。这可算是自30年代初期萧伯纳臭名昭著的东方之行以来，西方思想界要人关于苏联所发表的、最卑躬屈膝的谈话。他说苏联公民不去旅游，并非因受禁止，而是他们不想离开自己美好的国家。他断言"苏联公民能比我们更充分、更有效地批评政府"。他竟坚持说："在苏联有绝对的批评自由。"

1955年9月至11月,萨特和波伏娃一起访问中国,参加了中国的国庆大典,得到毛泽东、周恩来的接见。期间应《人民日报》约请,他写了《我对新中国的观感》一文,赞扬了毛泽东的执政理念。直到中国的"文化大革命"中,萨特仍认为应该考虑毛泽东提出的"知识分子再教育问题",说中国"文化大革命"中提出的"反权威分子","似乎是唯一的革命力量"。1968年,萨特在法国学生爆发的"红五月造反"运动中成为无产阶级"左"派的同盟者,支持用毛泽东思想指导暴力社会主义革命,并于1970年出任毛派《人民事业》报的新主编。1974年,萨特和维克多·加维的谈话《造反有理》发表,萨特赞同当时中国的"暴力革命",成为无产阶级"左"派知识分子的领袖。

保罗·约翰逊在《萨特:"裹着毛皮的小墨水瓶"》一文中,有这样一段记载:

在1968年的"五月风暴"中,他站在学生一边。萨特赞扬学生们设置街垒的行动:"暴力是遗留在学生手中唯一的东西,他们尚未进入父辈的体制……目前在我们软弱的西方国家中,学生代表了反对既定统治的唯一力量……应该由学生决定他们的斗争采取的形式,我们不应冒昧地就此事给他们提出建议。"这话出自一位花了三十年时间教导青年的人之口,实在奇怪。还有更昏庸的话,他告诉学生:"你们行动的引人入胜之处在于,在权力中放入了想象。"波伏娃也与萨特一样表现出不同寻常的热情,她表示:学生们刷在巴黎大学墙上那些"大胆"的标语中,最令她"感动"的是"把禁止禁止掉"。

萨特屈尊采访临时学生领袖丹尼尔·柯恩-邦迪,就此在《新观察家》上写了两篇报导。他觉得学生们"百分之百正确",因为他们正在破坏的政权是"懦弱的政权,一个谋杀的号令"。

1970年春,法国极左派作了一次为时已晚的尝试,想把毛泽东的激烈的"文化大革命"加以欧洲化。这场运动被称为无产阶级"左"派,萨特积极参加,担任他们的杂志《人民事业》

的主编,主要是防止警察查封。运动目标的暴力性质甚至对萨特的口味也足够了——号召关押工厂经理,私刑处死国会议员……

保罗·约翰逊还披露了这一时期,萨特对当年几位革命领袖的看法:"关于卡斯特罗,他说:'这个从古巴革命中诞生的国家是一种直接的民主制。'关于铁托的南斯拉夫,他说:'这是我的哲学的实现。'谈到纳赛尔的埃及,他说:'在此之前,我一直不愿把埃及政权与社会主义联系起来,但现在我知道自己错了。'"

当年欧洲"左"派的"主流话语"是:不是和共产主义一起拯救这个世界,就是和法西斯主义一起毁灭这个世界。两元对立的冷战思维,把知识分子推向了"非此即彼"的痛苦抉择。

保罗·约翰逊在文中还记录了这样一段话:"萨特在其中没有真正的地位,他自己似乎觉察了,抱怨道:'如果我再和行动主义者混在一起,就会坐上轮椅被人推来推去,挡住每个人的路。'但在一些年轻的追随者怂恿下,他最终还是没能抗拒政治表演的诱惑。"

第二次世界大战期间,萨特应征入伍分配在陆军炮兵司令部的气象小队,负责放热气球测定风向。保罗·约翰逊说:"就像当初用热气球测定风向一样,现在,萨特嗅出了社会风气的微妙变化。"

萨特一向认为:"每一个时代只有一种哲学富有生命力,那就是表达社会总的动向的哲学。"维克多·雨果曾断言:"一种思想一旦适应了时代,就具有无比的力量。"

在保罗·约翰逊的笔下,萨特成为一个看风使舵随波逐流的人物。

3 存在主义的"境遇剧"

存在主义哲学中的"自由选择",是在"一定境遇"中的自由选择。

萨特把他的戏剧称之为"一种境遇剧",其中蕴含着深意。就是说,人只有在"一定境遇"中,才有选择自我的自由,它是自由选择的前提,也是自由选择的客观条件。这种"环境的确定性"与传统文学中的"典型环境"并不相同,它既不为表现时代特点、历史规律,也不为塑造"典型环境中的典型性格"服务。它只是为存在主义的"真实人物"提供一个主观感受和供自由选择的客观条件。

萨特的戏剧代表作《禁闭》,把这种环境的确定性表现得淋漓尽致。

《禁闭》富有哲理意味,它的"一定境遇"是一个房间,作为"阴曹地府"的象征(所以也有译者把这部剧翻译成《间隔》)。剧中写了三个鬼魂:报纸编辑加尔散,生前与其他女人同居,折磨自己的妻子,在战争中是个临阵脱逃的胆小鬼,被作为"逃兵"抓回枪毙而死;邮政局职员伊内丝,是个有变态心理的同性恋者,与表哥的妻子搞同性恋殉情而死;贵夫人艾丝黛尔是个一刻也离不开男人的色情狂,因背着丈夫寻欢作乐,最终在与情夫的纠葛中死去。萨特就是在这个"一定境遇"中,展开了他笔下人物之间的挣扎、纠葛、矛盾、冲突、唯我独尊、以邻为壑、相互防范、相互折磨。他们各人过去有罪过,现在还有卑劣的欲望,他们把自己紧紧裹起来,惟恐对方了解洞悉自己的过往历史。他们之间有着难以逾越的心理鸿沟和屏障,以至地狱并不是刀山油锅,也不是但丁《神曲》中描绘的地狱景象,而是已经被异化了的同类。

半个多世纪以来,萨特的这一代表剧,一直被解读和阐释为:"构成了资本主义现实生活中人与人之间关系的缩影,不是一般的缩影,而是有高度概括意义的缩影。"

作为萨特"终身伴侣"的西蒙娜·德·波伏娃在萨特去世后,写了一部回忆萨特的作品《永别的仪式》。书中对《禁闭》一剧的首演做了这样的回忆:萨特谈到了他的新剧本《禁闭》,以及可能限制该剧上演的种种条件。他建议由加缪担任主角演出这个剧本。加缪起初犹豫不决,但拗不过萨特的坚持,也就同意了。萨特很满意加缪扮演的加尔散。

萨特在剧中通过加尔散之口,说了这样一段台词:"地狱原来就是这个样子,我从来都没有想到……提起地狱,你们便会想到硫黄、火刑、烤架……啊,真是莫大的玩笑,何必用烤架呢?他人就是地狱。"

于是,"他人就是地狱"成为存在主义哲学的一句至理名言。

波伏娃在谈到加缪扮演的加尔散角色时,还说了这样一句话:"我们都是被禁闭者。"

谁是牢房的监管者?上帝,还是社会制度?尼采说是上帝,福柯说是社会制度。逐走上帝,取消社会制度,牢房就不存在了?卡夫卡说:"不!没有上帝或社会制度,身体也是牢房。"

萨特用《禁闭》象征人被"囚禁"的状态。

别尔嘉耶夫说:"衡量地狱的不是公平,而是自由。"

卢梭的《社会契约论》开宗明义地断然宣称:"人生而自由,却无所不在枷锁之中。"

"起来,不愿被奴役的人们;起来,全世界受苦的人。""快把那炉火烧得通红,趁热打铁才能成功","让思想冲破牢笼","英特纳雄耐尔就一定要实现"!

萨特清醒地看到,"本世纪最大的悲剧在于:从无限的自由出发,最终到达无限的奴役。"

萨特的预言不幸被言中。

4 对现实的"厌恶"使萨特陷入了存在主义的"虚无"

萨特作品的独特之处是通过小说和戏剧表达他的哲学观点。他认为当时的所有小说家,如多斯·帕索斯、弗吉尼亚·伍尔芙、福克纳、乔伊斯、奥尔德斯·赫胥黎、纪德和托马斯·曼等等,他们都是反映着直接或间接源自于笛卡儿和休谟的传统思想。萨特在给让·奥兰的信中写道:更有趣的是"写一部海德格尔时代的小说,这正是我想做的"。20世纪30

年代，萨特的小说创作和哲学研究是各自独立进行着，只有当他把两者紧密结合起来，并通过舞台表现时，才引发了大众的"轰动效应"。

就像马克思主义来源于费尔巴哈的唯物主义和黑格尔的辩证法一样，萨特的存在主义也吸收了海德格尔的《存在与时间》和胡塞尔的《现象学》的营养。

一种哲理小说终于逐渐孕育成熟，萨特给这部小说起名为《忧郁》，出版商为小说换了一个更为吸引人的书名《恶心》（也有译作《厌恶》）。这就是后来为萨特带来巨大声誉的小说代表作。

莫洛亚是有着世界性影响的法国著名评论家，也是撰写传记文学的大师。他写过许多法国大作家的评传，如普鲁斯特、莫里亚克、纪德、罗曼·罗兰、安德烈·马尔罗等等。他在《让-保尔·萨特》一文中，对萨特的《恶心》作了这样的描绘：

> 可以将《恶心》称之为小说吗？当然，既然这是一个虚构的故事，既然其中人物是作者创造的，既然写的是一个虚构的城市布维尔（这个城市使人想到萨特当时任教的勒阿弗尔）。但这部小说没有情节。它是安东尼·罗康丹玄奥的日记。这个安东尼·罗康丹是一个漂泊他乡的知识分子，生活在一间旅馆的包房里。他描写那个德·罗勒朋侯爵的生活，也说不清是为了什么；他与旅馆老板娘睡觉，但是并不爱她；他生活在最死气沉沉的孤寂之中，一个星期从头到尾感到烦闷不堪。在他周围，没有一个人。那么布维尔的人呢？罗康丹觉得自己与他们的距离太大了。
>
> "我觉得自己似乎属于另一类。……他们想到这是他们的城市，一个美丽的资产阶级居住的去处。他们毫无恐惧之感，他们感到在自己家里……这些蠢货！一想到我又要见到他们那心安理得的厚厚的脸皮，我就讨厌！"见他们"个个摆出一副硬僵僵的体面而又傲慢的面孔，叫人恼火"时，他就更加憎恶这些人。
>
> ……正如福楼拜有时也是布法和白居谢一样，萨特也把自己

的某一方面写到了罗康丹这个人物身上,那就是这个人物发现了没有任何东西可以说明存在有道理。他不再相信布维尔城居民那些自命风雅的幻觉,不再相信雄心壮志,甚至不再相信文化。那么他剩下什么呢?什么也没有。他凝望着虚无,感到一阵恶心。

恶心,这是对一切的厌恶。不仅对人,而且对物。……萨特说:"存在并非必要。存在就是在这里,如此而已。存在物显示出来,让人遇到它们,但人们永远不能推断它们。一切都是无动机的,这所花园,这座城市,还有我自己。人有时意识到这一点,便会使你感到恶心,一切都开始浮动起来,这就是恶心;这就是那些坏蛋用他们关于权利的思想尽力向自己隐瞒的东西。可这是多么可怜的谎言啊!"……他们是多余人,我们也是多余人。

别林斯基在评价俄罗斯作家笔下的人物形象时,创造了"多余人"这一名称,这是具有共名性的一种"世纪病"。

总之,客观世界的一切都让罗康丹感到"厌恶"。他在咖啡馆中看到咖啡色的墙壁,小掌柜那紫色的吊带,都使他产生"厌恶感"。他说:"这就是'厌恶','厌恶'并不在我身上,我觉得它在那边,在墙上,在吊带上,在我身边的一切事物上,我是在它里面。"罗康丹感到自己是身陷"厌恶"世界的包围之中。

尼采说:"一个艺术家所塑造的形象并不就是他自己,然而,他显然怀着挚爱所依恋的形象系列,的确说出了艺术家自己的一点东西。"

萨特正是通过对知识分子罗康丹日常生活的描述,说出了自己对资本主义社会现实的感受和思考。

莫洛亚分析道:"罗康丹的恶心在一般人看来,是一种罕见的、病态的敏感。为什么一块卵石、一个树根会唤起如此强烈的厌恶情绪呢?因为萨特有一种非同寻常的'恶心能力'。"(更多的芸芸众生是对生存现实的随遇而安逆来顺受。)

莫洛亚又说:"忧虑袭上罗康丹的心,正像从前忧虑袭上克尔凯郭尔的心一样,正像现在忧虑袭上几乎每一个开始对人类处境进行思考的人的心一样。人本来悠然自得地在温暖的海水中游泳,现在突然感到自己高悬于深渊之上了。或者像帕斯卡尔一样,看见自己位于两面绝壁之间。坏蛋们自信地游着,拒绝想到深渊。罗康丹和萨特则看到了存在的虚假性。"

对现实的"厌恶"使萨特陷入了存在主义的"虚无"。

5 飘散出奶酪味的"炒鸡蛋"

萨特常会突发奇想,"言人所未言","语出惊四座"。

比如萨特出生15个月时,父亲就患趾支那寒热病去世。萨特在成年后说到其父亲时,持一副不屑不恭的口气:"我母亲卧室里的一张照片而已"。萨特还这样评议自己父亲的死:"假如我父亲还活着,他会整个儿压在我身上,把我压得粉碎,幸亏他年纪不大就死了,使我享有了充分自由。"

当世人说着"真理高于一切","正义高于一切"时,萨特却说:"语词高于一切。"

萨特说,当人看见一棵梧桐树时,其实是在等待着对这棵梧桐树的形容词。只有对梧桐树表达的有关词语创造出来,才使得人对梧桐树的凝视有了意义。因此,人的一切生活经历都凝聚在对"说出的存在"的审查之中。

萨特别有深意地把他带有自传性质的书命名为《语词》。理论永远是灰色的,思想在于表达。萨特渴望着从由于对现实的"厌恶"而产生的"虚无"中走出。

莫洛亚说:"存在主义是一种关于自由的哲学,是严肃的、深刻的哲学。""人的意识的作用就是将价值归还给生命:生命唯一的价值便是自由。"

萨特说:"不管我们做什么,不管处境多么受限制,我们都在选择,不选择的消极状态也是一种选择。"

萨特还说:"人只是在创造自己的时候才占有自己,一旦创造了自己,就逃脱了自己。"人是通过选择而实现了自我。

半个多世纪以来,世人一直把存在主义哲学误解为是一种"虚无"、"遁世"的哲学,但萨特以自己的人生实践,证实了他的学说完全是一种积极选择的"入世哲学"。萨特说:"人是自由的,懦夫使自己懦弱,英雄把自己变成英雄。"

萨特早期的作品中,曾反映出一种颓废厌世的情绪。但第二次世界大战是一个转折点,"荆门中断楚天开,碧水东流至此回"。

萨特在战时和他的朋友们一起创办了一份叫《现代》的评论杂志,并担任主编。萨特在《现代》的创刊号上发表了《争取倾向性文学》,表达了其转向积极干预现实的态度。萨特说:"文学作品的价值在于它是一份号召","它必须有鲜明的倾向,反对法西斯主义、资产阶级道德和不合理现象。"萨特还宣称:"作家应该站在最大多数人——二十亿饥寒交迫的人——一边。"

萨特在文章中向作家们发出"再次介入社会"的呼吁:

> 作家在他的时代都有一个位置。每一句话,哪怕是沉默都会有回音。我认为福楼拜和龚古拉对镇压巴黎公社的事件负有责任。因为他们没有为阻止此事写下只言片语。你也许会说:那不关他们的事。那么,卡拉斯审判是伏尔泰的事吗?谴责德累福斯事件是左拉的事吗?

马克思主义的"斗争性"以及"消灭人剥削人,人压迫人"的共产主义乌托邦设想,对陷入虚无的存在主义不言而喻产生了强大的吸引力和震撼力。

萨特在《理性时代》一文中说：自由选择，说到底是为自我存在而选择。"我要的是，自己只像自己。"并一再强调说："个人既不能接受自身以外的命令，也不接受自身以外的辩护。"选择走一条什么道路，完全是萨特个人意志的体现。选择成为与虚无的对抗，选择成为实现人生价值的目的。手段幻化为目的。

第二次世界大战期间在德国集中营的经历，使萨特有了深入思考的时间。他修正了自己在《存在与虚无》中个体自由的思想，写出了700多页的著作《辩证理性批判》。萨特在《辩证理性批判》一书中，研究了存在主义与马克思主义的关系。他很早就感到需要一种哲学，这种哲学"能够使他摆脱苟延残喘的资产阶级已经死亡的文化"。萨特直觉或者说敏锐地感到，马克思主义似乎可以成为这种哲学。"我们同时还确信，马克思主义对历史提出了唯一站得住脚的解释，存在主义仍然是唯一具体的接近现实之路。"

萨特自己介绍："这本书讨论的哲学是马克思主义自己产生后又抛弃了的地方。"萨特认为，马克思对人类社会发展的阐释是深刻且精确的，但马克思主义存在着一个"人学的空场"（直到新世纪的今天，德里达、哈贝马斯等西方思想家，对马克思主义进行了新的诠释，强调了马克思主义中一直被忽视的"关于人的价值全面得以实现"的理论。这一"巧合"深化了我们对萨特当年观点的认识），存在主义哲学可以为马克思主义输进新鲜的血液。

萨特试图把存在主义哲学与马克思主义进行取长补短或者说拾遗补缺的"嫁接"。这就是被西方思想家称之为"存在主义的马克思主义"。

马克思主义的"人学"变成"改造人"的学说。这究竟是对马克思主义的误读，还是马克思主义的实质就是如此？

萨特在《存在主义是一种人道主义》一文中说："我们是在比较中选择比较好的。"这就有了"两害相权取其轻"的意味。

萨特还说："选择即自由。这是一个明朗得有点让人伤感的命题。因为我们看到：在选择背后，'个人'支配的意识是如此稀薄。"

存在主义的鼻祖克尔恺郭尔写过一篇著名的哲学论文《非此即彼》。

"非此即彼就是不能亦此亦彼"，这是存在主义哲学家最早提出的人类选择中的两难困境。一枚硬币抛上天空，落下来时已决定了是"正面角色"还是"反面角色"。

萨特著有长篇巨著《自由之路》三部曲，第一部叫《不惑之年》。萨特在书中借主人公中学哲学教师马蒂厄之口，说了这样一番话："每个人都有自己的天地，人人都处在自己的种种现实矛盾之中，无法超脱，无法回避。他如众人所说是个'想得到自由的人'，然而他和众人一样庸庸碌碌，无所作为，被种种日常的、无聊的麻烦事填满了人生。尽管他在思想上是资产阶级的叛逆，他的所作所为经常与市民社会的传统道德相抵触，可他并没有因此获得自由，尽管已届不惑之年，他仍处在困惑之中。"马蒂厄在全书结尾处说了这样一句意味深长的话："没人妨碍我的自由，是生活汲干了我的自由。"

萨特在第三部《痛心疾首》中（也有译作《心灵之死》，这一译名是富有寓意的：心灵既死，剩下的只是"行尸走肉"），写法国战败后，马提厄羞愧难当，感到迫切需要用行动来显示自己的选择。于是，他用一支蹩脚的步枪，从钟楼顶上向德军射击。书中有这样一段描述：

这是极大的报复。每一声枪响都是对他往昔的小心谨慎的报复。一枪打的是我没敢强奸的萝拉，一枪打的是我本来应该抛弃的玛尔赛勒，一枪打的是我不肯亲吻的奥迪尔……他向人、向德行、向世界射击。

马蒂厄在《不惑之年》中的自白和《痛心疾首》中的行为，不妨作为萨特选择的潜台词来解读！

莫洛亚这样评价马提厄的"为行动而行动"："这种射击是荒诞的，毫无用处的。然而通过这个行动，对于马提厄来说，自由有了其真正的含义。"莫洛亚又说："可是，这种对过去的报复，真的就是自由吗？其实怨恨也是一种束缚。"

撒播的是龙种,得到的是跳蚤；追求的是自由,得到的是奴役。又回到了存在主义的命题:人类生存的本身,是否就是一个荒诞的"芝诺悖论"?

萨特是说过"人注定是自由的",但他没有说过,人注定能获得自由。人生活在这个"荒谬"的人世间,除却名缰利锁的羁绊,更要受到思维意识的局限。克尔恺郭尔有句名言:"享乐主义在情欲的瞬间丧失了自我,而思辨的唯理性主义在思想的漫长过程中丧失着自我。"

一代哲学大师萨特,走进了自己思想的盲区。

萨特曾给美国一家杂志写过一篇哲学杂文,他在文中说:"我想创造一种炒鸡蛋,期望它能表达存在的虚无。但到烧成,它却并非如此,只飘散出一股奶酪味。我眼睁睁地看着盘子里的它,而它却不回答我。我试着把它端到黑暗里去吃,但这一点儿也没用。马尔罗建议我在里面加辣椒粉。"

谁能品味出萨特这份生存选择中的"酸甜苦辣"?

6 萨特为自己的选择付出了名誉的代价

1946年,萨特应邀去美国演讲。回国后,他针对美国种族歧视的丑陋现实,写了一个剧本《可尊敬的妓女》。剧本暴露和抨击了当年美国白人社会对黑人的歧视与迫害。剧中有一句经典台词:"当一些素不相识的白人在一起议论的时候,就意味着有一个黑人将要送命。"剧中那个"白人至上主义者"弗雷德说:"看到黑人,这总是一件倒霉的事。黑人就是魔鬼。"剧中代表正统社会的克拉克参议员还有一个说法:"黑人是祖国与民族的一个顽劣的儿子。"他们能找出一大堆黑人是"劣等人种"的理由:黑人不是人,杀死一个黑人是天经地义的事情,并不算犯法。对这种荒谬逻辑我们并不太难理解,就像在"阶级斗争学说"下,以革命的名义消灭一个"阶级敌人",完全是正当正义的行为一样。

前车之辙,后车之鉴。第二次世界大战中,希特勒对犹太民族的血腥屠杀人们记忆犹新。萨特对美国的种族歧视政策可谓深恶痛绝,其剧作《可尊敬的妓女》,揭露出美国社会的黑暗面,指出西方世界的所谓自由、民主、人权,只是少数统治者剥削者的特权,而广大的被侮辱被压迫着的人民,则是任人宰割的。这出政治讽刺剧于1947年在巴黎上演后,引起强烈反响。巴黎警察局认为这个剧污蔑了美国,禁止上演。

这就是当年的"冷战思维":不是东风压倒西风,就是西风压倒东风。

客观地说,萨特所揭露的美国当年的阴暗面是真实的,就如当年的麦卡锡主义对共产党人的迫害也是事实一样。但时间是最好的裁判。一个勇于正视自身弊端的开放体制获得了进步发展,黑人奥巴马在今天可以当选为美国的总统;而一个文过饰非欲盖弥彰的封闭体制却因专制独裁走向了崩溃解体。

富有荒诞荒谬意味的是,上世纪冷战中对峙的两个超级大国苏联和美国,都把萨特的作品用来作为攻击对方的武器:苏联拿萨特的《可尊敬的妓女》来攻击美国的种族歧视制度;而美国则拿萨特的《肮脏的手》来攻击苏联血腥专制的反人道主义。

列维在《萨特的世纪》一书的自序中,发出了"两个萨特"的质疑:他是宣传自由的哲学家,还是极权主义的辩护士?

就像误读了苏联一样,萨特也误读了美国。萨特关注了美国种族主义者的血腥,却漠视了斯大林主义"古拉格群岛"的血腥。最终,对苏维埃政权斯大林主义的误读,成为萨特的"滑铁卢"。

1956年,苏联出兵匈牙利,萨特在接受采访时当即宣布了自己的反对态度,并且在其刊物《现代》上推出关于匈牙利问题的专题。萨特写了《斯大林的幽灵》一文,反对苏联对他国的武力干涉。这些文章成为他与党派之间断绝关系的独立宣言。1968年又发生了苏联入侵捷克斯洛伐克事件,萨特再次发出强烈抗议,称苏联为"战犯",表示从此与苏联"彻底断绝关系"。萨特原本反对德国法西斯占领的剧本《苍蝇》在捷克上演,受到捷克人热烈的欢呼,成为对苏联占领捷克的指桑骂槐含沙射影。

萨特坦承,在这之前,他"封闭了一切道德观念"和自我判断,而如今的自我回归让他欣喜。20世纪70年代以后,萨特谈到他在50年代是如何克服甚至压制早年的"道德主义"的，说那一切都是为政治现实主义让路。其实，萨特早在戏剧《肮脏的手》中，已经表现出了他对两种不同社会体制的矛盾心理。剧中对党棍路易斯"为达目的不择手段"的恐怖暗杀，实际上已经进行了拷问和质疑。"匈牙利事件"是一个极限，或者说成为萨特固守的"道德底线"。

萨特的朋友兼对手梅洛·庞蒂逝世后，萨特在悼念文章中写道："政治中存在一种——一个棘手的问题，从没有被明白地考量过——当政治必须背叛它的道德的时候，选择道德就是背叛政治。现在，找出一条出路走出这两难吧！特别是当政治以统治人类为目标的时候。"

萨特曾说过这样的话：选择固然是自由的，但必须是"慎重"的，要对后果"承担责任"。萨特为自己的选择付出了名誉的代价。

萨特对自己的"选择"作过这样的辩解："谁要加入斗争的行列，他就必预先认可许多东西……不仅共产主义的追随者这样，任何一种乌托邦的拥护者都是如此。"

从美国的萨特研究专家阿隆森的著作中，读者看到了萨特对当年苏联集中营这一血腥事实保持沉默的解释："……不得不把这些事掩盖起来，因为我们的行动是政治性的。我们必须接受政治强加的一种限制，对某些事情保持沉默。否则人就成了'君子'，就无法做出政治行为。"

第二次世界大战后是世界性的知识分子向左转的一个时期。与斯坦尼思拉夫斯基共创世界戏剧史上两大表演体系的布莱希特，当得知赫鲁晓夫在苏共二十大上的秘密报告时，强烈反对把它公之于众。他说："我有一匹马，它瘸腿、斜眼还长着疥疮。有人过来说：这马斜视、瘸腿，看看，它还有皮肤病。他说得对，但那时我又有什么办法呢？我没有别的马，不存在另一匹马。我想，最好还是尽可能地少想它的缺点。"

同为目光如炬的哲人圣贤，却都进入了同一视觉的盲区。

萨特还发表了一篇文章，对自己当年苏联之行归来后所写的文章做出解释：

1954年首次访问苏联后，我撒了谎。其实，撒谎也许是个太重的字眼。我写了一篇文章……其中说了许多对苏联友好的话，这些我自己并不相信。这样做部分原因是我觉得一回家就诋毁款待自己的主人不大礼貌，部分原因是我不知道在与苏联和我自己的思想的关系中，我应该站在什么立场上。

后人在评价萨特与加缪的那场论战时，曾说了这样的话："加缪并不自以为是领导潮流的思想家而昧于自己的良知，他只能承认一种批判的马克思主义，一种不会对现实社会主义的罪恶缄默的马克思主义；而萨特却一心想成为创造历史意义的大人物。"

一切强悍人物，心中可能都有着难以泯灭的"英雄情结"、"领袖欲望"，有着"天将降大任于斯人"的"弥赛亚救世"使命感。

泰戈尔有句名言："爱情坐在峭壁上，你追求她，所以她羞辱你。"追求无形中成为一种"病灶"，一个"死穴"，成为毛姆所言"人性的枷锁"。

7 世界上被人引用最多、理解最少的作家

1980年4月15日，萨特告别了他称之为"荒谬荒诞"的人世间。萨特逝世的消息，成为当年世界不同意识形态的各大报刊的头条新闻。包括苏联的《真理报》、中国的《人民日报》。

巴黎知识界为萨特举行了隆重的葬礼，有5万多人从法国各地赶到巴黎，来向这位文学大师哲学大师做最后的诀别。护送萨特灵柩到蒙巴那斯公墓安葬的人流排了有十几英里长。据报载，许多人为了最后一睹萨特的"风采"，爬在了沿路的树上。其中还有一个青年，竟掉下来跌在了棺木上。这是法兰西民族自雨果的葬礼后从未有过的盛况。

萨特曾被"第三世界的劳苦大众"称为"20世纪人类的良心"。但对此，西方的不少评论家不以为意地说："他的心太多变了，成不了良

心。"饶有意味的是，类似的指责也来自当年的社会主义阵营："萨特在政治上太反复无常了，不足取。"

萨特生前不为资产阶级所喜欢，认为他是资本主义世界里的一个"骂娘的人"。而在社会主义国家里，萨特又被指斥"为资本帝国主义制度作辩护"，他发出的是"反动资产阶级临死前的悲鸣"。萨特声称"存在主义是一种人道主义"，试图为马克思主义注入"人学"，更被认为是"包藏着极大的祸心"。一个曾影响了一个世纪一代青年的思想家，却被对立的意识形态双方所拒绝，成为"舅舅不亲，姥姥不爱"的"千面人"，可悲地印证了萨特"存在与虚无"的学说。

萨特针对他"多变"的指斥，回答过这样一句话："如果我的生活中有什么东西是始终如一的，那就是我从来不愿意正襟危坐地生活。"萨特还说："万能的上帝啊，请你把那无数的众生叫到我跟前来！让他们听听我的忏悔——然后，让他们每一个在您的宝座前面，同样真诚地暴露自己的心灵，看看有谁敢于对您说：'我比这个人好！'"

存在主义从诞生于世界的那一天起，就充满了激烈的争议，受到猛烈的攻击：天主教《十字架》日报称存在主义"比18世纪的理性主义和19世纪的实证主义更危险"，并与法共的《人道报》一起把萨特称作"社会的敌人"。萨特的所有作品都列在梵蒂冈的禁书目录上。斯大林的文化委员法捷耶夫，以鄙夷的口吻说萨特是个"用打字机的豺狼，使用自来水笔的鬣狗"。直到萨特百年诞辰的2005年，法国最有影响的杂志《新闻周刊》还辟出"萨特总是搞错吗？"这样的专栏展开论辩。半个多世纪以来，见仁见智褒贬不一。即便是萨特逝世30年之后的今天，对萨特的解读，仍余音绕梁，涛声依旧。

也许，正是从萨特不为两大对立阵营任何一方所接受的事实上，我们看到了一个独立知识分子的人格及其思想的深度。

纵观20世纪的思想家文学家，没有一个人如萨特一样给世人留下这么多的云遮雾罩扑朔迷离。

一个向世界呼喊出独立声音的思想家文学家的功过，盖棺也未必能够定论。

自杀是塑造英雄形象的绝笔
——1954年诺贝尔文学奖得主 海明威

1 "硬汉"的自杀令人瞠目结舌

1961年7月1日是个星期六,厄内斯特·海明威的妻子玛丽,陪同丈夫从梅奥诊所检查治疗后回到凯奇姆镇。在整个检查治疗过程中,海明威始终显得郁郁不乐。玛丽误认为他是因为连续不断的治疗弄得很疲乏的缘故。吃晚饭时,海明威的脸色平静,气氛一如往常。饭后,玛丽因旅途劳累,想早点休息。盥洗后,她进了自己的卧室。

也许是玛丽心中还存忐忑,也许是一种冥冥中的鬼使神差,就在准备解衣就寝时,玛丽心中突然涌起与海明威热恋时常唱的那首意大利歌曲《人家叫我金发女郎》。出于一种莫名的复杂心理,玛丽又匆匆返身走回丈夫的卧室:"我要送你一件礼物。"海明威正在刷牙,玛丽就站在他旁边,把这首歌轻声唱给他听。海明威听着听着,连忙漱了漱口,跟着玛丽唱完最后一段。

玛丽事后回想,这一举止究竟是一种什么心理的驱使?

就在这年4月的一天,玛丽走下楼来,她蓦然间发现丈夫正站在客厅的枪架前症症发呆。海明威身上穿着那件他们称之为"皇帝的龙袍"的意大利浴衣,手里拿着一支猎枪,窗台上放着两颗子弹。玛丽试图与他谈话,他紧绷着脸不吭声,痴呆呆地凝视着窗外春意盎然的山林景色……

海明威在小说《非洲的青山》中,通过主人公之口,曾极力赞美猎枪:"那种建造精美,能够治疗失眠,消除悔恨,医治癌症,避免破产,且只需指尖轻轻一按就能从无法忍受的境地炸出一条出路的工具。"玛丽心中有了一种不祥的感觉。

卡洛斯·贝克在《迷惘者的一生——海明威传》一书中(湖南文艺出版社1987年版,林基海译),记载了海明威自杀前不久发生的情节:

现在除了再送他去梅耶医疗中心外，没有别的办法了。

……飞机驾驶员拉里约翰逊已作好准备用一架轻便四座飞机送厄内斯特去罗切斯特。唐安德森和太阳谷医院的一位护士琼妮陪厄内斯特回家拿衣服用品。汽车在厄内斯特家的后门停下，他们走出车来。厄内斯特对他们狐疑地笑了一笑说，唐和琼妮不必跟他进屋，他知道东西放在什么地方，用不了多久就可回来。唐低声回答说他们得看护他。厄内斯特径直朝厨房方向走去，他家的女佣正在做饭。他匆忙走下一截阶梯来到客厅，穿过厅堂来到放枪的地方，立即抓起一支枪，装进两颗子弹，然后咔嚓一声把膛机扣上。当厄内斯特正把枪口对准喉咙准备开枪的时候，唐安德森一个箭步跑上前去，一边说，"别这样，爸爸！（关系亲密的人对海明威的昵称）"他用力想从厄内斯特的手里把枪夺过去。尽管唐安德森个子高大，有手劲，但他仍一时没能把枪夺到手。琼妮后来说，当时厄内斯特满脸杀气，手里死死抓着枪不放。最后，唐安德森终于把枪闩打开，连忙叫琼妮把枪膛里的子弹取出来。厄内斯特被迫坐在沙发椅上，两眼露出凶光，绷紧着脸，一声不吭地坐着。玛丽闻讯走下楼来，像以前那样细声细气地劝他，厄内斯特仍然默默不作声。琼妮立刻打电话把赛维尔医生叫来。接着他们把厄内斯特送回太阳谷医院，让他服用镇静剂卧床休息。

《迷惘者的一生——海明威传》一书还记载了飞机送海明威去医院途中发生的一件事：

快到中午的时候，飞机从海莱航行了五百五十公里之后在雷彼得城的飞机场降落加油。飞机在起飞前没有检查磁力机，现在驾驶员把飞机滑行到停机库，调换一个磁力机。厄内斯特走下飞机松一松筋骨。他大步流星地朝飞机场的停机库那边走，唐安德森紧紧地跟在他后面。厄内斯特到处寻找枪支和子弹，把机库内的屉子和工具箱都翻遍了，口里咕咕哝哝地说，人们一般都把枪支藏在这些地方。他甚至在停放的汽车仪表板上的小贮藏柜里找。

经过一段时间的治疗，海明威情绪已经恢复平静，主治医师在得到海明威保证不自杀的承诺后，批准了他出院。由于海明威有了两次试图自杀的先例，玛丽回到家后，把所有打猎的枪支都锁到地下室里。

1959年的夏天，就是海明威自杀的两年前，他还信誓旦旦地说：自杀会在孩子们身上留下阴影。他认为自杀是一种自私而且懦弱的行为。他对罗伯特·曼宁说：自杀"这是每个人的权利，但这里面既有一定的自我主义，也要在一定程度考虑他人的心情"。他坚持说他不能忍受自杀，对此也毫不同情。他还与克拉拉·施皮格尔约定：无论谁要自杀，必须互相通报。在那段时日，玛丽对海明威格外柔情似水，鼓励丈夫不要灰心丧气，他仍然是世界上最棒的男子汉。还一再提醒他要多想想孩子们，唤起海明威为父为夫的责任感。

也许，玛丽是希望通过幸福时光的一首歌，激发丈夫美好的回忆，增强其生活的勇气。海明威的唱和，使玛丽长舒了一口气：看来一切都很正常，没有任何异样不祥的迹象。玛丽与海明威吻别后放心地去睡了。玛丽绝没有想到这是她和丈夫的最后诀别。

卡洛斯·贝克在《迷惘者的一生——海明威传》一书中，记载下那个黑色星期天的清晨：

星期天，黎明比往常来得早一点，天上无云亮灿灿的。厄内斯特像往常一样很早就醒来了。起床后，他披上那件大红的"皇帝袍"，沿着铺了地毯的楼梯走下楼来。……他知道枪支都被收藏起来放到地下室去了。但是他知道钥匙放在厨房水槽上面的窗台上。他拿了钥匙，蹑手蹑脚走下通往地下室的楼梯，轻轻地打开门锁。门一打开一股潮湿的霉气向他扑来。他挑选了一支双管猎枪，他从子弹匣子里取出几颗子弹，重新把门关好锁上，离开地下室,回到客厅。此时,即使他看到户外明媚的阳光,也改变不了他的决心。他横过客厅来到耳房休息处,这是一间只有七尺长五尺宽像个小神殿一样的房间。墙上嵌着橡木,地板上镶着光滑的花砖。他多年来恪守一个信条:"活着,则应勇敢地活下去"。现在他又有另一个信条:"面临死亡,则应勇敢地死去。"

海明威找出的是自己平生最喜爱的那支镶银双筒猎枪。他轻轻擦拭抚摸了一会儿,他准备向心爱的猎枪告别,也向这个已经让他绝望的世界告别。海明威用手理理下巴上的大胡子,那带着深深伤痕和皱纹的脸上露出一丝忧郁的微笑。他长长地吐了口气,举起双筒猎枪,有些笨拙地将枪口插进嘴里——他从容不迫地举起手臂,同时用手指扣动了两个扳机……

厄内斯特·海明威在参加西班牙内战期间,曾对约里斯·欧文斯说:"自杀最有效的办法不是把枪对准太阳穴,而是将枪对准嘴。"海明威在选择自杀方式和采用自杀姿态时,脑子里在刹那间可曾涌起这句话?

砰的一声枪响,震撼了整幢房屋。被枪声惊醒的玛丽从床上一跃而起,她怀着一种不祥的预感飞奔下楼。还没下完楼梯,玛丽就停下了脚步——她被眼前惨不忍睹的可怕景象惊呆了!楼下地板上满是血迹,海明威伸开手脚躺在那里,他的整个头部几乎没有了,只剩下一个嘴,一个下巴和一部分面颊;躯体还在往外冒血,身旁是他生前最喜爱的双筒猎枪,另外有一些碎骨片……

海明威的一枪,不仅把玛丽打懵了,可以说是把整个美国整个世界都打得瞠目结舌。20世纪美国最著名的小说家奥多内斯说:"海明威一死,人们马上意识到,某种至关重要的东西骤然间从这个世界上消失了,把我们的生命也给毁了。如今我也是个死人了。"

海明威的自杀简直令世人不可思议,人们甚至怀疑这是不是海明威创作的又一个"戏剧性效果"?

海明威从来不说"新年快乐",因为他说,每一个新年的到来,都使人郁闷地想到自己又向坟墓迈进了一步。当海明威在战场上受了伤,他每天都要忍受灼疼把那只受伤的手臂放在灯火上烘烤，为的是尽快恢复健康。他还试着用左手持枪射击，把枪托顶在自己的右胸上，弄得胸部青一块紫一块的。他自鸣得意地写道："生命是不朽的。"这样一个热爱生命的人，会走上自我了断之路？

海明威14岁走进拳击场，被打得满脸淌血，但就是不肯倒下去认输；海明威19岁初上战场，他身中240多块弹片，仍冒着生命危险救护一个受伤的战友到安全地带；海明威晚年曾两次发生飞机失事，新闻媒体已经为他发布了讣告和悼词，可他仍能"虽九死而不悔"地重新起死回生……这样的一个"硬汉"，会选择走自杀的"懦夫"之路？

海明威的创作之路，经历了无数次的退稿和冷嘲热讽，仍能矢志不渝"咬定青山不放松"，直到摘取了文学王冠上的钻石——1954年诺贝尔文学奖。在此人生辉煌的巅峰，他会甘心让生命戛然而止？

在《午夜巴黎》中扮演了海明威的克雷·斯托说："我认为海明威依旧以各种方式抓住人们的想象。"克雷·斯托还说："我想，很多男人都对他的男子气概念念不忘。而一些女性，也会认为那很有吸引力。"人们还新发明了一个词儿，叫做"海明威方式"（Heming Way），用以唤起渐渐黯淡的雄性气质。20世纪的前半叶，海明威成为许多北美青年争相模仿的偶像。

海明威在《圣诞节的礼物》一书中写道："因为我也是一个人，就我所知，世界上最复杂的事物莫过于一个人的一生。"雨果有一句被人频繁使用的名言：有一种景象比海洋更壮观，那就是天空；有一种景象比天空更壮观，那就是人的内心世界。人的内心世界是一座迷宫，一个司芬克斯之谜，一道哥德巴赫猜想。其全部的复杂性来自于无比的丰富性。

一个"硬汉"走上自杀之路的心理轨迹，值得我们以弗洛伊德的"精神分析法"为借鉴，去作出哲学社会学层面的解读。

2 与生俱来的"英雄情结"

《迷惘者的一生——海明威传》一书中,对海明威的童年作了这样的描述:

他母亲说,厄内斯特两岁的时候,"长得胖乎乎的,看起来像个五岁的孩子。头发淡黄,前额剪成刘海式,发端卷曲,蓬蓬松松搭在头上。皮肤赤褐色,看起来十分健壮。栗色眼睛,眉毛浓黑,一张不大不小的口,脸颊两边各有个酒窝"。当他母亲叫他"荷兰玩具娃娃"时,他一边跺着脚,一边大声叫嚷,"我不是荷兰玩具娃娃,我是波尼·比尔。砰!我要开枪打死菲蒂。"

后来带他去看波尼·比尔的西部电影,他很快模仿影片中的牛仔的动作,骑在普林斯的背上让大人给他拍照。

"当有人问他害怕什么的时候",他母亲说,"他大声地回答,他什么也不怕。"他的愿望是要把他当作大人看待。他肩上扛着一枝半新不旧的老式步枪,两眼望着前方,正步前进。他能背诵坦尼生(英国著名浪漫派诗人)"小分队向前冲"的诗句,并把自己比作士兵,把拾来的木片、木棍当作大口径短枪、长枪、来福枪、左轮和手枪等。他所表现出来的勇敢和坚韧精神给他双亲留下深刻的印象。

有一天,小厄内斯特跑进他外祖父的房间,十分高兴地告诉霍尔,他是如何赤手空拳将一匹脱缰逃跑的马拦住,牵回家的。他的外祖父听了很高兴,并对他女儿葛莱丝说:"丫头,你听我说,这孩子总有一天会有名声的。如果他遇事多动脑筋,走正道,将来准能出人头地。但若纵容自己,走邪路,将来坐牢也一定有他的份。"

无论什么事,他都喜欢加上戏剧的色彩,喜欢编造故事。而在每个故事中他自己总是以一个恃强凌弱的英雄人物出现。一九一二年三月他第一次登台表演节目,那时他正读第七级英文班。演出内容是"罗宾汉"绿林好汉。他身披长褂,脚著带扣长靴,头戴丝绒帽,嘴边饰着假胡,手拿一把自制的长长拉弓,模拟着正从树林中的空旷地带走过。

卡洛斯·贝克还记载了厄内斯特·海明威的一次"英雄救美"行为:

……把一个矮胖的喜欢打扮的爱尔兰人叫做"可爱丽奥"。厄内斯特曾因保护这个人不受人欺负而发生了一次事故。事情是这样,一个星期六晚,他们在第十七号大街一家小餐馆吃完晚饭,一个气势汹汹的卡车司机走上前来拨弄丽奥的领带,欺负她。厄内斯特猛地一拳击过去,一下把装着纸烟的玻璃厨砸烂了。他的手被碎玻璃刮出了一道很深的口子,后来用绷带扎上。为了此事,他好几天感到很得意。

中国有句古语:"三岁看大,七岁看老。"从海明威这些童年的印记中,我们看到了其身上与生俱来的"英雄情结"。

海明威的祖父和外祖父都参加过美国的南北战争,海明威从小就羡慕祖辈的"战士的勇敢"。海明威的父亲也是一个生活中的强者,他喜好打猎、拳击等也是受到父亲的影响。海明威的嫡亲叔父威罗毕,百年前就来我国山西省传教行医,并且创办了有名的学府铭贤书院。威罗毕童年时代在农忙中右手食指不慎被玉米脱粒机轧断,但经过八年刻苦锻炼,他终于成为一名技艺高超的外科医师。据传说这位叔父曾经为西藏活佛达赖喇嘛治过病。所以海明威12岁时,曾一度梦想继承叔父和父亲的事业,当名医生……也许,人的生命中有着"根深蒂固"的遗传基因!

3 战场是英雄展示的舞台

《迷惘者的一生——海明威传》一书中,这样描绘了战场上的青年海明威:

奥军在河对岸发射了榴霰弹,相当于装五加仑液体的罐子那么大,直径大约四百二十毫米,里面尽是铁皮片和其他金属废料。只要碰到硬的物体,榴霰弹就自行爆炸,具有强大的平面杀伤力。……敌军发射的榴霰弹发出沙沙的声音,接着火光一闪,宛如炼铁高炉的门一下打开,一声巨响,只见一阵白光,随之而来的就是红色的火焰。厄内斯特回忆说:"我没法呼吸,可是我感到窒息……地面被炸开了,一根木柱打中我的前额。恍惚中我似乎听到别人的叫喊声。我准备向叫的方向走去,可一步也挪不动。双腿十分沉重,仿佛穿了橡皮靴子一样,靴子里似乎有暖暖的水在流淌。"

厄内斯特身边躺着一个人,已经失去知觉,离他不远的地方也躺着一个人,受了重伤,十分凄凉地大声哭着。厄内斯特慢慢地向他摸去,先摸到那人的脖子,接着摸到他的腿。厄内斯特用力把那人扶起来,让他趴在自己的背上,然后摇摇晃晃地走向指挥所。才走了不到五十码,敌人一阵重机枪扫射,一颗子弹射中他右腿关节。他立刻感到一阵冰凉,打了个趔趄,摔倒了,背上仍背着那个伤员。后来他糊里糊涂不知最后那一百米的距离是怎样走完的,不过他终于把伤员送到了指挥所,然后他便失去了知觉。为此,他获得了意大利的最高荣誉奖——战斗英雄银质奖章。

海明威后来回忆说：当时他周围都是一些死去的和严重受伤奄奄一息的战友，这似乎让人觉得死去比活着更合理。他脑子里曾闪过一个念头，用手枪把自己打死。

那时的海明威血气方刚，充满了理想主义的浪漫色彩。他用充满爱国主义的激情给父母写信说："我们都准备献出我们的生命，但只有少数人中选。对这些少数被选中献出了生命的人也无须给予殊荣，因为他们是幸运儿……为祖国献身人的母亲是世界上最值得骄傲的人，也是最幸福的人。"他在给父母的信中还这样写道："在这次战争里，我没有看到英雄……所有的英雄都死了。在战场上，死亡易如反掌，这是我亲眼所见，千真万确的事。我如果要死，早已死了，不会等到现在，因为那是轻而易举的事……一个人与其让自己到了晚年，身体衰败，理想破灭，慢慢死去，不如在年轻时候，理想尚未形成，趁火光一闪，快快活活地死去好得多。"

海明威受伤后，他父亲写了一封信，问他准备什么时候回家。他在复信中说，他的军人职责要求他等战争结束了才能回家。世界上没有哪一国的军队会接受像他这样脚伤腿残的人，但只要战争还在继续，他就决心留在意大利奉陪到底。

谈到战场上的死亡之事，海明威还讲述了这样一个情节：有一天，海明威的战友琴克引用了莎士比亚的话，这几句话出自莎士比亚《亨利四世》的台词："死对我来说无所谓，反正人一生只死一次，上帝要我怎么死，我就怎么死。今年死了，明年就不会再死。"海明威听说后引起强烈共鸣，他让战友把它写在纸条上，把它背熟了，作为自己的座右铭。在记者对他的访谈中他多次提起。后来海明威在《弗朗西斯·麦康伯短促的幸福生活》中，借助威尔逊之口，说出了与莎士比亚大同小异的话："说实话，我一点也不在乎。人只能死一回，咱们都欠上帝一条命，不管怎么样，反正今年死了的明年就不会再死。"

海明威这些"视死如归"的高谈阔论豪言壮语，当时都是发自肺腑的英雄主义告白！

《迷惘者的一生——海明威传》一书中，还记载了海明威在第二次世

摆脱不掉的争议

界大战中的一个细节：

> 朗哈姆后来写道：正当牛排端上桌来，突然一颗八十八毫米的炮弹打穿了海明威对面的那道墙，接着又穿过另一道墙，但没爆炸……八十八毫米炮弹的飞行速度几乎和光速相等，所以人们还来不及作出反应它就到了你的跟前。转瞬间我部下的人都躲到一个贮藏马铃薯的地窖里去了……我是最后一个来到楼梯头的。我回头一看，海明威仍坐在桌子旁边不动声色地用刀子切着牛排。我大声喊他快躲到地窖里去。但他不听。我转身走到他那里同他理论起来。蓦地，又一颗炮弹穿墙而过。他仍继续吃他的牛排。我们又争论开来，可他无动于衷。我坐了下来。这时第三颗炮弹又穿墙而过。我要他把那顶该死的钢盔戴上。他不听。于是我也把自己的钢盔摘下来。我们边吃牛排边争论。他又重复他平时最爱说的那个道理——除非炮弹直接打中你，否则你呆在什么地方都一样安全。

海明威从战场返回美国后，被当作战斗英雄受到媒体的热捧和民众的欢迎。一个叫露丝蒂安的女记者为《奥克派克报》对海明威作了一次访谈。她发现海明威愿意谈自己战场上的"壮举"，但是不愿意人们称他为英雄。他说："我上战场，是因为我想去。我身体好，国家需要我。我上战场，做我所应该做的事。在那里所做的一切，都是我应尽的职责。"他认为战争是"一场伟大的运动"，而且表示："一旦形势需要他，他就重返战场。"

露丝蒂安在《奥克派克报》上登了对海明威的访谈文章后，来拜访海明威的人络绎不绝，要他谈谈在意大利战场上的情况。海明威还到学校去举办讲座。演讲中他把随身带来的战利品展示给大家看：一个奥地利军用钢盔，一支左轮手枪，一只打照明弹用的手枪，还有那天夜里他受伤时穿的那条裤子。他的同学卡罗琳·贝格莱在作介绍时称他为著名的海明威。当他谈到他背着伤员回指挥所时，他把他那条沾过鲜血的裤子拿给大家看。

卡洛斯·贝克说："此时的厄内斯特感到自己的身价地位比以前高了。会见和谈话不无夸张和虚构。记者说他大腿上有二十七个伤疤，证明他所受的痛苦和折磨比起那些腿里没有弹片的士兵来要严重得多。记者还认为厄内斯特在十月份的大部分时间里和十一月初在格拉巴山附近同敌人打过仗。厄内斯特对他这个说法没有加以否认。"

那一刻，海明威一定是沉浸于一种英雄主义的幸福感中。他在给父亲写的信中说："身上受伤会给你带来一种满足感。"

海明威不是个书斋式的作家，他有着强烈的"参与意识"。

1942年到1944年，海明威驾驶着由政府出钱装备了武器和通讯设施的"皮拉尔号"巡逻在大西洋海岸。"皮拉尔号"是一艘伪装的反潜艇的兵舰。虽然"皮拉尔号"始终未与德国潜艇发生战斗，但海明威的报告可能帮助海军侦察到了一些潜水艇的位置并把它们炸沉，因而得到了美国国防部的表彰。

在第二次世界大战后期，海明威随巴顿将军的第一军第四步兵师一起行动，参加了诺曼底登陆、解放巴黎和凸地战役。阿瑟·华尔多恩在《海明威生平》一文中写道："他描述自己大胆勇敢未免夸大或者歪曲，但他的行动确实更像战士，而不大像记者。"

战场是英雄的摇篮，海明威的一生都向往甚至可以说是渴望着战斗，并建立战功。

4 斗牛成为命运拼搏的象征

1923年夏天，海明威到西班牙旅游时，第一次观看了斗牛，从此就迷恋上了这项富有刺激意味的运动。盎格鲁—撒克逊人认为，斗牛是残酷的，也是不人道的。马戏场上的小丑，是用自己的滑稽取悦观众；而斗牛场上的斗牛士，则是以生命来刺激观众。海明威否定了人们对斗牛的指责，他认为，斗牛具有悲剧意义上的美学价值。他说："它是我见到的最漂亮的事物，它比干其他任何事情需要更大的勇气和技能，特别需要勇气，就像在一场大战中坐在场外看戏，对你来说什么也没有发生。"海明威还说："公牛是有意豢养来杀害人类的唯一动物，并以人畜之间的生死搏斗深深吸引人类。这是你能了解生与死的唯一场所。在战争已经过去的今天，暴死往往发生在斗牛场。我打算去学，去写，从非常简单的事情开始。所有事情中最简单和最基本的就是横死。"

海明威有许多脍炙人口的小说，诸如《午后之死》《世界之都》《五万元》《杀人者》《在我们的时代里》和《危险的夏天》等，描述的都是与斗牛有关的内容。海明威欣赏狩猎、拳击、斗牛等意外事故的刺激和那种"甜甜的血腥味"。海明威在《不可战胜的人》里，描述了一位年老力衰的老斗牛士曼纽尔：

> 那个小个子男人坐在那儿看着曼纽尔。
> "我还以为它们送了你的命呢，"他说。
> "我刚从医院里出来，"曼纽尔说。
> "我听说他们把你的腿锯了，"雷塔纳说。
> "没有，"曼纽尔说："腿好好的。"
> "你干吗不找个职业，干点其他活儿？"他问。
> "我不想干活儿，"曼纽尔说："我是个斗牛士。"
> "对，你在场上的时候才是个斗牛士，"雷塔纳说。
> 曼纽尔笑了。

曼纽尔就是这样一个"过了气"的斗牛士。然而他不服老，还是舍不得剪掉脑后那根象征斗牛士的"小辫儿"。虽然，几十年的斗牛生涯，他深知斗牛场上的凶险，但他无法拒绝斗牛场的召唤，义无反顾地要求上"战场"。

海明威在《不可战胜的人》里，描绘了曼纽尔这个老斗牛士的生命绝唱：

曼纽尔朝公牛走去。公牛看着他。它的眼睛很敏锐。曼纽尔看到几把短枪在它左肩上挂下来，还看到舒里托的长矛扎的口子里不停地淌出来的鲜血。他看到牛蹄的姿势。他一边左手握巾右手握剑朝它走去，一边盯着牛蹄子。牛不收拢蹄子是不可能往前冲。现在它正呆呆地四个蹄子分开站着。

……

他拿着红巾，左手握着剑，把那条红巾在牛面前展开，他呼唤着牛。

牛看看他。

他凶狠地往后一仰，摇晃着展开的红法兰绒。

公牛看到了红巾。在弧光灯下，那条红巾鲜红鲜红的。公牛把蹄子并拢了。

它冲了过来。呼！牛冲来的时候，曼纽尔转了个身，举起红巾，让红巾从牛角上过去，从头掠过宽阔的牛背一直到尾巴。公牛这一次冲得四脚腾空。曼纽尔没有动。

这一下结束的时候，公牛像条转过墙角的猫似的转了个身，把脸朝着曼纽尔。

它又采取攻势了。它的那种迟钝的状态消失了。曼纽尔看到又有鲜血亮闪闪地从黑色的肩膀淌下来，顺着牛腿往下滴。他把剑从红巾上拔出来，握在右手。左手把红巾握得低低的，他偏向左边。唤了一声牛。牛腿并拢了，牛眼睛盯着红巾。牛冲了过来，曼纽尔想：哟！

他见牛冲过来，便顺势一转，把红巾在公牛前面挥过去。他双脚站稳，剑跟着那曲线，在弧光灯下闪出一点亮光。……公牛从他旁边经过，它那发烫的黑身体擦过了他的胸膛。

该死的，太近了，曼纽尔想。……

在场地中央，弧光灯下，曼纽尔面对着公牛跪着。当他双手举起红巾的时候，公牛又翘着尾巴冲过来了。

曼纽尔一转身躲开了，当牛再次冲过来的时候，他把红巾绕着自己挥了半圈,把牛也逗得跪了下来。

……

曼纽尔站起身来,左手拿着红巾,右手握着剑,接受了从黑漆漆的观众席上发出的喝彩声。

公牛不再跪着,却弓起身子,站在那儿等待,头低低地耷拉着。

……牛站着,四脚分开,望着红巾。曼纽尔用左手挥巾。公牛眼睛盯着红巾看。沉重的身体由脚支撑着。它的头垂下了,但不算太低。

曼纽尔朝它提起红巾。公牛还是不动,只是用眼睛注视着。

它像铅铸似的,曼纽尔想。它宽阔而壮实。它骨架很好。它会经受得住的。

他用斗牛的术语想着。有时候他头脑在想事,心里却并不出现那特定的术语,他并没有意识到自己头脑在想事,这是他的本能和他的知识在自动地起作用。他的脑子在慢慢地用言语的形式表达着、想着。关于公牛的那一套他全都懂。他用不着去想。他只消做那该做的事就行了。他的眼睛注意着一切,他的身体作出必要的反应,不用思考。他要是动脑筋想,那他就要完蛋了。

如今,他面对着公牛,同时意识到许多事情。牛角就在那儿,一个裂开,另一个又尖又光滑。他得侧着身子朝左边那个角又快又准地逼近,放下红巾,叫牛跟着红巾下去,然后在牛角上面扑过去,把剑扎进像一个五比塞塔硬币那么大的一小块地方。那地方就在脖子后面,两块隆起的肩胛之间。他必须做所有这一切,然后必须从两个牛角中间缩回身子。他意识到必须做所有这一切,但是他唯一的念头是以这几个字表现出来:"又快又准。"

他又快又准地扑到牛身上。

一下冲撞,他感到自己腾空了。他腾起来到了牛身上的时候,把剑往下扎,剑从他手里飞了出去。他摔到地上,牛俯身在他上面。曼纽尔躺在地上,用他穿着便鞋的双脚踢着牛的嘴和鼻子。踢着，踢着，牛在寻他，有时太兴奋看不见他了，有时用头撞他，有时用角抵着沙地。曼纽尔像一个使球不落地的人似的踢着，叫公牛没法很准地用角抵他。

曼纽尔感到背上有风，那是别人在挥动披风引牛。后来牛走开了，从他身上一跃而过。它的肚子闪过去的时候，只见一漆黑暗。牛甚至没踩在他身上。

曼纽尔站了起来，捡起红巾……公牛追着帆布，刚冲了一半，就停了下来。它又采取守势。曼纽尔拿着剑和红巾，朝它走去。曼纽尔在它面前挥动红巾。公牛就是不冲。

曼纽尔侧身朝着公牛，顺着下垂的剑锋瞄准地方。公牛一动不动，仿佛站在那儿死掉了，再也不能向前冲似的。

曼纽尔踮起脚尖，顺着钢剑瞄准，猛扎下去。

又是一下冲撞，他只觉得自己给猛的一下顶了回来，重重地摔倒在沙地上。这次可没机会踢了。牛在他上面。曼纽尔躺在那儿，像死了似的，头伏在胳臂上。牛在抵他，抵他的背，抵他那埋在沙土里的脸。他感觉到牛角戳进他交绕着的胳膊中间的沙土里。牛抵着他的腰。他把脸埋进沙土里。牛角抵穿他的一个袖子，牛把袖子扯了下来。曼纽尔给挑了起来甩掉了，牛便去追披风。

曼纽尔爬起身，找到剑和红巾，用拇指试了试剑头，跑到围栏那儿去换一把剑。

……曼纽尔又朝牛跑过去，用手帕擦着被血染污的脸。……牛站在那儿，在一场搏斗以后，又变得迟钝和发呆了。

曼纽尔拿着红巾朝它走去。他停住脚步，挥动红巾。牛没有反应。他在牛嘴跟前把红巾从右到左，从左到右地摆动。牛用眼睛盯着红巾，身子跟着红巾转动，可是它不冲。它在等曼纽尔。

曼纽尔着急了，除了走过去，没别的办法。又快又准。他侧着身子挨近公牛，把红巾横在身前，猛地一扑。他把剑扎下去的时候，身子往左一闪避开牛角。公牛打他身边冲过去，剑飞到了空中，在弧光灯下闪闪发光，带着红把儿掉在了沙地上。

曼纽尔跑过去，捡起剑。剑折弯了，他把它放在膝头上扳扳直。

……

公牛就在那儿。它现在离围栏很近。该死的牛。也许它真的全身都是骨头。也许没什么地方可以让剑扎进去。真倒霉，没地方！他偏要扎进去让他们瞧瞧。

他挥动着红巾试了试，公牛不动。曼纽尔像剁肉似的把红巾在公牛面前一前一后地挥动着。还是一动不动。

他收起红巾，拔出剑，侧身往牛身上扎下去。他感到他把剑插进去的时候，剑弯了，他用全身力量压在上面，剑飞到了空中，翻了个身掉进观众当中。剑弹出去的时候，曼纽尔身子一闪，躲开了牛角。

……

公牛就在那儿，跟以前一样。好吧，你这讨厌的、可恶的杂种！

曼纽尔把红巾在公牛的黑嘴跟前挥动着。

牛一动不动。

你不动！好！他跨前一步把杆子的尖头塞进公牛的潮湿的嘴。

他往回跳的时候，公牛扑到他身上，他在一个座椅上绊了一下，就在这时候，他感到牛角抵进了他的身子，抵进了他的腰部……

他站起身来，咳着嗽，感到好像粉身碎骨，死掉了似的。这些讨厌的杂种！

"把剑给我，"他大声叫道，"把那东西给我。"……

"上医务所去吧，老兄，"他说。"别做他妈的傻瓜了。"

"走开，"曼纽尔说。"该死的，给我走开。"

……

公牛站在那儿，庞大而且站得很稳。

好吧，你这杂种！曼纽尔把剑从红巾中抽出来，用同样的动作瞄准，扑到牛身上去。他觉得剑一路扎下去，一直扎到其护圈。四个手指和他的拇指都伸进了牛的身子，鲜血热乎乎地涌到他的指关节上，他骑在牛身上。

他伏在牛身上的时候，牛跟跟跄跄似乎要倒下；接着他站到了地上。他望着，公牛先是慢慢地向一边倒翻在地，接着突然就四脚朝天了。

……他挣扎着站起来，又开始咳嗽了。他再坐下来，咳着嗽。有人过来，扶他站直。

他们抬着他，穿过场子到医务所去……

让这手术台见鬼去吧！他以前在许多手术台上躺过。他不会死。要死的话，会有一个神父在场。

舒里托对他说了些什么，举着剪刀。

对了，他们要剪掉他的辫子。他们要剪掉他的小辫子。

曼纽尔在手术台上坐了起来。医生气愤地往后退了一步。有人抓住他，扶着他。

"你不能干这样的事，铁手，"他说。

"好吧，"舒里托说。"我不剪。我是开玩笑。"

"我干得好，"曼纽尔说。"我只是不走运罢了。"

……

医生的助手把个圆锥形的东西罩在曼纽尔脸上，他深深地吸着……

文如其人。作者在作品的主人公身上，总是寄寓着自己的思想感情和思维逻辑。从曼纽尔宁死不屈永不言败的形象中，我们看到了海明威的身影。海明威说："一个人并不是生来要给打败的。你尽可以消灭他，可就是打不败他。"海明威还说："生活与斗牛差不多。不是你战胜牛，就是牛挑死你。"斗牛成为生存搏斗的一种象征。

斗牛满足了海明威形象化研究、了解死亡本质的心理。斗牛使生命处于绷紧了弦的状态。海明威描绘道:"竞争一开始,牛突然低下头伸出牛角,快速奔驰,使你紧张地喘不过气来。"他最喜欢的是牛被恰当地杀死和竞赛偏差造成斗牛士受伤的感情波澜,这两种令人战栗的美都使他更深刻地感受到痛苦和哀怜的感情。他认为作家应该像斗牛士一样按照自己的风格去写作、生活。他曾对菲茨杰拉德说,斗牛不仅要有勇气,还应该创造出一种罕见的"压力下的优美风度"。他认为斗牛士和观众都是通过征服恐惧来支配死亡,然后就可以从死亡的恐惧中解脱出来。"斗牛是艺术家面临死亡威胁的唯一艺术,在这种艺术中表演的精彩程度取决于斗牛士的荣誉感。"最终他认为自己从斗牛中发现了死亡与创作之间的密切联系。对蔑视死亡并把它转变为艺术的斗牛士来说,要战胜死亡并在一刹那间流芳百世的机会很少。"当一个人在与死亡抗衡时,他为自己具有超凡脱俗的品质而感到快乐,这种品质就是给予。"

海明威还发表了这样的观点:"我对格雷格不满的地方是他对斗牛和拳击一窍不通。这两样东西是衡量男人的勇猛和气魄的。"

海明威还与妻子商议好,生下儿子就叫尼卡塔·威拉尔塔(一个著名斗牛士的名字)。

5 对战争的反思:从《永别了,武器》到《丧钟为谁而鸣》

1950 年,海明威抱怨人们:《滔滔双心河》已经发表了 25 年,但是一直还没有人读懂他的寓意。

海明威的许多小说都带有自传性质。《滔滔双心河》中的主人公就是《印第安人营寨》里的那个小男孩。他长大了,去前线打仗负了伤,回到了密执安北部高原悉尼附近的福克斯河。小说中海明威把福克斯河改名为

"双心河"是有其用意的。他后来解释说:"改动这条河既不是出于无知,也不是粗心大意,而是'滔滔双心河'这个名称更富有寓意。"孔子曰:"仁者乐山,智者乐水。""双心河"大概是海明威心理转折的寓意。

对战争的"痛定思痛",使得海明威从英雄主义的激情中冷静下来。原来那种"燃烧的激情",与后来创作的《永别了,武器》一书中所表现出的惨痛的幻灭感、苍凉感形成了强烈反差。

在《永别了,武器》一书中,他通过主人公的内心独白说:"什么神圣、光荣、牺牲这些空泛的字眼,我一听就害臊","我可没见到什么神圣的东西,光荣的东西也没有什么光荣,至于牺牲,那就像芝加哥的屠宰场,不同的是肉拿来埋掉罢了。"

1942年的海明威回忆说:"我最初一次上战场,完完全全是个麻木不仁的呆子。""我还记得,当时我认为我们是反抗的一方,奥地利人是侵略的一方。"

海明威写过《一篇有关死者的博物学论著》,文中对战争中的死亡现象作了这样的描述:

你在死者身上首先看到的是打得真够惨的,竟死得像畜生。有的受了点轻伤,这点伤连兔子受了都不会送命。他们受了点轻伤就像兔子有时中了三四粒似乎连皮肤都擦不破的霰弹微粒那样送了命。另外一些人像猫那样死去。脑袋开了花,脑子里有铁片,还活活躺了两天,像脑子里挨了颗枪子的猫一样,蜷缩在煤箱里,等到你割下它们的脑袋后才死。也许那时猫还死不了,据说猫有九条命呢,我也说不清,不过大多数人死得像畜生一般,不像人。我从来没看见过一件所谓自然死亡的事例,所以我就把这归罪于战争。

关于死者的性别问题,事实上是你见惯了死者都是男人,所以见到死了一个女人就万分震惊。我第一次看见死者性别颠倒是坐落在意大利米兰近郊的一家军火厂爆炸之后。我们乘坐卡车沿着白杨树荫遮盖的公路,赶到出事现场。公路两边的壕沟里有不少细小的动物,可我无法观察清楚,因为卡车扬起漫天尘土。一赶到原来的军火厂,我们有几个人就奉命在那些不知什么原因并没爆炸的大堆军火四下巡逻,其他人就奉命去扑灭已经蔓延到邻近田野草地的大火。灭火任务完成后,我们就受命在附近和周围田野里搜寻尸体。我们找到了大批尸体,抬到临时停尸所。必须承认,老实说,看到这些死者男的少,女的多,我还真大为震惊呢。在当时,女人还没开始剪短发,如欧美近来几年时兴的那样,而最令人不安的事是看到死者留这种长发,也许因为这事最令人不习惯吧,然而更令人不安的是,死者中难得有不留长发的。我记得我们彻彻底底搜寻全尸之后又搜集残骸。这些残骸有许多都是从军火厂四周重重围着的铁丝篱上取下来的,还有一些是从军火厂的残存部分上取下来的。我们捡到许多这种断肢残体,无非充分证明烈性炸药无比强大的威力。不少残骸还是在老远的田野里找到的呢,都是被自身体重抛得这么老远。

卡洛斯·贝克在《迷惘者的一生——海明威传》一书中,还记载了这样两个细节:

> 他们看到公路上有一个美国士兵的尸体,已经被车辆碾压得不像人样了。更令他触目惊心的是在村镇外边有一具被磷光火焰烧焦了的德国士兵的尸体,一只饿狗正在吃尸体上面的肉。这样的景象,这样的气味,无论谁看到或闻到,都会在脑海里留下很深的记忆。厄内斯特永远也不会忘记这种可怕的场面。
>
> 厄内斯特说,他在弗塞尔塔受伤后,他的阴囊表面因敌人的迫击炮弹的剧烈爆炸而受伤感染。后来他遇到一些生殖器受了伤的士兵。他脑子里开始考虑这么一个问题。假如一个男人的阴茎被损坏了,而阴囊、睾丸和输精管仍完美无缺,那么他活在世上还有什么意思呢?

《永别了，武器》这部小说富有强烈的反战情绪。小说分成两部分，第一部分是告别战争，第二部分是告别爱情。1976年诺贝尔文学奖得主，美国作家索尔·贝娄在授奖仪式上说："海明威可以说是那些在伍德罗·威尔逊和其他大言不惭的政治家鼓舞下参加了第一次世界大战的士兵的代言人。这些政治家的豪言壮语究竟起了什么作用？这应当用满铺在战壕里的僵硬的年轻人的尸体来衡量。"

海明威在《赌徒、修女和收音机》一文中，还写有这样的文字：

> 宗教是人民的鸦片，他相信这话……音乐是人民的鸦片，这位喝了酒会头晕的老兄可没有想到。现在经济问题是人民的鸦片，在意大利和德国，这种人民的鸦片同爱国主义这种人民的鸦片联系在一起。
>
> 弗雷泽先生想，革命不是鸦片。革命是一种感情的净化，是一种只能被暴政延长的欣喜。鸦片是用在革命前和革命后的。他想得真好，有点太好了。

墨索里尼和希特勒都自称是"社会主义者"，他们就是利用意大利和德国的经济萧条，煽动起人民的不满情绪而得以登台的。海明威讲述过他与墨索里尼几次见面所留下的印象。

海明威在为《绅士》杂志写的《注意下一次战争：一封措词严肃的信》中还说了这样一番话："任何独裁者和蛊惑人心的政客，当他们无法实现夸夸其谈的计划或治理国家不得法而引起人民不满时，他们就设法向人民大谈特谈爱国主义，分散人民的注意力，把他们引上邪路，使大家相信发动战争的好处。世界上就是有那么一种人总是在策划战争，发动战争。"

海明威在告别武器，告别战争之后，又有了告别革命的意味！

海明威的母亲回忆说："我还记得他这样说，爱国主义往往被走投无路的暴徒和恶棍所利用。他是那样的慷慨激昂，认为只有世界爱国主义才是正确的。"

海明威所说的"世界爱国主义",大概就是指一种博爱精神,爱整个人类。

海明威在《丧钟为谁而鸣》一书中,把对战争反思的人道主义思想表达得更为明确。海明威在书中刻画了一个"草莽英雄"式的革命者巴勃罗的形象。巴勃罗原本是一个马贩子,给军队和斗牛场供应马匹。革命爆发后,巴勃罗率众在家乡小镇"起义",攻打了民防军的兵营,并把逮捕的所有人毫不留情地处死,表现出坚定的革命性。后来,为了完成组织交给的炸桥任务,他招募了"五个兄弟"和五匹马,但在完成炸桥任务后,为了让自己的人能骑上马迅速撤离,巴勃罗返身一梭子把那五个刚才还兄弟相称的人杀死。与此形成鲜明对照的是老向导安塞尔莫的形象。安塞尔莫为了完成革命任务连杀了敌人,但其内心也受到深深的谴责,想不出战后该怎样才能来赎这份罪,因为他感到自己天主教的信仰已遭到亵渎。老向导安塞尔莫就在对人的爱恨之间备受煎熬。而在主人公罗伯特·乔丹身上,我们看到了更多海明威的影子。海明威借助罗伯特·乔丹之口说出自己:"不是个马克思主义者,而是反法西斯主义者。"这就为自己热诚参加西班牙内战划清了界线。

海明威还讲述了他为《丧钟为谁而鸣》一书取名的过程:一开始,他想取名为《未被发现的国家》,但觉得不满意。其后他用了整整两天的时间,翻阅了《圣经》和莎士比亚作品都没有找到合适的名称。他又找来《牛津英语散文集》,在随便翻阅约翰·堂恩(美国诗人及教士)诗作的时候,《祈祷文集》中的一段话突然引发了海明威的共鸣,觉得符合他《丧钟为谁而鸣》一书"人类不是生活在孤岛上"的主题思想。这就是海明威写在《丧钟为谁而鸣》一书题记中的那段话:

> 谁都不是一座岛屿,自成一体;每个人都是那广袤大陆的一部分。如果海浪冲刷掉一个土块,欧洲就少了一点;如果一个海角,如果你朋友或你自己的庄园被冲掉,也是如此。任何人的死亡使我受到损失,因为我包孕在人类之中。所以别去打听丧钟为谁所鸣,它为你敲响。

字里行间都让人感受到海明威所要表达的"人类共有一个地球"的理念,有了"普世价值"的意味。这是海明威思想认识战争的升华。

6 "迷惘的一代"的代言人

海明威不是个思想型的作家,他是跟着感觉走的人,以感性支配理性。他参加第一次世界大战并受伤后,亲眼目睹了西方文明的崩溃。他感到自己过去抱持的价值观审美观都遭到颠覆。这种断裂和反差在他身上发生了强烈折射。他环顾周围,发现绝大多数人还生活在战前那种陈旧而虚妄的价值观里。他感到迷惘,感到了觉醒后又无路可走的悲哀。海明威正是在情绪极度混乱的情况下写成《太阳照常升起》。该书描绘了一种"巨大的精神崩溃",描绘了"思想上丧失了指导目标的一代人",描绘了"受时代、命运或勇气驱使而导致狂热的一代人"。

《太阳照常升起》描写了一群参加过欧洲大战的青年艺术家流落在巴黎的情景。他们是"精神的漂泊者",他们在精神价值的图标上寻找不到自己的位置,反正是"我觉得好的就是道德,我觉得不好的就是不道德"(海明威语)。他们苦闷,生活漫无目的,成天喝酒、钓鱼、看斗牛,有时堕入三角恋爱,发生无谓的争吵。他们形迹放浪,心里咀嚼的却是空虚和落寞。杰克·巴恩斯由于战争丧失了性功能,却极力帮助他所爱的勃莱特·阿什利从别的男人那里得到欢乐;勃莱特·阿什利最后决定放弃她的斗牛士情人,为的是自己能从那烦闷的生活中得到解脱;迈克·坎贝尔竭力把日子过得舒服些,以此表示自己对各方面的破产满不在乎;罗梅罗在掌握斗牛艺术过程中得到心灵的净化;罗伯特·科恩那可怜的压抑的好胜心和不安全感使他变得狂妄自大而又幼稚迂腐……

小说原本定名《费尔斯塔》,这是西班牙和拉美一些国家以游行和舞蹈来狂欢的一个宗教节日。海明威不愿用这么一个外语名,后来在查特雷斯旅行时,把它改名为《垮掉的一代》。海明威写了一个前言,说明这一名字的由来和含义:那年夏天,他们到爱因县的一个乡村去。在旅行途中,他们的汽车坏了,遇到一个年轻人,手脚麻利,修得既快又好。他们问老板这个修理工是哪里招来的。老板回答,是自己培养的。他说这些乡村青年,吃得苦也下功夫学,可不像现时的那些城市青年,简直朽木不可雕,完全是"垮掉的一代"。海明威引用了格特鲁德斯坦恩的话:"你们都属于垮掉了的一代里的人。"

在信念崩塌价值转变的转型时期,社会往往弥漫着虚无浮躁情绪。我们对这种情绪并不陌生,似乎"看破红尘"却是什么也"看不明白",看什么都是"像云像雾又像风",一抬脚就是"跟着感觉走",一思索就是"你别无选择";于是乎只有醉生梦死行尸走肉,今朝有酒今朝醉;看似趾高气扬飞扬跋扈,实质却坐卧不安焦躁终日,恨不能"过把瘾就死",调侃人生游戏人生,解构崇高解构信仰。小说中的人物差不多都是看不到希望的"迷惘的一代"。这些人物的心灵深处充满了玩世不恭和对传统价值观念深感幻灭的悲剧情调。这种莫名的彷徨情绪引起了战后不少青年的共鸣,使作者成为"迷惘的一代"的代言人。正因此,卡洛斯·贝克把海明威的传记命名为《迷惘者的一生》。

由于海明威在《太阳照常升起》一书中,逼真地描绘出"垮掉的一代"的众生相,自然触犯了"众怒"。在一个丑陋的现实中,说出真相总是让人恼羞成怒的。住在塞纳河东岸的人,几乎都熟悉布雷特阿瑟莱、迈克坎普贝尔、罗伯特科恩这类人。有的人还察觉到书中的布雷多克斯和他的妻子就是福特马多克斯和史蒂拉波温。有的人还对书中康特米波坡普罗斯究竟是拿谁作了原形争论不休。总之海明威身边的人一个个都被拿出来对号入座。唐斯蒂华特看到书中有个人物叫比尔哥登,认定就是自己的漫画像,对海明威很是不满;凯蒂康涅尔看了这本书气愤极了,把书放在她的床垫下整整压了三天……海明威的父母由于他把周围的朋友几乎都惹翻了,也甚为不快。他父亲给他邮寄了一份《文学文摘》书评杂志,用红蓝铅笔把书中谴责他的话都勾勒出来,并劝诫儿子今后应该"多创作一些思想内容层次较高的作品来"。海明威的母亲因为听说儿子的书是"这一年里最坏的一本书"而震怒。她给儿子写信说："你总不至于忘记做人要高尚和自尊吧？你应该懂得选用文雅的词汇而不仅仅是那几个骂人的字眼。也许你找不到的好词语，我可以帮你找到。"还说："人间不是地狱，人间是天堂。在这个天堂里到处都有人们创造的美好的东西。"还有一个小细节：有些读过《太阳照常升起》这本书的人，无比气愤地扬言要刺杀他。有个叫哈洛德罗布的人，据说持枪到处找海明威。

海明威把他的第一部小说集命名为《我们的时代》。任何能够传世的作品，必然是作者生活时代的写照。由于海明威在书中真实地反映了一个时代的情绪，也就感染了那个时代的人们。在北美，成千上万的青年人，模仿着海明威书中的"英雄"人物，说话时微微张开嘴，声音从嘴角挤出来，有力而含糊，给人以一种特别的印象。在欧洲，人们也非常推崇《太阳照常升起》这本书。海明威在巴黎的影响已大大超出那些认识他的人的范围。史密斯学院的女学生都在模仿书中人物布雷特夫人的一举一动……著名评论家伯金斯意味深长地说："太阳已经升起来了……而且稳步上升，越升越高。"

1920年，海明威在对《明星报》的谈话中说道："要真正了解一个人，只有到他伤心得大声哭泣的时候。哭泣就像化学反应，当一个人大声哭泣的时候，他内心的东西就充分显现了出来。"他还说："我喜欢看到人家喝得烂醉如泥。人，只有当他喝醉了才能真正感到自己的存在。我喜欢喝得酩酊大醉。"

《迷惘者的一生——海明威传》一书中记载：海明威在《有的和没有的》删掉的一章里，描绘了他同时代诗人哈特·克莱恩痛苦自杀的情景。哈特·克莱恩的童年生活在一个父母经常吵架的家庭，他为了逃避这种生活而躲到"世界上最有趣的疯人院"巴黎去度过一些发疯胡闹的日子。他放荡的生活方式——搞同性恋、酗酒打架，使人对他侧目而视。他也厌倦了这种生活，终于在1932年4月27日的中午，冲上轮船的甲板，纵身跳进了茫茫无际的加勒比海。水手给他扔下救生衣，他没有要；爱人痛心疾首的呼唤也没能使他回头，他走得那样坚决而无痛苦。

海明威的这段描述，有着自己的强烈共鸣。在写作《太阳照常升起》

一书时，海明威处于人生情绪的最低点，自杀的念头时时萦绕着他。他在一个黑色硬皮笔记本上写道："每当我情绪不好，总想到死亡，想到用各种方法去结束自己的生命。我认为，除去像睡一般死去的方式外，最好的死亡方式是夜里坐船跳海。因为这种方式显然死得干脆，情状也不可怕，只消一跳了事，而迅速腾跳对我来说是易如反掌的事。另外，人们也不知道到底发生了什么事，没留下任何痕迹，不需要人们料理后事，甚至可能会受到人们的称赞。"

也许，自杀成为贯穿海明威一生的"阴影"。

7　写作是拳击台上的一场较量

海明威喜欢拳击。他与一个人较劲时，最喜欢采用的方式就是"拉出去打一场拳击"。他最痛恨的就是失败，他把自己的写作也看作是拳击台上的竞技。他说："在我们这个时代里作家要做的事情是写出前人没有写出的作品或超过已去世的作家写出来的东西。"他与这些假想中作家较量的拳击台是纸上，他要在这个战场把他们一个个击倒。

海明威写过一篇《拳击家》的小说，里面对一个拳击家作了这样的描述：

"你是条硬汉子吧？"

"不是，"尼克答道。

"你们这些小伙子全都是硬汉。"

"不硬不行啊，"尼克说道。

"我就是这么说来着。"

那人瞧着尼克，笑了。在火光下尼克看到他的脸破了相。鼻子是塌下去的，眼睛成了两条细缝，两片嘴唇奇形怪状。尼克没有一下子把这些全看清,他只是看到这人的脸庞长得怪,又毁了形,就像个大花脸,在火光下神色同死尸一样。

"你不喜欢我这副嘴脸吗?"那人问道。

尼克不好意思了。

"哪儿的话,"他说。

"瞧!"那人脱了帽。

他只有一个耳朵,牢牢贴在脑袋半边。另一个耳朵只剩下个耳根。

"看见过这样的长相吗?"

"没见过,"尼克说道。他看了有点恶心。

"我受得了。难道你以为我受不了,小伙子?"那人说道。

"没的事!"

"他们的拳头落在我身上都开了花,可谁也伤不了我,"那小个儿说道。

你只要走上拳击台,不论打得你怎样毁容破相,只要精神不倒,你就总会站起来。拳击场上的胜负,不是看你被击倒的次数,而是看你在规定的时间里是否站立了起来。

海明威说:"我开始写作时并未大叫大嚷,可是我超过了屠格涅夫先生;接着我严格训练我自己,又超过了莫泊桑先生;我和司汤达先生打了两回平局,我自己觉得在第二回合里我还是占了上风。"

海明威争强好胜的个性,使他在写作上与同时代的作家们总是处于一种"较劲"状态。

《迷惘者的一生——海明威传》一书中,记述了海明威与世界级传记小说家欧文·斯通交往时的情景:

当"法国之岛"邮轮快起航的时候,海明威夫妇静悄悄地避开记者,想径直上船。可是他立刻被他的一位老朋友欧文·斯通认出来了。欧文·斯通正带着他的妻子到意大利去开始写他的书《痛苦与狂喜》。"我一直注意着你，"厄内斯特直截了当地说。"你干得很不错嘛！"斯通带着取乐的口吻对厄内斯特说，船上的小书店里陈列了九本他著的书，而海明威的书只有三本。厄内斯特听了脸刷地涨得通红，怒容满面。第二天上午，那书店里摆出来的书中有六本是斯通的，六本是海明威的。轮船上放了几部电影。其中一部是斯通的小说《生活的欲望》（欧文·斯通的名著，北京出版社，1983年10月版，书名为《梵·高传——对生活的渴求》）改编的。电影才放了一半，厄内斯特就走了。走前，他轻轻向斯通表示歉意说："我看我自己的电影，看一部要坐三次才看完。"

《迷惘者的一生——海明威传》一书还记述了海明威与1949年诺贝尔文学奖得主福克纳交往的情景：

当他在报上看到威廉·福克纳说他是懦夫时，他一下火冒三丈。

……原来，福克纳有次给密西西比大学的学生作报告，谈到当代美国最佳著作家的时候，提到沃尔夫、多斯帕索斯、厄斯金卡尔德威、海明威和福克纳自己。福克纳接着提出了他的所谓"辉煌的失败"的论点。他说，沃尔夫因为过于大胆，所以招来了"惨败"。他有时写出来的文章臃肿无味；多斯帕索斯出于文体上的要求，因而作品显得苍白无力；海明威是他们中的最后一个，他缺乏摆脱危险处境的勇气……

厄内斯特受到辱骂，十分恼火，他立刻把有关文章从报上剪下来寄给朗哈姆将军，要求他把他在一九四四年在战场上的表现如实地写信告诉福克纳。朗哈姆于是原原本本地把厄内斯特的情况作了详尽的介绍，末了还加上他自己的结论。他说："毫无疑问，厄内斯特是我所接触的人中最为勇敢的。"福克纳接信后给朗哈姆写信作了解释，同时写信给海明威向他道歉。他在信中写道,"我干了一件蠢事,我得二百五十元的稿费。我原先没想到报纸会发表我的讲话……我向来认为人言可畏,自认不背后议论别人。这次是我最后的一次教训。但愿你不会过多地介意。不过,我无论何时何地都愿意再次向你表示歉意。"

福克纳早于海明威先得到了诺贝尔文学奖。据卡洛斯·贝克在海明威的传记中记载,海明威在得知这一消息后很是不以为然:"他对一位记者说,福克纳是'狗娘养的'。在他的眼里,福克纳大部分的书都是'圣殿和悬塔'。他的《熊》一书还值得一看,还有一些关于黑人的故事也写得不错。但他的《寓话》一书却不堪卒读,比起中国重庆把大粪运到宜昌的粪码头发出的臭气还要臭。"

海明威曾说过这样一句话,自己的天地是广阔的大海,不愿"憋"在福克纳的那个小县城。还说:"福克纳所熟悉的鱼只是低级的鲇鱼。"这话就说得有了抬高自己贬抑别人的含沙射影意味。难道这也是海明威"塑造"英雄形象需要寻找的"陪衬"?

海明威在创作谈中说过这样的话:"一个认真的作家要同死去的作家比高低。"他还说:"这好比长跑运动员争的是计时表上的时间,而不仅仅是要超过同他一起赛跑的人。他要是不同时间赛,他永远不会知道自己可以达到什么速度。"

海明威在诺贝尔文学奖授奖仪式的书面发言中说:"对于一个真正的作家来说,他应该永远尝试去做那些从来没有人做过或者他人没有做成的事。"他在《非洲的青山》中还借主人公之口说:"新的名著不能从前人的名著里转化出来。"他的一生都在孜孜以求,自强不息。

海明威常常拿自己与文学史上的大师相比,他认为除了莎士比亚和托尔斯泰无法企及外,他把自己列为紧随这两大"冠军"之后的十四五位文学大师之列。这种超越前人的强烈意识,在海明威身上表现得非常显著。

董衡巽在《海明威的启示》一文中作出这样的分析:

海明威是一个重复自己的小说家。他笔下的版图不小，从美国写到法国、意大利，从南美洲写到非洲，然而他的世界却不大，他始终没有超越自己的精神经历。他的每一部作品几乎都是拔高了的自传。……年轻时代的海明威能够扬长避短，他虽然在"尼克"、渔翁、猎人、斗牛士身上处处留下自己的身影，却能在不断深化、升华之中发展自己的优势。他反复锤炼，求得坚实中的流动，决不勉强自己去描写并不擅长的广阔的社会生活。但是成名之后，他的自信度飞速超过了他的清醒度。他无限夸大自己的长处，无视自己的短处。这个时候，他最需要什么？最需要批评……一些有眼力的批评家指出海明威中期的作品在重复自己时停止了前进。这是为他"而鸣"的警钟。他是怎样反应的呢？他辱骂这些批评家都是些"趴在文学身上的虱子"，"联邦调查局的小角色"，"弗洛伊德和容格的废料"（《海明威书信选》，1952年2月21日致华莱士梅耶的信）。他把批评家当作敌人，以为他们妨碍他去抢座位、争名次。他拿出一副拳击冠军的派头，高高举起裁判员的手，当众宣布自己"击败"了所有的同时代对手。

历史上有多少名字起初是靠作品维护名声，而后来是靠名声维护作品。……此后，他的自我感觉越来越好。不论他成了"国际性人物"还是"势利的俗物"（海明威的小儿子格瑞戈里·海明威《回忆爸爸》）。反正，他停止了艺术的开拓，无力在更高的层次上重复自己。

海明威走到了自己彼德定律的尽头。

海明威对朋友叫苦说："等你写完一本书，知道吗，你就等于死过一回。""可没人明白你是死了，人们仅仅写到你的生活态度。"海明威写书极其投入，每写一本书，海明威就被累死一次。他早晨天一亮就开始写作，一直写到中午。有时为了把一个字眼搞准确，他要修改39遍才满意。一天中，要耗掉两支二号的硬铅笔。尤其当一部小说即将完成，他像冲刺一般写下去，一天写作 20 小时，只躺在椅子上闭一会儿眼睛。海明威放任的冒险生活，只是对严苛的写作的一种调剂。他在没命地写完之后，必须没命地玩，放松，才有精力去赴另一次死亡之约——下一本书的写作。

卡洛斯·贝克在海明威的传记中说："司各脱和海明威其他的朋友所不了解的是，海明威思想上的钟摆正在有规律地大幅度摆动着，从狂妄自大（极度自信）这一端摆向忧郁（失去信心）那一端。伊凡卡斯金把他的苦恼和折磨说成是'一个健康的身体上长着一个不健康的脑袋'。海明威目前思想中不健康的因素是，他壮志未酬，却要早死。他在写那篇描写一位作家在非洲大陆上即将死去的文章时，他心里明白，他在攀登个人的基里曼查罗（乞力马扎罗）山时，最多只能到达半山腰的斜坡下方。"

《乞力马扎罗的雪》是海明威的另一部闻名遐迩的传世之作。主人公是一个作家，因写不出"他该写"的作品而奚落自己。海明威在书首的题记写道："乞力马扎罗是一座海拔一万九千七百一十英尺的常年积雪的高山，据说它是非洲最高的一座山。西高峰叫马塞人（肯尼亚和坦桑尼亚的一种游牧狩猎民族）的'鄂阿奇—鄂阿伊'，即上帝的庙殿。在西高峰的近旁，有一具已经风干冻僵的豹子的尸体。豹子到这样高寒的地方来寻找什么，没有人做过解释。"

海明威在诺贝尔文学奖获奖感言中曾这样叙述自己的心情："如果是一位出色的作家，他就必须面对永恒，否则每天都会走下坡路。对于一个真正的作家来说，每写完一本书只是标志着他要写出更高水平的书的开始。"一只丧失了飞翔能力的鸡鸭，怎能理解鹰击长空的志向。

马斯洛在其哲学著作中提出"山脚体验"和"峰巅体验"的人生概念。一个作家总是不会满足于已经征服的高峰，总是不懈地向未知高峰发起冲击，然而，艺术的高峰是没有止境的，高处不胜寒，不一定哪次就栽倒在了某个半山坡上。

海明威失去了继续向新的高峰冲击的生命力。

8 自杀是塑造英雄形象的绝笔

战场上的那次炸裂，严重危害到了海明威的脑子，一个明显的后果就是"长期失眠，黑夜上床必须点着灯，入睡后被噩梦折磨，旧病发作起来，理性失去控制，无法制止忧虑和恐惧"。他的这种切肤之感表现在他的作品里，失眠的人处处出现：《太阳照样升起》中的杰克·柏尼斯，《永别了，武器》中的弗瑞德里克·亨利、涅克·阿丹姆斯，《赌徒、修女和无线电》中的弗莱才先生，《乞力马扎罗的雪》中的哈利和《清洁、明亮的地方》中的老年侍者等等，都患失眠症，害怕黑夜。

《迷惘者的一生》中，对海明威的"失眠"有很多描绘：

> 那天夜间，我们躺在房间地板上，我听着蚕在吃桑叶。蚕就养在桑叶架上，整夜你都听得见蚕在吃桑叶，还有蚕粪在桑叶间掉落的声音。我本人并不想要睡觉，因为长期以来我一直知道如果我在暗处闭上眼，忘乎所以，我的灵魂就会出窍。自从夜间挨了炸以来，我那样已经好久了，只感到灵魂出了窍，走掉了再回来。我尽量不去想这事，可是从此每到夜间，就在我快要睡着那一时刻，灵魂就开始出窍了。我只有花好大的功夫才制止得了。尽管如今我深信灵魂决不会真的出窍了……

海明威还在小说《我躺下》中，描绘了主人公对付失眠的办法：默默背诵《圣经·旧约全书·诗篇》："我躺下酣睡，我睡醒起来，主都在扶持我……""可是，有几天夜间，我连祷告词都忘了。我想来想去只想到'在地上如同天上'半句，于是只好从头想起，完全没法记住。我只得承认自己记不得了，放弃做祈祷，试试想些别的事。所以有几天夜间我就尽量回想世界上一切走兽的名称，想完了再想飞禽，想完了再想鱼类，再想国名、城市名和各种各样食品名，以及我所记得的芝加哥街名，等到我根本什么都想不起来了，这时我就光听着。我不记得有哪一夜一点听不到什么声音。"

海明威在小说《一个干净明亮的地方》中，通过老年侍者之口，说了这样一番话：

"我同情那种不想睡觉的人，同情那种夜里要有亮光的人。"
"大概又只是失眠。许多人一定都失眠。"
"他怕什么？他不是怕，也不是发慌。他心里很有数，这是虚无缥缈。全是虚无缥缈，人也是虚无缥缈的。……可是，他知道一切都是虚无缥缈的，一切都是为了虚无缥缈，虚无缥缈，为了虚无缥缈。我们的虚无缥缈就在虚无缥缈中，虚无缥缈是你的名字，你的王国也叫虚无缥缈，你将是虚无缥缈中的虚无缥缈，因为原来就是虚无缥缈。给我们这个虚无缥缈吧，我们日常的虚无缥缈，虚无缥缈是我们的，我们的虚无缥缈，因为我们是虚无缥缈的，我们的虚无缥缈，我们无不在虚无缥缈中，可是，把我们打虚无缥缈中拯救出来吧，为了虚无缥缈。欢呼全是虚无缥缈的虚无缥缈，虚无缥缈与汝同在。"（原文即如此絮絮叨叨地说着车轱辘话，它反映着人的一种精神状况。）

正因了这个"虚无缥缈"，"上个星期他想自杀"。

海德格尔说：人的焦虑有两种，一种是有固定原因的焦虑，一种是毫无由来的焦虑。前一种焦虑随着原因的解除而不再焦虑；而后一种焦虑由于没有任何由来，所以也就无计可消除，"才下眉头，又上心头"。正是这种没着没落的"虚无缥缈"的焦虑，使人只得以自杀来解脱。

菲利普·扬在出版于1966年的最新研究著作《厄内斯特·海明威：重新考虑》一书中，说了这样一段话："迫击炮的碎弹片成了残酷世界破坏力量的比喻，海明威和他的主人公成了寻求生存道路的受伤人类的象征。"

赛维斯医生经过检查得出的结论是：每当海明威工作顺利，心情愉快时，他的血压就正常；每当他精神苦恼，忧虑焦急时，血压就升高。高时可达到危险的程度。11月底，他的血压达到高压252，低压125。引起血压升高的原因自然是心理上的焦虑。

据马塞林回忆，海明威年轻时就特别喜欢读斯蒂文森的《自杀俱乐部》。他从1919年10月在战争中受伤恢复过来之后，就表达着一种信念直至生命的终结："有多好……走到外面的光天化日之下，要比你自己的身体烂掉、衰老、幻灭要好得多。"他无法忍受不能工作不能写作的病榻生活。

1928年之后，自杀的主题在海明威的作品中越来越突出。30年代，他的《午后之死》《一个清洁而又明亮的地方》《有的和没有的》以及《丧钟为谁而鸣》等作品，都涉及自杀问题。他被西班牙的狂热崇拜死亡和"自杀中的许多趣事"迷住了。在写斗牛的书中，他感悟地写道："生活中无论何事都是无可救药的，死亡是所有不幸的至高无上的解救方法。"他还认为："受伤的斗牛士与其被伤痛折磨，还不如用死来维护自己的尊严，这样更幸福些。"就是说在还能主宰自己时，有勇气自杀，要比经受身体的屈辱和心理的恐惧幸福得多。

海明威赞同尼采的观点："适时而死。死在幸福之峰巅者最光荣。"海明威自写出《老人与海》荣获诺贝尔奖之后，似乎耗尽了他生命的最后能量。他的自传性作品《流动的圣餐》的创作陷入了困境。电疗致使他记忆衰竭。藐视死亡和懦弱自杀，看来是截然相反的对待人生的态度。但是，对于陷入绝境走投无路，面对非人力可抗拒的因素，已不可能维持一个人尊严的底线之时，自杀也不失为一种抗争的手段。海明威曾说过："人生来就不是为了被打败的。人能够被毁灭，但是不能被打败。"为了不至于面对失败的尴尬境遇，先行进行"自我了断"，也不失为一种悲壮。也许，是他担心自己被打败，而毁灭了自己。

海明威一生孜孜不倦追求着生命的质量，不能有尊严地活着就不如死去。

《迷惘者的一生》中，还讲述了海明威自杀前的两个细节：

> 蒙塔纳州立大学两位英语教授事先不知道厄内斯特当前的情况，找他去米索拉讲学。有几个月以前见过海明威的人，这时看到他的外貌不禁大吃一惊。其中有个叫贝特斯基的人说，"在我们记忆中的海明威，能够同眼前这个人相一致的地方，只有他那张涨得红红的脸。就是这张脸也显得特别苍白无神，一点也经不起风雨的摧残。我们感到特别惊讶的是他的手脚变得枯瘦……他走起路来，样子好像不止六十一岁，给人的感觉是他疲惫不堪，十分脆弱。同样令人奇怪的是他讲话的功能大大削弱了。他只能急促地，断断续续地讲些不太成句的话。他根本不愿意谈到他的写作。我们也不勉强他。"

> 十二月里的一天，他外出回家，头上戴着一顶礼帽。他小心谨慎地取下帽子，接着把后脑勺的头发往前面梳，以便把秃顶遮盖起来。开始他显得有点不自在，喝了两杯酒后话头就来了。他谈起在非洲飞机发生事故的生动场面。可是当他记不起那些猎物的名称的时候，他急得流下泪来。大家知道，他记忆力的衰退是由于接受电疗的结果。然而，他的神经错乱并没有彻底治好。

为什么人们向遗体告别时，对遗体还要整容化妆；为什么在选择遗照时，不会用生命最后历程的病容照，而要选精神面貌好的照片？海明威不愿意竭尽毕生之力为世人展示的"硬汉形象"功亏一篑毁于一旦。

卡洛斯·贝克在《迷惘者的一生》中，还做了这样的记载：

> 几乎完全停止写作了，偶尔给朋友写几封回信。二月份，玛丽要他写几句话附在送给肯尼迪总统的书上面。她买回一些纸，裁成所需要的宽度和长度。随后他开始在客厅里的长桌上写。他整整忙了一天，中间只停下来吃中餐。桌上放着二十几张写过的纸。显然，全部不合格。这时房子里气氛十分紧张。玛丽耐着性

子等着，后来索性到外面去散步。可是当她散步回来，他还在那里不停地写。……厄内斯特辛酸地说，他再也不能写作了——不可能有新的作品了。说到这里，泪水禁不住夺眶而出，淌流在双颊上。

对于一个真正的作家来说，写作就是他的生命。

作家史铁生曾说过这样一句话："人为什么要写作？最简要的回答就是：'为了不至于自杀。'"也许，此话不仅是饱受高位截瘫和尿毒症双重折磨的史铁生对自己命运的态度，也恰恰可以作为对海明威自杀原由的诠释。

人无权决定自己的生，但可以选择死。

海明威去世前一天，在给他的渔民老友富恩特斯的信中说："人生最大的满足不是对自己地位、收入、爱情、婚姻、家庭生活的满足，而是对自己的满足。"现状已经无法满足一个硬汉对生命的期待。

加缪在《西绪福斯神话·荒谬与自杀》一文中，说了这样一个石破天惊的哲理："只有一个真正严肃的哲学问题，那就是自杀。判断人值得生存与否，就是回答哲学的基本问题。"

海明威用悲壮的自杀，完成了塑造英雄形象的绝笔！

追求唯美主义者成功后的绝望
——1968年诺贝尔文学奖得主 **川端康成**

1 弦断有谁听

中国的读者对川端康成并不陌生。他所创作的《伊豆的舞女》《雪国》《古都》《千只鹤》，以及《温泉旅馆》《浅草的少男少女》等作品，以哀婉凄怆的笔法，描绘了日本底层舞女、艺妓、女侍者们受戏弄受凌辱遭践踏遭蹂躏的悲惨命运。为广大读者展现出日本女性不甘命运的摆布，追求正常人生活权利和美满爱情，纤柔而丰富的情感历程，塑造出一个色彩清丽的女性世界。尤其令我记忆深刻的是，川端康成那篇描绘日本围棋名人战中秀哉与大竹对弈的《名人》。秀哉为下出一盘高质量的棋局，不惜以命相搏死而后已。文如其人，我从中读到一个追求至善至美的作者形象。

川端康成在事业上取得了极大成功，一顶顶桂冠接踵而至：1944年获第六届菊池奖、1952年获艺术院奖、1954年获野间文艺奖、1961年获每日出版文化奖，几乎囊括了日本所有的国内奖项。1948年6月至1965年10月，他担任日本笔会第4任会长，1953年被选为日本文学艺术最高荣誉机关——艺术院的院士。1961年，日本政府为表彰他"以独自的样式和浓重的感情，描写了日本美的象征，完成了前人没有过的创造"，授予他最高奖赏——第21届文化勋章。1959年5月，在法兰克福的第30届国际笔会上，川端康成获歌德奖章；1960年8月，获法国政府授予的艺术文化军官级勋章；1968年，以《雪国》《古都》《千只鹤》三部代表作，终于摘取了文学王冠上的钻石——诺贝尔文学奖。

瑞典皇家文学院常务理事、诺贝尔文学奖评选委员会主席安德斯·奥斯特林在授奖辞中这样评价川端康成："川端康成先生的获奖，有两点重要意义。其一，川端先生以卓越的艺术手法，表现了道德性与伦理性的文化意识；其二，在架设东方与西方的精神桥梁上作出了贡献。""这份奖，旨在表彰您以卓越的感受性,并用您的小说技巧,表现了日本人心灵的精髓。"

然而,川端康成在荣获诺贝尔文学奖不到四年的 1972 年 4 月 16 日,突然采取含煤气管自杀的形式离开了人世,并且没有留下只言片语的遗书……

日本著名作家芥川龙之介也是在功成名就后自杀身亡。川端康成对芥川龙之介的死说了这样一句话:"他为什么写下遗书《给一个旧友的手记》呢?我有点意外。"既然自杀是"想开了"的走,既然想开了,还留什么遗书?川端康成还说了这样的话:"我甚至认为这封遗书是芥川之死的污点。"川端康成早在 1962 年就说过:"自杀而无遗书,是最好不过的了。无言的死,就是无限的活。"或许,这些话可以看作是川端康成自绝人世而不留遗书的心理独白?

川端康成在《千只鹤》中说了这样一句话:"死亡等于拒绝一切理解。"在《追悼武田氏》一文中他又说:"与其为那人的死而惊愕、悲哀,莫如为那人的生而惊愕、悲哀。"在川端康成获得殊荣的背后,究竟隐藏着什么难以言说的苦痛?

事后回想川端康成获诺贝尔文学奖后在瑞典文学院礼堂所作的获奖感言《我在美丽的日本》,才幡然意识到他话中有话弦外有音。

在那么一个庄严隆重的场合,川端康成的演讲却似乎游离于主题,说的是关于希玄道元、明惠上人、西行、良宽、一休宗纯等禅宗诗僧的逸事和诗文:

……讴歌"冬雪皑皑寒意加"的道元禅师,或是歌颂"冬月拨云相伴随"的明惠上人差不多都是《新古今集》时代的人。明惠和西行也曾以诗歌相赠,并谈论过诗歌。

西行法师常来晤谈,说我咏的歌完全异乎寻常。虽是寄兴于花、杜鹃、月、雪,以及自然万物,但是我大多把这些耳闻目睹的东西看成是虚妄的,而且所咏的诗句都不是真挚的。虽然歌颂的是花,但实际上并不觉得它是花;尽管咏月,实际上也不认为它是月。只是当席尽兴去吟诵罢了,像一道彩虹悬挂在虚空,五彩缤纷,又似日光当空耀照,万丈光芒。然而,虚空本来是无光,又是无色的。就在类似虚空的心,着上种种风趣的色彩,然而却没有留下一丝痕迹。这种诗歌就是如来的真正的形体。

(摘自弟子喜海撰写的《明惠传》)

……

西行在这段话里,把日本或东方的"虚空"或"无",都说得恰到好处。有的评论家说我的作品是虚无的,不过这不等于西方所说的虚无主义。我觉得这在"心灵"上,根本是不相同的。道元的四季歌命题为《本来面目》,一方面歌颂四季的美,另一方面强烈地反映了禅宗的哲理。

我们能否从这"虚空"的话语中,揣摩到川端康成心路的蛛丝马迹?也许,川端康成在诺贝尔奖授奖会上的演讲,已预兆了某种死亡信息?

古希腊哲人欧里庇得斯有句名言:"或许谁都知道,生就是死,死就是生。"一个人从生命诞生,也就开始了死亡的历程。川端康成有一句与欧里庇得斯相类似的名言:"生并非死的对立面,死潜伏于生之中。"

川端康成在《信》这篇小说中,借主人公之口解释道:"我感到我看不见生与死有什么棱与角的固定形式;我感到具体与抽象,现在与过去似乎都没有明显的界限。"川端康成的审美情趣总是与死亡联系在一起。在他的人生观、世界观形成的过程中,接触的死亡实在是太多了。幼年的日常生活中,他时时"嗅到死亡的气息",生命的无常使他感到生来死去都是幻,更着力追求幻觉中的妖艳的美的生命。因此,他总是以一种超脱的心灵宁静等待死亡,以寻求"顿悟成佛",寻求"西方净土的永生","在文艺殿堂中找到解决人的不灭,而超越于死"。

死之安详是对生之磨难的解脱。含煤气管犹如进入一次无梦的长眠,川端康成大概认为这是最为优美的一种死法。开枪自杀的死法让活着的亲人惨不忍睹,上吊自杀也破坏了一个人的形象美感。崇尚唯美主义的川端康成把死看成是一种"灭亡的美",他十分欣赏自杀身死的画家古贺春江的一句名言:"再也没有比死更高的艺术了,死就是生。"川端康成还说:"人的生和死,并不是人的意志所能支配的。"苟且偷生者的信条是"好死不如赖活着"。而川端康成表达了与此截然不同的见解:"丑陋的死比贪生更为有力。"

日本文学评论家加藤周一在《日本人的生死观》中说:"自杀的主题,在日本文化中有其特殊的重要性,自杀的定义是:面对迫近的死的形象来维持生,这是正常的。"

中国数千年的传统文化观念向来是重生的,自行结束生命必定受到鄙视,不为人所理解。这种观念的深厚沉淀,必然把诸多疑惑的眼光、世俗的成见,泼污水般地泼于死者身上。自杀者从来都要背负着沉重的十字架。

产生自杀念头的人,一定对绝望有过深刻体验。我在对世界文豪自杀现象的研究中惊愕地发现一条残酷的规律:为什么为我们提供巨大精神启迪的,总是那些与现实世界格格不入的绝望者。法捷耶夫、海明威、马雅可夫斯基、杰克·伦敦、茨威格,以及此篇的川端康成。绝望者之所以绝望,恰恰因为他真正地热爱生活。在无情的谎言世界里,也许只有绝望才是真实的。

自杀,未必都是一种意志消沉或意志崩溃的弱者行为,自杀,抑或是一种自我意志力的体现,需要"破釜沉舟""视死如归"的勇气和力量。作为"唯意志"哲学观创始人的叔本华有一句名言:"自杀并不导致生命意志的否定。相反,自杀是强烈地肯定生命意志的一种现象。"

哲学家雅斯贝尔斯说:"自杀象征着人从现代社会的困境中被永远地解放出来。"生存困境,是每个活着的人的人生体验。困境中的"长悲当歌",这种歌唱是人类共同的精神财富。孟德斯鸠在《波斯人信札》中说:"上天给我生命,这是一种恩赐。但当生命已感受不到这是恩赐,而只是一种苦难时,我有权利退还。因既不存,果亦当废。"在这样的因果逻辑关系中,现既"废果",必有其"因"。哀莫大于心死。

每个人都是依靠几十年中积累的道德力量来面对死亡的,一个人生命的终结，必然与他生命的历程相吻合。死亡的形式同样是生命内容的表现。人的内心世界，是由人所处的生存环境所决定。所以要分析现代人的心理生活，必须首先探讨现代人的处境。人们对死亡形式原因的探究追问，本质上反映了对生命意义和价值的关注，进而在关注中去获得对生者的启迪。

川端康成写过一篇小说《哥哥的遗曲》：为唯一的妹妹，哥哥正在为《春天的少女》作曲。这是一个对妹妹倾注了全部的爱的曲子，是少女的节日那天送给妹妹的礼物。然而，曲子尚未作完，哥哥已经得肺炎逝世了。川端康成在小说的结尾处写道：

> 《春天的少女》让人从音乐中幻想出仿佛绽放于深山幽谷溪流岸边的花一般的一位纯洁的春天的少女，然后是英年早逝的天才怀念他唯一的妹妹，深深哀怜亲人的爱情充盈篇章。
>
> 房枝偶然仰起脸来，但见美也子的眼泪吧嗒吧嗒地滴在她那跃动的手指和琴键上。
>
> "到这儿就完了，曲子写到这里哥哥就病了，未完成的作品呀！"
>
> 美也子的手骤然停下，仰头望着挂在钢琴前方墙上的哥哥的肖像，任脸颊上的泪水缓缓流淌……
>
> 静听弹奏的三位少女也不由得仰头望着她哥哥的肖像。瘦瘦的脸颊，炯炯的目光，脸上荡漾着淡淡的哀愁……
>
> 《春天的少女》余韵未绝，仿佛是美也子哥哥的灵魂在低声吟唱。三位少女的眼睛不由得湿润了。她们在由衷地为英年早逝的艺术家祈祷。

音符停留在生命的最后时刻，未完成的"遗曲"成为绝唱。
弦断有谁听？

2 嵌入幼小心灵里的死亡记忆

根据《川端康成年谱》记载：1899年6月14日，川端康成出生于大阪府三岛郡丰川村大字宿久庄，接近京都。祖辈原是个大户人家，被称为"村贵族"。家道中落后，家族将希望寄托在川端康成父亲荣吉的身上，让荣吉完成了东京医科学校的学业，挂牌行医。后其父兼任大阪市一所医院的副院长。父亲荣吉爱好汉诗文、文人画。母亲阿源，出生于日本望族黑田家。传说川端康成家是从北条泰时（第三代执权）那里传承下来的。川端康成是家中长子，有一姐姐名叫芳子。

川端康成2岁时，父亲因肺结核病去世；3岁时，母亲也因感染结核病而辞世。不到一年的时间，川端康成成为失去双亲的孤儿。祖父母把川端康成带回老家，姐姐芳子则寄养在大阪府东成郡鲶江村的姨父秋冈义一家。祖父感叹于无常的命运，经常算卦，著有《构宅安危论》《要话杂论集》等书。这些无疑在童年川端康成的心灵上罩下很大阴影。川端康成是母亲怀胎七月就生下来的早产儿，体质十分孱弱。祖父母两位老人对孙儿过分溺爱，担心他出门惹事，让他整天闭居在阴湿的农舍里。这位幼年的孤儿与外界几乎没有发生任何接触，"变成一个固执的扭曲了的人"，"把自己胆怯的心闭锁在一个渺小的躯壳里，为此而感到忧郁与苦恼"。直到上小学之前，他"除了祖父母之外，简直就不知道还存在着一个人世间"。

川端康成7岁，祖母去世；10岁，姐姐去世。从此，川端康成与年迈的祖父相依为命。祖父眼瞎而且耳背，终日一人孤寂地呆坐在病榻上落泪，并常对川端康成说：咱爷俩是"哭着过日子的啊"！这在川端康成幼稚的心灵投下了寂寞的暗影。而川端康成的孤儿体验，在15岁时由于失去祖父而达到了极点。

川端康成接连为亲人奔丧，参加了无数的葬礼，人们戏称他是"参加葬礼的名人"。他的童年没有感受到人间的温暖，相反地渗入了深刻的无法克服的忧郁、悲哀因素，内心不断涌现对人生的虚幻感和对死亡的恐惧感。这种畸形的家境、寂寞的生活，是形成川端康成日后比较孤僻、内向的性格和气质的重要原因。

川端康成在《参加葬礼的名人》一文中，记述了死亡在一个童年心灵上镌刻下的印痕：

关于我父母的葬礼，我已了无印象。他们健在的情形，我也全无记忆了。……就是别人谈及我父母的情况，我也不知该以什么样的心情聆听才好，只希望谈话早点结束。别人告诉我他们的忌辰和年寿，我也如同记电车的车号，马上就忘得一干二净。我从姨母处听说，举行父亲葬礼那天，我又哭又闹，不许在灵前敲钲，要把供灯熄灭，将灯油全倒在院子里……只有这件事，竟莫名其妙地拨动了我的心弦。

举行祖母葬礼那年，我已上小学。祖母同祖父两个人抚育我这个孱弱的孙子，好容易才熬到送孙子上学，刚松一口气，她却猝然长逝了。举行葬礼那天，倾盆大雨，我由经常进出我家的一个汉子背着去墓地……

祖父在昭宪皇太后御葬那天晚上与世长辞。那是我十六岁（笔者注：川端康成的祖父死于1914年，这里所说也许是指虚岁）那年的夏天。祖父弥留之际，痰堵气管，心如刀绞，痛苦万状。坐在祖父枕边的一位老太婆嘟哝说："像佛爷一般的人，临终为什么这般痛苦呢？"我目不忍睹这般苦楚的情状，呆不到一小时，就躲到另一间房间去了。

……葬礼当天，许多人前来吊唁。接待最繁忙的时候，我突然感觉鼻血从鼻孔里流淌下来。我吓了一跳，连忙用腰带的一端把鼻孔堵住，然后就这么光着脚丫，踩着踏石飞跑到庭院里，躲藏在人们看不见的树荫底下，仰卧在一块三尺高的大点景石上，等待血止。耀眼的阳光，透过老橡树叶的间隙筛落下来，可以望见片片细碎的蓝天。对我来说，流鼻血是生来头一遭。这鼻血告诉了我：那是由于祖父亡故，我心灵受到创伤。

……鼻血挫伤了我的锐气。我几乎是无意识地飞跑了出来，因为我不想让别人看到自己的脆弱形象。

次日早晨，我同亲戚和村民共六七人前去拾骨。山上的火葬场是露天的。我将骨灰翻了过来，剩下满地的火。在火的熏烤下，我拾了一会儿的骨灰。鼻血又流淌出来。我扔下竹筷，好像还说了一两句什么，就解开了腰带，用带尖堵住鼻子，一溜烟地登上山去，直到山巅。跟前天不同，这次血流不止。半条带子和我的手都沾满了鲜血，血仍然滴滴答答地滴落在草叶上。我静静地仰躺下来，俯视着山麓的池子。在水面上跳跃的朝晖，反射在遥远的我的身上，使我头晕目眩。我从眼睛里感到自己身体的衰弱。

……祖父辞世后第三天，我第一次有了自己安静的时间，仰卧在点景石上。此时此刻，自己已孑然一身，一种无依无靠的悲凉思绪隐隐约约地涌上了心头。

继祖父的葬礼之后，姑奶奶的葬礼、伯父的葬礼、恩师的葬礼，以及其他亲人的葬礼……在举行数不清的葬礼的日子里，把我送到了墓地。

川端康成的笔下出现了一个象征性的场景：一次次的送葬，把川端康成送进了心的墓地。哀莫大于心死！

川端康成在《十六岁的日记》中，把祖父弥留之际的情况详尽地记录了下来，可见祖父之死对幼年川端康成心灵的创伤。川端康成说："……我默然不响。……一种无依无靠的寂寞感猛然侵袭我的心头，直渗透我的心灵深处。我感到自己孤苦伶仃。"

我国著名评论家唐达成对童年有一番精辟论述："童年是一个人最缺少内容的部分。如果说人生像一首乐曲，那么童年就是一首乐曲的前奏。

前奏总是乏味的,整个旋律还没有展开,人们都期待着听辉煌的乐章,听那华彩段的部分。可听众不知道,作曲家在前奏中已经为整个乐曲定了基调,后面展开的所有旋律,只是前奏的再现和变奏。"童年时受到的创伤,往往会伴随人的一辈子。

弗洛伊德的《精神分析研究》证实:任何人成年后的反常行为,都与他童年时受到的伤害密切相关,都能在人的下意识中找出蛛丝马迹。塔尔柯夫斯基拍摄了《伊万的童年》,媒体这样评价:一种被扭曲、偏离了生命轴心的奇特性格在他身上发展起来,所有童年应有的无价之宝都无可挽回地从他生命中消失。一出场便伴随着炫目的,给人刺痛的光……他的行为无法以逻辑和因果推断,充满了偶然的突发的意想不到的爆发……

一个童年稚嫩的心灵,大概都无法承受如此近距离地亲眼目睹身边亲人的一次次"死亡",对童年时代的川端康成而言,无疑形成极大的刺激。一个原本活灵活现的亲人,霎时间就阴阳两隔。生死之间竟然是如此"一步之遥"!这种渗透于"童年记忆"里的人生虚幻感和对死亡的恐惧感,在人生的漫长历程中积淀为非同寻常的心理特征。川端康成说:"我自己太不幸,天地将剩下我孤零零一个人了。""把自己胆怯的心闭锁在一个渺小的躯壳里,为此而感到忧郁与苦恼,完全变成一个固执而扭曲了的人。"川端康成还说:"这种孤儿的悲哀成为我的处女作的潜流","说不定还是我全部作品、全部生涯的潜流吧。"

川端康成还写过一篇小说《肩扛恩师的灵柩》,记述了中学时代为老师送葬的情形。这也是一段痛彻心扉的死亡记忆。

川端康成在小说《致父母的信》中说:"深深刻入我幼小心灵里的,便是对疾病和夭折的恐怖吧。"童年对死亡的记忆,使得川端康成产生人世间"生死无常"的虚无感。如同佛教中所阐述的,他认为生即是死,死即是生,生命与灭亡只不过是生命的一种轮回。死亡成为生命的另一种形态!在川端康成的作品里,"死亡"随处可见。《伊豆的舞女》里夭折了的像"水一样透明"的孩子、《母亲的初恋》里死去的民子、《雪国》里病死的行男和堕入火海的叶子、《千只鹤》里为爱、为赎罪而死的太田夫人……在川端康成的作品中,同"死亡"的形象发生联系的就有50多篇，几乎占他全部作品的四成。由此可见死亡主题成为川端康成作品中的"主旋律"。

3　初恋对人生的刻骨铭心

　　川端康成一生有缘抑或是不幸结识过四位名叫千代的女性，她们对川端康成的命运走向，在不同程度上都产生了影响。伊豆的舞女千代和岐阜的千代，激起过他巨大的感情波澜。他在中学《校友会杂志》1919 年 6 月号上，发表了第一篇习作《千代》，以淡淡的笔触，描写了他同三个同名的千代姑娘的爱恋故事。

　　伊豆舞女千代是川端康成上高一后到伊豆半岛旅行途中邂逅的。他第一次得到舞女的平等对待，并说他是个好人，便对她油然产生了纯洁的友情；同样的，受人歧视和凌辱的舞女遇到这样友善的学生，以平等的态度对待自己，自然也激起了感情的涟漪。他们彼此建立了真挚的、诚实的友情，还彼此流露了淡淡的爱。从此以后，这位美丽的舞女，"就像一颗彗星的尾巴，一直在我的记忆中不停地闪流"。

　　岐阜的千代，原名伊藤初代，是川端康成刚上大学在东京一家咖啡馆里相识、相恋的，不久他们订了婚。后来不知为何缘故，女方以发生了"非常"的情况为由，撕毁了婚约。他遭到了人所不可理解的背叛，很艰难地支撑着自己，心灵上留下了久久未能愈合的伤痕。从此，他产生了一种胆怯和自卑，再也不敢向女性坦然倾吐自己的爱心，而且陷入自我压抑、窒息和扭曲之中，变得更加孤僻和相信天命。

　　爱是不会忘记的！尤其是动了真情的初恋。对于任何"情窦初开"的少男少女，那都是一种痛彻心扉的刻骨铭心。

　　川端康成在《文学自传》一文中，透出了自己第一次婚姻失败的"蛛丝马迹"：

我二十三岁那年，菊池氏三十三岁。我到位于小石川中富坂的菊池家造访，在二楼的一个房间里面对面地坐定之后，我突然拜托他说，我领了一个姑娘回来，如果有什么翻译的工作，希望代为介绍。菊池氏嗯地应了一声，点了点头，问道，你说领了一个姑娘，是指结婚吧？我说，哦，不是现在就马上结婚。我刚要辩解，菊池氏就抢着说，瞧你，一块生活了，还不是结婚吗？他接着又说，我最近准备出国一年，我妻子说我出国之后，她想回老家去。这期间，我将这房子借给你，你可以和那位女子在这里同居。我已经预付了一年的房租，另外每月还给你五十元。本来一次给也可以，不过还是由妻子按月寄给你好。加上你自己拿到五十元学习费，大体上够两个人生活了。

　　……那次谈到结婚问题的时候，菊池氏没有规劝我，他只对我说了一句话。这句话至今还清晰地印在我的脑海里。他说，现在就结婚，你不会被压垮就好。我不曾对过去的事作过这样那样的回忆。过去的事就让它过去好了。压根儿不曾考虑过二十三岁和十六岁的人结婚将会带来什么后果。……这次恋爱，在菊池氏出国还未回来之前就吹了。

川端康成在带有自传性质的文字中，对这些只是"轻描淡写"地一带而过，而这次婚姻对他内心所掀起的倒海翻江般波澜，在他其后的小说《非常》中得到了酣畅淋漓的表述：

　　……"16岁！"我喃喃自语道。打算和我结婚的姑娘也是16岁呀。我一向对十六七岁以上的女人不感兴趣，而只对16岁的妙龄少女产生一种近乎病态的爱慕……

　　回到浅草的公寓时，看到有道子的信……信的内容太出人意料了……

　　亲爱的朋友，我的郎哥：

　　感谢您的来信，很抱歉未能回信，您还好吗？我有一事要告诉您。虽然曾与您有过誓言,但我遇到一件非常之事。这事无论如何也不能向您袒露,想必您会疑惑不解,一定会要求我向您表白,与其说出这一非常之事,不如死去更幸福。请把我忘了,当作不在这人世了吧。下次给我来信时,我已不在岐阜,已离家出走……我不知道我将在何方,怎样生活,我衷心祝愿您幸福。再见了,我亲爱的朋友,我的郎哥。

……什么时候寄的呢,我查了信封上的印戳。

——岐阜,十年十一月七日,下午6时至8时之间。

这么说是昨晚寄的,昨晚道子在哪儿过夜?

昨晚肯定还在岐阜,那么这封信是在离家出走的途中投寄的吧?还是寄出去后又折回过家呢?

现在她在哪儿呢,今晚在哪儿过夜呢。如果昨晚在车上,她的身子还是干净的,那么是今晚了?现在九点了,这一时间道子不会安然入睡的。

非常,非常,何为非常。异乎寻常?异乎我之寻常?异乎世间寻常?

……

我把身子蜷缩在斗篷里,在座位上仰面入睡了。

哪些是可能发生的,哪些是不可能发生的,分不清界限了,脑海里充满了幻觉。

——白色墙壁,方形的狭窄的拘留室,苍白的道子和她的男人靠在墙上,暗淡的灯火,养父母报案后被抓到的他们两人。

——为寻找道子,我到处浪迹。波涛的声音,散发酱油味的台桌,旅途中和疲惫不堪的道子邂逅。

——痛哭失身的道子,我和道子过着柏拉图式的非夫妻关系的生活。

——啊,警笛声,被我乘坐的列车轧死的,抱着她的男人的道子。

——北国的皑皑白雪。饱经沧桑、回到父母身边的道子,跪在草席垫上,我在他们面前低下了头。

——"虽然她和你有过誓言,但是这女人是我的。""不,懂得如何去爱她的,只有我。"但是道子却袒护这个男人,扬起双眉,高声笑我。

一个痛苦的化身向我逼来,僵硬地坐在火盆的对面……

从小说《非常》中主人公"我"的身上,我们分明看到了川端康成的身影。川端康成在《文学自传》一文中,还写有这样的话语:

……只是口头订了婚,我连一个指头也没碰过那位姑娘。正像《伊豆的舞女》那位十四岁的少女一样。直到现在,也是如此。林房雄曾对我的《散去也》评论说:作者对女性的身体具有少年般的憧憬,真是不可思议。也许确实是那样子。……恋爱因而便超越一切,成为我的命根子。从恋爱来说,我觉得至今我还不曾握过女性的手,也许有的女子会说,别撒谎了。但是,我觉得这不单纯是一种比喻的说法,我确实是未曾握过女子的手。人生不正是这样吗?现实不也正是这样吗?或许文学也是这样的吧。莫非我是个可怜的幸福人?

毕生追求纯洁追求完美的川端康成,向往的大概有点像是"柏拉图式的爱恋"吧!

川端康成写于26岁时的小说《蓝的海黑的海》,以遗书的形式描绘了对恋爱失欢、人生失意的苦痛哀怨:

……我逃向了回忆的世界。

一个叫喜佐子的女孩在她十七岁那年的秋天和我订了婚。后来喜佐子把婚约毁了。但我却并不伤心。因为我想着只要我们俩还活着,什么时候一定会再续的。我的院子里开着芍药花,喜佐子的院子里也开着芍药花。我想只要它们的根不枯萎,来年的五月会再次开放吧？而蝴蝶会将我花上的花粉带到喜佐子的花上。

然而去年秋天，我偶尔想起来"喜佐子二十岁了"。

"和我订过婚的十七岁的喜佐子二十岁了。"

"喜佐子没有和我结婚——却能变成二十岁，这是什么缘故？使喜佐子变成二十岁的是什么人？——总之不是我。"

"'瞧瞧，和你订过婚的女孩不是作为你的妻子却能变成二十岁！'如此向我挑战的是谁？"

对于这样一个无可奈何的事实，这时我是第一次真的从心里明白了。

……十七岁的喜佐子像小小的玩具娃娃似的出现在我的面前，可是，这娃娃是清澈透明的。透过她的身体便可以看见：牧场上白马在奔驰；月亮正用蓝蓝的手在给自己化妆；夜幕下想转生为人的花瓶，正在追赶着应该做自己母亲的少女……

我开始感到自己像是那被紧闭着的满满一屋浑浊的瓦斯。如果有一扇门，我就要立即敞开，将浑浊的瓦斯散布到喜佐子身后那美丽的景色中去。因为所谓生命，在某个瞬间，就是扣动扳机的手指那轻轻的一动，不过如此而已。

幸运的是，就在那时，"砰砰"，我死去的父亲敲起门来……

父亲望着我静静地说道："我的儿啊，你因为一个十七岁的女孩变成了二十岁而惊慌失措了吧？尽管这样你却仍然将十七岁的喜佐子描绘在这间屋子的一角的虚空里，还在给她注入生命。这样一来，你所在的生的世界上就有了两个喜佐子了吧？

……

"喜佐子喜佐子——"据说我就这样说着胡话。我那时可是在发着高烧、丧失了意识的状态中的。对于这个问题，把它说成是人心中的恶魔的狡猾之类的，我觉得还是不能完全说透。后来在听伯母讲这件事的时候，我漫不经心地嘀咕道："这就值得去死。"

我决定死大约就在那时吧，还是在那之前就已经有了那样的约定了呢?

总之似乎是两个人像一片黑色的大海一样彼此相信着对方,相信即使我们俩死了,这一片黑色的大海也不会消失。在这样的相信中我们决定了死亡。

可是结果怎么样呢?我生还之后,发现大海是深蓝深蓝的。

大海难道不是深蓝深蓝的吗?

就像曾经红红的我的手变成了白的一样,曾经漆黑的大海变成了深蓝。这样想着,我的泪珠像雨点一样落了下来。并不是因为悲伤,而是泪泉的盖子打翻了的缘故。要是我没有生还的话,大海肯定还是漆黑的吧?

大海黑暗暗的,与那广袤的黑相比这沙滩的白是怎样的微不足道啊。

失恋的哀怨痛苦像回旋曲似的不断在川端康成的作品中反复吟唱,长悲当歌,它成为川端康成生命中无以摆脱的不和谐音符。也许,川端康成的爱情之花,刚刚绽放就已经枯萎。从那一刻起,川端康成已然变得"妾心枯井水,波澜誓不惊"了。

4 不断迷惘是不懈追求的折光反照

川端康成的文学创作之路,充满了迷惘与探索。川端康成小学时代,曾幻想当一名画家;上中学后,开始对文学产生浓厚兴趣,立志做一个文学家。他从小博览群书,广泛涉猎日本作家志贺直哉、泉镜花、德田秋声以及许多世界著名作家如惠特曼、乔伊斯、泰戈尔等人的名著,尤其对日本古典名著《源氏物语》《枕草子》《万叶集》更是潜心研读,甚至可以整段整段背诵。川端康成在《文学自传》中说:"根据我所读的书,也只好顺着文坛流行的东西而随波逐流。让好奇的触角乘上纤弱的游览车,经人生或文学之门而不入。"1920年,川端康成在东京帝国大学学习时(先英文系后转入国文系),在新思潮派名家菊池宽的赞助下,同今东光等人筹办了第六次复刊的《新思潮》杂志。1924年,川端康成大学毕业后进入文坛,很快卷入文艺论争的激烈旋涡中。他与横光利一等青年作家创办了《文艺时代》杂志,发起了新感觉派文学运动,并发表了著名论文《新进作家的新倾向解说》,起到了引领和指导新感觉派作家的创作方法和运动方向的作用。新感觉派文学与逐渐衰落的自然主义文学、正在崛起的无产阶级文学,形成当年日本文坛三足鼎立的局面。但在创作实践方面,川端康成并无多大的建树,只写出《梅花的雄蕊》《浅草红团》等少数几篇具有新感觉派特色的作品。他甚至被评论家认为是"新感觉派集团中的异端分子"。后来,川端康成自己也公开表明,他不愿意亦步亦趋踩着别人的脚印走,成为任何流派的同路人,决心"独辟蹊径",探索一条自己独特的文学道路。

川端康成从新感觉主义转向新心理主义,又从意识流的创作手法上寻找自己的出路。他首先尝试写出了《针、玻璃和雾》《水晶幻想》等,企图在创作方法上摆脱新感觉派的手法,引进乔伊斯的意识流和弗洛伊德的精神分析学,从而成为日本文坛最早引入西方现代派创作手法的作家。川端康成这段探索性的创作道路表明,他起初并没有深入认识西方文学的真谛,只凭借自己敏锐的感觉,盲目醉心于借鉴西方现代派,即单纯横向移植。很快,川端康成认识到此路不通,却又矫枉过正地全盘否定西方现代派文学而完全倾向日本传统主义,不加分析地全盘继承日本化了的佛教哲理,尤其是轮回思想,即单纯纵向承传。川端康成正是在此两种对立的创作思潮中左右徘徊迷惘探寻。

川端康成曾对自己参加的一场音乐会,作了这样的描述:

……真没想到今晚一位国际知名的音乐家会和一位日本的天才音乐家同台演出。他们当中,一位曾每天从法国穷乡僻壤矫健地徒步八英里,去音乐教师家里学习;一位七岁上双目失明,为维持一家贫困的生活，十四岁时流落朝鲜京城，当了琴师。他们两人超越了种族和性别的界限，彼此共鸣，少有地用东西方两种琴和谐地合奏。光是看他们两人——一人身穿带家徽的黑色日本礼服，一人穿黑色西式礼服——在舞台上出现，就会深受感动。

　　据说合奏的曲子是描写海浪声、摇橹声、翱翔的海鸥、明朗春天的海洋。而且他也在内心世界里描绘了春之海。……有时小提琴听起来就像尺八声，有时七弦琴声又像钢琴声，合奏者如此协调，达到了天衣无缝的地步……

这段描绘，也许可看作是川端康成进行日本古典传统与西方现代文学交融的心理潜台词。

不断迷惘正是不懈追求的折光反照。

川端康成在《文学自传》中，对自己的创作道路进行了这样的概括和总结：

　　从《新思潮》到《文学界》，我都参加了。恐怕没有一个人像我这样参加过这样多的同人杂志吧。

　　……我身在各种黄金时期，难道不是个幸运儿吗？例如《文艺春秋》逐步走向昌盛……同《文艺春秋》另成一派的《不同调》及其后的《近代生活》，尤其是"十三人俱乐部"，他们每月一次在新潮社的会议室里沉浸于天南地北的闲聊之中，我总觉得这种聚会是十分愉快的。同人和俱乐部成员今后就是健在，也再没有机会这样聚集在一起闲聊了。只有二十名新进作家结合创办了《文艺时代》，我记得那时我不是发起人，只是参加者之一。我成了与所谓"文艺复兴"的呼声多少有点关系的《文学界》的同人。我也同犬养健（小说家，曾在汪精卫伪政权任官）、横光利一（与川端康成私交甚好的小说家）两位一起参加了堀辰雄（小说家）、深田久弥（小说家）、永井龙男（小说家）、吉村铁太郎（文艺评论家）等人创办的《文学》，接近过它的后身《作品》的流派，同时也曾站在以《近代生活》为主的现代派一边。我交友甚广……

……迄今我漫不经心地参加了一些同人杂志和文学团体。而且这些杂志和团体正是蒸蒸日上、最繁荣昌盛的时候，我都参与了它们的活动。这是没有节操吗？是处世圆滑吗？是投机取巧吗？我自己从来没有这种打算。或许我更多的是天生的傻瓜。只是，我能自我辩护的是我随波逐流，随风来顺水去。而我自己既是风也是水。毋宁说我总想失去自己，有时却失去不了。我主动参加的，只有《文艺时代》。林房雄关于《文学界》的成立，给了我面子，我只是被林房雄的《青年》那种乐观的热情所牵萦。可能不少人会把我看成是一个温和的寡情者、无情的亲切者。我是个可怜的人，对任何人都不会憎恶，不会抱有敌意。在别人看来，我今天似乎同昨天的敌人同舟共济，可我本来就没有什么敌人。纵令我向哪位女子吐露了恋慕之情，遭到了她的婉言拒绝，第二天我仍然满不在乎地同她游玩。先头那个曾拒绝我的爱而离去的女子，在阔别十年之后又来拜访我。妻子一边哭泣一边怒冲冲地对我说：亏你还高高兴兴地会见她，未免太窝囊了。我遭到妻子的埋怨，才想到：这倒也是啊。也仅此而已。

川端康成对自己在文学道路上的不断探索，做过这样的一番表白：

古贺对我为什么多少怀有好感呢？我不甚明白。可能是他认为我经常追求文学的新倾向、新形式，或者认为我是个求索者。他爱好新奇，关心新人，为此甚至有"魔术师"的光荣称号。古贺立志不断发起先锋派手法作画，努力完成进步的使命。他的作风，在这种思想支配下变幻无常。可能也有人把我同他都称作"魔术师"，然而我们果真能成为"魔术师"吗？也许对方是出于蔑视吧。我被称为"魔术师"，不禁沾沾自喜。因为我心中的哀叹，没有反映在不明事理的我的印象里。假使他认真想想这些事，那么他就不会被我迷惑了，他是一个天真的糊涂虫。尽管如此，我并不是为了迷惑人才玩弄"魔术"的。我太软弱了，这只不过是我在同内心中的哀叹作斗争的一种表现罢了。他难道不像我，没有悲哀掠过他的心吗？

三岛由纪夫在《川端康成的东洋与西洋》一文中，这样评价川端康成所探索的创作道路："生于日本的艺术家，被迫对日本文化不断地进行批判，从东西方文化的混淆中清理出真正属于自己风土和本能的东西，只有在这方面取得切实成果的人才是成功的。当然，由于我们是日本人，我们所创造的艺术形象，越是贴近日本，成功的可能性越大。这不能单纯地用回归日本、回归东洋来说明，因为这与每个作家的本能和禀赋有关。凡是想贴近西洋的，大多不能取得成功。"

诺贝尔文学奖的授奖词也正验证了这一点。

文学创作就意味着不断地超越。不重复前人，也不重复自己。当一个人有一天发现，他无法超越的人竟然是自己时，这是一种何等锥心刺骨的绝望？古龙在《楚留香》一书中，借侠客之口说过这么一段话："你不顾一切地向上攀登，山路为生命的一部分。你超过了一个又一个行人，到达绝顶时你却失去了一切。孤独是山峰给征服者唯一的礼物，这时你再想回头已经来不及了……"孤独的身影产生了"高处不胜寒"的虚无！在攀登的过程中，你失去曾经拥有的许多。上山容易下山难。这时你再想回头已经来不及了。以为得到的实际并未得到，不该失去的却已经失去。

弗洛伊德写过一篇《心理分析所遇到的性格类型》，其中有一段，专门分析了"被成功毁灭的人"。弗洛伊德说，心理分析提供了一条原则，人们犯神经症一般都是因为挫折所致。就是说力必多欲望的满足受到挫折……令人大惑不解的是，人们有时犯病，完全是因为实现了心中蕴藏了很久的某种根深蒂固的愿望。似乎他们忍受不了成功的喜悦。弗洛伊德既分析了文学作品中的形象，如莎士比亚戏剧中的麦克白夫人，易卜生剧作中的吕贝克，也解剖了他接触到的现实病例。弗洛伊德最后总结说："正是良心的力量，禁止了人去享受由于现实情况顺利转变而带来的成功喜悦。"杰克·伦敦就是一个成功后绝望的典型案例。

川端康成在《夕照的原野》一文中,这样叙述自己一次次获奖后的心情:"荣誉和地位是个障碍。过分的怀才不遇,会使艺术家意志薄弱,脆弱得吃不了苦,甚至连才能也发挥不了。反过来,声誉又能成为影响其发挥才能的根源……如果一辈子保持'名誉市民'资格的话,那么心情就更沉重了。我希望从所有名誉中摆脱出来,让我自由。"

川端康成在《文学自传》中,还说了这样一番话:"尽管是个穷学生,我却有这样的虚荣心,也就是说看戏或电影都想坐特等或头等位子,旅行也想住一流旅馆。这可能有我们乡村世家家族血统的关系吧。据说我是什么北条泰时的第三十一代或三十二代后裔。后来我习惯了,看廉价电影和乘坐三等火车,也无所谓了,这是三十岁以后的事了。"

他总结自己的创作之路时说:"一切艺术都不过是人走向成熟的道路。"

毕生追求唯美主义的川端康成,正是在摘取了文学王冠上的钻石后,一如那个硬汉海明威,以自杀完成了自己生命的"最强音"。

5 梦境是现实的海市蜃楼

川端康成的作品中,有许多描绘梦境、幻觉,抑或病中恍惚的情景。《抒情歌》可称为是川端康成这类作品中的代表作。

鲍维娜在《情到深处人孤独》(陕西旅游出版社,1993年7月)一书中,这样介绍了川端康成的《抒情歌》:

> 1932年,川端康成用抒情的笔法写了《抒情歌》。这篇小说写一个被抛弃了的女子对一个死去的男人的呼唤,向他表达自己的衷情。这篇小说超越了时光,把过去和现在、此岸与彼岸、生

存与毁灭交融在一起，人物之间产生了离奇的"心灵感应"和"精神交流"，被抛弃的女人从人世向天国的男人表达她失去的爱，终于得到了回报。两人希望幻化成红梅或夹竹桃，让传送花粉的蝴蝶为他们相配，充满了东方神秘主义的色彩。川端康成借助同死者心灵感应的方式，来宣扬他一贯推崇的轮回转世的思想。他说："佛典所阐述的前世与来世的幻想曲，是无与伦比的难得的抒情歌。这个世界再没有什么比轮回转世的教诲交织出来的童话故事的梦境更绚丽多彩。这是人类创作的最美的爱的抒情歌。"

川端康成在《抒情歌》中说了这样一句话："魂魄这种语言，不过是流动于天地间一种力量的形容词而已。"朦胧之中恍惚之中我们似乎听到了一种魂魄的召唤，展开了颇有象征意味的"人鬼情未了"的对话。我摘录其中的一些片断，管窥蠡测地透视川端康成在人物身上所寄寓的思想情感：

被你抛弃的、理解白莲花心的我，是不是正像这句话那样呢？面对名叫白莲花的美丽的森林女神，风神不知不觉恋慕起她来了。不知怎的，这件事传进了风神的恋人花神的耳朵里。花神嫉妒之余，将一无所知的清白的白莲花从宫中驱赶出去。白莲花在野地里哭了好几夜，然后她忽然悟到：既然如此，索性变成花算了。只要这个世界存在，我就作为美丽的花活下去。以花那颗纯洁的心，去承受天地的恩赐。

美貌少年阿多尼斯，为了安慰为自己的死而悲伤的恋人维纳斯，转世为侧金盏花。阿波罗悲叹美貌的年轻人希雅辛斯的死，把情人的倩影，变成了风信子。

由此看来，我把壁龛里的红梅比做你，对着红梅说几句话不也可以吗？

释迦对众生说：要解脱轮回转世的羁绊，得做涅槃铁心修行。灵魂必须来回转世，它可能是迷蒙而可怜的。但我觉得，在这个世界上，再没有什么比轮回转世的教诲交织出的童话故事般的梦境更丰富多彩的了。这是人类创造的最美的爱的抒情诗。在印度，自《吠陀经》以来就存在这个信仰，这可能本来就是东方的精神。不过，在希腊的神话中，也有明丽的花的故事，包括《浮士德》的格蕾辛的牢狱之歌在内。西方有关向动植物转世的传说，真是多如星辰。

以古代的圣者，或近年的心灵学者来说，考虑人类灵魂的人，一般都是尊重人的灵魂，轻视其他动植物的。人类经历数千年，企图从种种意义上将人类与自然界万物加以区别，并且一味盲目地向这个方向走去。

这种自我陶醉的空虚的步伐，不是至今还使人类的灵魂如此落寞彷徨吗？

也许人类有朝一日会从来路回归的吧。

据说，在这个世界上失去形态的东西的香气，形成另一个世界的物质。这种说法，只不过是科学思想的象征之歌罢了。连我这个才疏学浅的年轻女子，也都领悟到物质的根本或力量是不灭的。为什么必须考虑只有灵魂的力量会熄灭呢？灵魂这个词，难道不是天地万物流动力量的形容词吗？

灵魂不灭这种想法，可能是对生者的生命的执著，和对死者的爱的依恋，因此相信那个世界的灵魂也具有这个世界的那个人的人格，恐怕这是人情的一种悲伤的虚幻吧。

古代毕达哥拉斯一派也认为，恶人的灵魂来世也会被禁锢在野兽和鸟类的肉体之内，备受苦难。

人世间的精神生活，变成死后的灵魂的衣裳。

佛法的轮回转世一说，似乎也是这个世界的伦理的象征。它是这样告诉人们的：前生的鹰变成今世的人，或今生的人变成来世的蝴蝶，或变成佛，全都在于今世修行的因果报应。

心灵学者们说道：这个世界的灵魂同那个世界的灵魂——由热情的精灵组成的一团士兵，为了消除死亡能把人们隔开的传统观念，正在这两个世界之间架桥铺路，以便从这个世界上消灭死别的悲伤。

现在，此时此刻，我听到你从天国表白的爱。我想：与其在阴府或来世成为你的恋人，不如你和我都变成红梅或夹竹桃，让运送花粉的蝴蝶为我们撮合会好得多。

这样一来，也就没有必要去仿效人间悲哀的习俗，对死者这样诉说了。

川端康成在《慰灵歌》《水晶幻想》等等作品中，都有类似的如梦如幻的描绘。

在川端康成作品中，还创作或抄录了众多关于"梦"的锦言妙句："梦里相逢人不见，若知是梦何须醒。""纵然梦里常幽会，怎比真如见一回。""梦乎现实乎？不知是幻还是真，此世梦将醒。""维摩经十喻，此身恍若置其中，可谓心如梦。""偶然忘却恍若梦，何思踏雪会君来。""残露犹自系一命，无奈又过今秋梦。"

作为析梦大师的弗洛伊德，把文学创作称作"白昼梦"。他在《诗人同白昼梦的关系》一文中说了这样一番话："我们在夜间所做的梦，不是别的，正是幻觉。我们可以通过释梦来说清楚这一点。语言以其无可匹敌的智慧，早就给这种创造出来的虚无缥缈幻觉赋予了'白昼梦'的名称。"弗洛伊德还说："想像力强的作家与做白昼梦的人，诗人的作品与白昼梦，如果说我们对这两者所作的比较有价值的话，这种比较会在某点上显示出成效。我们可以先尝试着仔细考察一下作家的作品，审视幻觉同贯穿其中的愿望的关系。然后在这种关系的帮助下，再来研究作家的生平同他的作品之间的联系。"

梦是现实生存场景的"海市蜃楼"，总与现实若隐若现地存在着某种对应关系。"日有所思，夜有所梦"是白天挥之不去的思绪化作梦萦缠绕梦寐以求；梦又像是一种预兆谶言，我们会恍惚觉得现实中刚刚发生的一幕，似乎在重复着某个梦境。

川端康成作品中描绘的许多场景，常常给人"缥缈幻真假，虚实有无间"（著名评论家唐达成语）的"如梦如幻"的感觉。然而，这种生活中的荒诞却是梦境中的真实，突兀转换的时空完全是意识流的，毫无连带关系的人物却被"蒙太奇"般叠加剪辑地链接在一起，看似毫无逻辑却有着耐人琢磨的心理逻辑……这在梦中是常见的情形。

维特根斯坦说过这样一句经典之言："梦境是不是一种思考？"

西方现代派创始人卡夫卡说过这样的警句："梦揭开了现实，而想象隐蔽在现实后面。这是生活中可怕的东西。"卡夫卡说："梦里总有许多未加工的白天的经验。"卡夫卡还说："他把他的种种空间经历凝聚成一个超人的时间幻觉。……作家总是力图把他的幻觉纳入读者的日常生活经验之中。"卡夫卡在评价克莱斯特的小说时说："这是真正的创作。……他的一生是在人和命运之间幻影似的紧张关系的压力下度过的，他用明确无误的、大家普遍理解的语言照亮并记述了这种紧张关系。他要让他的幻景变成大家都能达到的经验财富。"卡夫卡这段评价克莱斯特的话，何尝不可以看作是对川端康成作品的评价？

《卡夫卡传》的作者雅诺施曾问卡夫卡："人们也许正好在梦里力图摆脱对经验的罪责感？"卡夫卡回答："是的，就是这样。现实是塑造世界的人的最强大的力量。它到处起作用。正因为如此，它有现实力量，谁也不能逃脱它。梦只是一条弯道，人们最后总要回到离他最近的经验世界。"

川端康成大概正是绝望于作品中幻觉破灭后的"梦醒时分"。

6 人生旅程中的"迷失自我"

川端康成的短篇《拱桥》《阵雨》和创作于自杀前一年的《隅田

川》,开篇的第一句话竟然都是:"你在何处?"这突如其来劈头盖脸的茫然提问,给人以振聋发聩的警醒。

《阵雨》似写一位"生前好友"的故事,作品中笼罩着浓浓的死亡阴影。其中的意味鲜明地表述了"我"不知身在何处:无论是在古典的和歌中,还是佛国的慰藉里,看似有自己的影子,又分明寻觅不着。"我"这一存在,到底在哪里迷失了呢?"我"又到何处去寻找回自己呢?

下面是摘录《阵雨》中的文字:

"人生如行旅,漂泊总不定。客梦草枕上,却见梦中梦。"我想到此歌与慈镇和尚之吟咏"有意今宵应思没"有相似之处,虽然宗祇既不是芭蕉那种梦如荒野贯穿人生般的辞世,其诗境恐也无芭蕉那样清澈澄明,但他能在离乱之世与古典和歌长生共存。我心亦怀之,曾两三次前往骏河的宗长草庵探访,不觉朦胧浅睡,却做了一场梦。

夜里下了一场雨,明知东京附近现在还不是秋雨轻寒树叶凋零的季节,却总觉得掺杂着落叶飘落的声音。寒雨会把我带进古代日本的悲哀。为了排遣这种情绪,我随手翻阅被称为"寒雨诗人"宗祇的诗歌,但耳边依然时常听见落叶的声音。虽然现在还不到落叶的季节,再仔细一想,我的书房的屋顶上也没有落叶的树木。这么说,落叶的声音难道是幻听吗?我有点害怕。侧耳细听,一片静寂,但一当我心不在焉地看书,又听见窸窣的落叶声。我不由地不寒而栗。因为这落叶的幻听仿佛来自我遥远的过去。

现在正是寒雨初降时节,我联想到六十一岁客死异乡的芭蕉和八十二岁客死旅次的宗祇。多少亲朋成故人。

人大概永远走不回自己的"过去"。任何昔日场景的再现或重游,只会是触景感怀,睹物思情。"行宫见月伤心色,夜雨闻铃断肠声。"

下面是摘录《拱桥》中的文字:

谅亦可哀住吉神，虚幻之舟撑来时。

后三条天皇的"虚幻之舟"原意何指？对于我来说，这"虚幻之舟"只能是指我的心灵、我的人生。

……我为什么如此牵强附会地从灵华的《月中桂》、义尚的和歌墨迹联想住吉呢？大概因为我这个人注定着非去住吉不可吧。

我五岁的时候是否走过住吉神社的拱桥，现在对我也是"梦乎现实乎？不知是梦还是真"。

五岁那一年，母亲牵着我的手去住吉。"牵着我的手"绝非言过其实。我小时候大人不牵着我的手我不敢出门。好像我和母亲在拱桥前面站了好长时间。我记得拱桥又高又陡，可怕地鼓翘起来，令人望而生畏。母亲比平时格外亲切温柔地鼓励我，说行平已经长大了，这座桥走得过去……

……下桥比上桥害怕。我是被她抱下来的……我真的在五岁的时候走过那座拱桥吗？我连这件事都怀疑，可见记忆力已经很糟糕。也许是我的妄想编织的幻梦……

第二天早晨，我一边念叨着"虽云佛常在，哀其身不显。拂晓人声寂，依稀梦中见"，一边往住吉神社走去。从远处望去，那座拱桥出乎意料的高大，五岁的胆小鬼很难过得去，可是近前一看，不禁失笑。原来桥的两侧都凿有几个踩脚的窟窿眼。我做梦也没有想起还有这样的立脚点。至于拱桥是否还是五十年前的老样子，自然不得而知，但桥上有踩脚的窟窿眼使我像傻子一样呆立桥前。

当我手抓栏杆脚踩窟窿眼一步步走上桥的时候，发现窟窿之间的距离比较宽，五岁的小孩子的脚步怎么也够不着。我下了拱桥，长叹一口气，心想我的人生历程中是否也曾有过这窟窿眼般的立脚点呢，无奈遥远的悲哀和衰弱仿佛使我眼前一片发黑。

你在何处？

"拱桥"具有某种象征意味。"流连的钟声还在敲打我的无眠,尘封的日子永远不会是一片云烟。月落乌啼,总是千年的风霜;涛声依旧,不忘当初的夜晚……"

《隅田川》写了生母与养母相似与非似的故事,从中又引出了一对双胞胎妓女与"我"和好友须山间的生离死别:

我在梦中所见的素描好像是一千五百零八年前的使徒的手。使徒是双手合掌向上,我在梦中所见的手是只手朝下,画出的是手背,但无疑确是使徒之手。醒来以后,这只手的素描残留脑中,另一只手却印象模糊。

……我突然想起我的朋友须山的手。对了,使徒的手和须山的手很相像。

我目不转睛地凝视着使徒的手。手仿佛渐渐活了。恍惚间须山正对我合掌。

我觉得从合掌的双手中有一股强烈的气息冲我逼来,于是脖子在枕头上使劲往后仰……心里怀疑须山的手居然有如此神圣吗?

我最后一次看见须山的手是在雷鸣电闪之夜,他的右手搭在苍白的额头上,微微颤抖,似乎遮挡白炽狂窜的闪电;他的左手拉着妓女的手。我的手拉着那个妓女的另一只手。那一阵子,须山和我是那一对双胞胎妓女的熟客。那一天夜里,我们带着其中的一个正在浅草的街上走着……

这一对姐妹拿双胞胎做招牌引诱客人,其手法就是故意把发型服饰、穿着打扮弄得一模一样。没有其他客人的时候,我一个人,她们也会双双前来陪酒。这样过从来往,须山和我始终分不清谁是姐姐谁是妹妹。

那天夜间,雷电交加。一个女人说怕打雷不敢出门,于是只有另一个女人出门送我们……

头顶上突然一声暴雷。

"真害怕！"女人一下子同时使劲抓住须山和我的手。

……女人也没有往回走的意思，她紧紧握着我们的手往前走去。

"啊！"须山惊叫一声，右手搭在额头上，好像遮挡雷电，张开的长长的手指颤抖着。我看见闪电照耀的瞬间，手的影子映照在他的脸上。焦雷在头顶上炸裂。挂在铁丝上的街灯似乎被震得摇摇晃晃。

我突然觉得须山就要晕倒，连忙搂住他的后背。也说不定是我自己吓得一把抱住须山。

"喂，放开！快点走！"须山甩掉女人的手，也放开我的手。

……这是我最后一眼看见须山的手。

须山从孪生姐妹的妓女家里出来回去的时候，常常这样对我说：

"你曾经像今天这样堕落过吗？"

"有。打从生下来的时候就开始。"我把脸转向一旁。

"事情坏就坏在她们是双胞胎，而且极尽造化之妙，无可挑剔。你认真考虑过她们的存在价值吗？"

"没有。"我依然冷淡地回答。

……须山去世以后，我还去过孪生姐妹那儿。我告诉她们须山的死讯时，两个人都显得很伤心，其中一个人还从眼里挤出两三滴泪水。她是不是须山格外相好的女人，我分辨不出来。我单独去不如与须山同时去玩得快乐有趣。

霁月清朗，我一边看着合掌使徒的双手，一边回忆着无聊的往事。

你在何处？

三篇故事都写得云遮雾罩扑朔迷离。然而，草绳灰线若隐若现都奏响着"同一主题"："人生如梦，一樽还酹江月。"

这一主题在小说《水月》一文中，得到了更为明确的诠释：

一天，京子忽然想到用手镜给丈夫照一下自己的菜园。对于一直染病在床的丈夫来说，即便是这一点点的小事情，也等于开辟了一个新的生活，因此决不能说是"一点点的小事情"。

……丈夫死前，映射在这两面镜子里的世界绝不只是京子的菜园。它映射过天空、云彩和雪，映射过远处的山、近处的树林，也映射过月亮，还利用它看过野花和飞鸟。有时人在镜中的道路上行走，有时孩子们在镜中的庭院里嬉戏。

在这么小小的镜子里，会出现这么广阔的、丰富多彩的世界，这使京子也不免吃惊。……至于说到手镜，不过是照后脑勺和脖子的玩意儿罢了。谁想到对病人来说，却成了新的自然和人生！京子坐在丈夫的枕旁，和丈夫共同观察着、共同谈论着镜子里的世界。这样，日子久了，就连京子自己也逐渐分不清什么是肉眼看到的世界，什么是镜子映照出来的世界，就好像原本就有两个不同的世界似的；在镜子里创造出来了一个新的世界，甚至有时会想，只有镜子里边反映出来的，才是真实的世界呢。

京子的确感到，这两面镜子所映射过的许许多多的世界似乎都毫不留情地被烧成灰烬了。她感到正像丈夫的身体化为灰烬一样，那许许多多的世界已经不存在了……

外面的世界很精彩，外面的世界很无奈。所谓五彩缤纷五光十色的现实世界，说到底不过是"镜花水月"。

川端康成在《水月》中，说了这样一段意味深长的话："京子发现了一桩奇怪的事：自己的脸庞不用镜子照就看不到。唯独自己的脸庞是自己看不到的。自己把映在镜子里的脸庞当成了自己用肉眼看到的东西，每天在拾掇着哩。京子陷入了一阵凝思：神把人搞成自己看不到自己的脸，这里边究竟含有什么深意呢？'如果自己看到自己的脸，会不会使人发疯呢？会不会使人什么事也干不下去了呢？'"

7 宗教禅境对生命意识的浸染

叶渭渠在《川端康成文学的东方美》一文中,分析了佛教禅宗对川端康成生命观的影响:

> 川端继承日本古典传统的"物哀",又渗透着佛教禅宗的影响力,以"生—灭—生"的公式为中心的无常思想的影响力,在美的意识上重视幽玄、无常感和虚无的理念,构成川端康成美学的另一特征。
>
> 川端康成深受佛教禅宗的影响。他本人也说:"我是在强烈的佛教气氛中成长的"。"那古老的佛法的儿歌和我的心也是相通的"。"佛教的各种经文是无与伦比的可贵的抒情诗"。他认为汲取宗教的精神,也是今天需要继承的传统。他向来把"轮回转世"看做"是阐明宇宙神秘的唯一钥匙,是人类具有的各种思想中最美的思想之一"。所以,在审美意识上,他非常重视佛教禅宗的"幽玄"的理念,使"物哀"加强了冷艳的因素,比起"物"来,更重视"心"的表现,以寻求闲寂的内省世界,保持着一种超脱的心灵境界。
>
> 川端美学的形成,与禅宗的"幽玄"的影响是分不开的,具体表现在其审美的情趣是抽象的玄思,包含着神秘、余情和冷艳三个要素。首先崇尚"无",在穷极的"无"中凝视无常世界的实相。他所崇尚的"无",或曰"空",不是完全等同于西方虚无主义经常提出的主张,即指什么都没有的状态,而是以为"无"是最大的"有","无"是产生"有"的精神本质,是所有生命的源泉。所以他的出世、消极退避、避弃现世也不完全是

否定生命，毋宁说对自然生命是抱着爱惜的态度。他说过："在这个世界上，没有什么比轮回转世的教诲交织出的童话故事般的梦境更丰富多彩。"所以，川端以为艺术的虚幻不是虚无，是来源于"有"，而不是"无"。

作家将美看做只存在于空虚之中，只存在于幻觉之中，在现实世界是不存在的……他在日常生活中"也嗅到死亡的气息"，产生了一种对死亡的恐惧感，更觉得生是在死的包围中，死是生的延伸，生命是无常的，似乎"生去死来都是幻"。因而他更加着力从幻觉、想象中追求"妖艳的美的生命"，"自己死了仿佛就有一种死灭的美"。在作家看来，生命从衰微到死亡，是一种"死亡的美"，从这种"物"的死灭才更深地体会到"心"的深邃。就是在"无"中充满了"心"，在"无"中表现以心传心，这是一种纯粹精神主义的美。因此，他常常保持一种超脱的心灵境界，以寻求"顿悟成佛"，寻求"西方净土的永生"，"在文艺殿堂中找到解决人的不灭之法，而超越于死"，从宗教信仰中寻找自己的课题。

由此可以说，"空、虚、否定之肯定"，贯穿了川端的美学意识。他不仅为禅宗诗僧一休宗纯的"入佛教易、进魔界难"的名句所感动，并以此说明"追求真善美的艺术家对'进魔界难'的心情：既想进入而又害怕，只好求助于神灵的保佑"。同时他非常欣赏泰戈尔的思想："灵魂的永远自由，存在于爱之中；伟大的东西，存在于细微之中；无限是从形态的羁绊中发现的。"

老子有言："天下皆知美之为美，斯恶矣；皆知善之为善，斯不善已。故有无相生，难易相成，长短相形，高下相倾，音声相和，前后相随。"在川端康成的观念意识中，"有"与"无"，"生"与"死"都达到了高度的辩证统一。川端康成的毕生都充满了对"唯美主义"孜孜不倦的追求，然而一旦当目标实现之时，他感受到的却只剩下了虚无和幻灭。

川端康成在《临终的眼》一文中，讲述了追求唯美主义画家古贺春江至死不渝的对"事业"的执著：

> 他住院后，几乎每天都在纸笺上作画。多时，一天竟能画十张，连大夫都感到难以想象，他那样的身心怎么能画这么多呢。我感到奇怪的是，他为什么要画呢？我们到家里去吊唁的时候，看见他的骨灰盒上摆着四五册他的作品集，我情不自禁地长叹了一声。古贺春江本来就是一位水彩画家，他的水彩画具和画笔都被收入棺内了。东乡青儿（日本画家）看到这个就说："古贺到那个世界去，还要让他作画吗？真可怜啊。……对他来说或许是痛苦的。"我回答东乡说："他那样爱好画画，倘使身边没有画具，他就会闲得无聊，感到寂寞的。"
>
> 东乡青儿再三说道：古贺春江也预感到死了。据说今秋他在二科会上展出的作品，阴气逼人，令人望而生畏。可见他早已预感到死亡了。我是个外行人，搞不清那样的事情，可是我听到他画好了以后，就前去观赏。由于我知道古贺的病情，当我一站在103号力作前面，就把我吓得目瞪口呆了。听说，他画最后那幅《马戏团一景》时，就已经无力涂底彩，他的手也几乎不能握住画具，身体好像撞在画布上要同画布格斗似的，用手掌疯狂地涂抹起来，连漏画了长颈鹿的一条腿他也没有发现，而且还泰然自若。……听说，与这幅画同一时期写的文章，也是语言支离破碎，颠三倒四的了。仿佛一作完画就要和这个人世告别似的。他从故乡写来的信，也让人莫名其妙。就是在医院里，除了在纸笺上画画外，还赋诗作歌。我曾劝他的夫人把这些诗歌誊清拿去发表，夫人虽然熟悉自己丈夫的字体，此时也难以辨认了。后来，他越来越衰弱了，在纸笺上画的名符其实的绝笔，只是涂抹了几笔色彩而已。没有成型的东西，也不知道是什么意思。到了这个地步，古贺仍然想手执画笔。……追悼会上，有人建议是不是把他那幅绝笔的纸笺装饰起来；也有人反对，说这就像是嘲笑故人

的悲痛。这才作罢。就是把画具和画笔收进棺材，或许这也不算是罪过吧。

川端康成在文章结尾处说了这样两句意味深长的话："对于古贺来说，绘画无疑是他摆脱苦恼的道路，说不定又是他堕入地狱的通途。所谓天赐的艺术才能，就像善恶的报应一样。"

写出传世名著《神曲》的但丁，度过的是悲惨的一生。据说，美国诗人惠特曼在让看客们看了但丁的肖像后说："这张脸摆脱了世俗的污秽。他变成这样一张脸，所得很多，所失也很多。"

川端康成在《临终的眼》一文中，还讲述了另一位日本画家石井柏亭艺术人生的悲情细节：

在祝贺柏亭五十大寿的宴席上，有岛生马（日本小说家、画家）致辞时，一个劲地开玩笑说："石井二十不惑，三十不惑，四十不惑，五十也不惑，恐怕从呱呱坠地的瞬间起就不惑了。"……他的画风就好像是他前世的报应。假使把青年时代的梦二的画看作是"漂泊的少女"，那么现在梦二的画也许就是"无家可归的老人"了。这又是作家应该悟到的命运。虽说梦二的乐观毁灭了梦二，但是也挽救了梦二。我在伊香保见到的梦二已是白发苍苍，肌肉也松弛了。

川端康成描述完感叹一声："这位幸福而又不幸的画家。"也许，川端康成从身边众多艺术家对事业执著的"宿命"中，得出了某种"禅悟"。

佛学大师索甲仁波切在《西藏生死之书》中，对人生追求的执著说了这样一番"真知灼见"：

我们常听到这样的话："死亡是真理的时刻"或"死亡是面对面接触自己的时刻"。

在死亡时，身心的一切成分都会离散。当身体死亡时，感官和微细的元素都会分解，接着是凡夫心死亡，瞋、痴等一切烦恼也都跟着死去。最后不留下任何障蔽真性的东西，生时遮盖觉悟心的一切都分解了。当时所显露出来的，是绝对性的本初地，它有如纯净无云的天空。

这称为"地光明"或"明光"的显露，意识本身溶入广袤的真理。

在死亡那一刻显露的"地光明"或"明光"，是解脱的大好机会。……有些人认为"地光明"的显露就是开悟。我们可能都乐得把死亡当作天堂或开悟；但除了一厢情愿的希望之外，更重要的是，我们必须知道唯有确实接受了心性或本觉的开示，而且唯有透过禅修建立并稳定心性，将它结合到日常生活中，死亡的那一刻才能提供解脱的真正机会。

川端康成信佛信禅，所以开悟了"放下执著"对人生的重要意义。索甲仁波切说："一个人去世时最理想的方式是放下内外的一切，在那个关键时刻，心没有什么欲望、攀缘和执著好牵挂。"

所谓"放下执著"，就是再不在乎人世间的任何欲望和追求，无牵无挂地独身一人去也！

8 死亡获得的"另一只眼睛"

川端康成写过一篇带有回忆性质的文章《临终的眼》。光听名字就充满了象征性意味。川端康成说："我曾写过一篇随笔《临终的眼》，但在这里所用的'临终的眼'这个词，是从芥川龙之介自杀遗书中摘录出来的。这个词特别能拨动我的心弦。所谓'生活能力'、'动物本能'，大概

'会逐渐消失吧'。"

俄罗斯宗教哲学家舍斯托夫在《战胜自明》一文中，说了这样一番话：

> 死亡天使降临于人，为的是把人的灵魂和肉体分开，而使他全身长满眼睛。为什么这样，天使为什么需要这么多眼睛，他在天上什么都能看得见，而在地上什么也看不清吗？事情往往是这样，死亡天使由于随着灵魂出现，所以自信他的到来要比人尚未到谢世期限早得多。它不能触动人的灵魂，甚至也不和灵魂见面，而是在离开之前，悄悄把自己无数眼睛中的一双眼睛留给了人。于是，人突然开始从高处看到所有活着的人看不到的东西。

蓦然间临近的死亡，如同醍醐灌顶突然赋予了人生另一只开悟的眼睛。

川端康成的小说《少女开眼》，不妨看作是《临终的眼》的另一形式的姊妹篇。作品讲述的是艺妓阿岛的女儿初枝眼睛复明的故事。这倒与美国的一篇著名小说《眼镜》有着异曲同工之寓意。《眼镜》讲的是有一个先天高度近视的小女孩，从小就帮着母亲当洗衣妇。从她记事的时候起，天天面对的都是堆积如山的脏衣服，还有就是一盆盆由清变浊的洗衣水。这种近距离的劳动，当然与眼力关系不大，所以小女孩也对她的高度近视并没有什么强烈感觉。有一天，这个小女孩的母亲突然感觉到女儿太可怜，一直到十几岁了，都没能好好看看这个世界，于是，母亲领女儿到城里买了一副眼镜。小女孩一路戴着眼镜看到街市的繁荣，很高兴。可回到家后，小女孩看到自己家的破败、肮脏，把新买的眼镜摔得粉碎，嘴里嚷着："我不要戴眼镜，我不要戴眼镜。"

人生能够存活下去，很大程度上可能就是取决于生活得浑浑噩噩，生活在幻觉之中。有时候，让人看清一个残酷的世界是残忍的。这可能就是郑板桥的"难得糊涂"的另一层含义。

川端康成面对身边众多同道的自杀，曾说过这样的话："1927年，芥川35岁就自杀了。我在随笔《临终的眼》中曾写道：'无论怎样厌世，自杀不是开悟的办法。不管德行多高，自杀的人想要达到的圣境也是遥远的。'我既不赞赏也不同情芥川，还有战后太宰治等人的自杀行为。但，还有一位年纪轻轻就死去的朋友，日本前卫派画家之一说，他也是长期以来就想自杀的。他说，'再没有比死更高的艺术，死就是生。'我觉得这位生于佛教寺院，由佛教学校培养出来的人，他对死的看法，同西方人对死的看法是不同的。'有牵挂的人，恐怕谁也不会想自杀吧。'"

言犹在耳，川端康成却也步先驱作家的后尘走上了自杀的道路。

川端康成在诺贝尔奖授奖仪式的演讲词中，却讲述了一休禅师两次企图自杀的情节：

"一休"作为童话里面的机智和尚，为孩子们所熟悉。他那无碍奔放的古怪行为，早已成为佳话广为流传。他那种"让孩童爬到膝上，抚摸胡子，连野鸟也从一休手中啄食"的样子，真是达到了"无心"（原注：佛语，不起妄心的意思）的最高境界了。看上去他像一个亲切、平易近人的和尚，然而，实际上确实是一位严肃、深谋远虑的禅宗僧侣。还被称为天皇御子的一休，六岁入寺院，一方面表现出天才少年诗人的才华，另一方面也为宗教和人生的根本问题所困惑，而陷入苦恼。他曾疾呼："倘有神明，就来救我。倘若无神，沉我湖底，以葬鱼腹！"当他正要投湖时，被人拦住了。后来有一次，由于一休所在的大德寺的一个和尚自杀，几个和尚竟被株连入狱。这时一休深感有责，于是"肩负重荷"，入山绝食，又一次决心寻死。

日本的作家，也许有着无以解脱的自杀魔魇：三岛由纪夫剖腹自杀了；太宰治投河自杀了；北村透谷因寻求个性解放的理想破灭而自杀了；有岛武夫因人生不得志郁闷而自杀了；芥川龙之介也在事业大获成功后服安眠药自杀了……

芥川龙之介在遗书《给一个旧友的手记》中写道：

我阅读了恩培多克勒的传记，觉得他想把自己当作神灵，这种欲望是多么陈旧啊。我的手记，只要自己意识到，就绝不把自己当神灵。不，是把自己当作一个极其平凡的人。你可能还记得，二十年前在那棵菩提树下，咱们彼此谈过艾特纳的恩培多克勒吧，那时候，我自己是很想成为一个神的。

　　……

　　所谓生活能力，其实不过是动物本能的异名罢了。我这个人也是一个动物，看来对食欲色欲都感到腻味，这是逐渐丧失动物的本能的反映。现今我生活的世界，是一个像冰一般透明的、又像病态一般神经质的世界。我深深感到我们人类"为生活而生活的可悲性"。人若能够自己心甘情愿地进入长眠，即使可能是不幸，但却肯定是平和的。我什么时候能够毅然自杀呢？

川端康成读过芥川龙之介的遗书后说："……顿时又觉得没什么了，芥川是企图说明自己是一个平凡的人。"

川端康成对同道文友们的自杀行为进行了剖析，也许可作为他内心世界的写照：

　　梶井和古贺虽然隐遁渡世，其实他们是雄心勃勃的。但他们两人，尤其是梶井，或许被恶魔附体。他们大概不希望我在他们死后，写悼念他们的文章。古贺自杀已经有好几年了，他平日像口头禅似地说，再没有比死更高的艺术了，死就是生。不过这不是西方式的对死的赞美。他出生于寺院，出生于宗教学校，我认为那是佛教思想深深渗入他身心的表现。古贺最后也认为病死是最好的死法。简直是返老还童，他是经过连续二十多天高烧，神志不清后才断气的，好像安息了似的。也许这是他的本愿呢？

川端康成说："芥川无论作为作家还是作为一般文人，我都不那么尊敬他。……他死前发表的《齿轮》，是我当时打心眼里佩服的作品。要说这是'病态的神经质的世界',那么芥川的'临终的眼'是迄今令人感受最深的了。它让人产生一种宛如踏入疯狂境地的恐怖感觉。因此,那'临终的眼'让芥川整整思考了两年才下决心自杀的。或者说,是隐藏在还没下定决心的芥川的身心之中。这种微妙复杂的感情,似乎超过了精神病理学。"

川端康成曾在自己的文章中引用芥川龙之介遗书中的话:"也许你会笑我,既然热爱自然的美而又想自杀,这样自相矛盾。然而,所谓自然的美,是在我'临终的眼'里映现出来的。"

川端康成还说:"在修行僧的'冰一般透明的'世界里,燃烧线香的声音,听起来好像房子着了火;落下灰烬的声响,听起来也如同电击雷鸣。这恐怕是真实的,一切艺术的奥妙就在这只'临终的眼'吧?"

鲍维娜在《情到深处人孤独》一书中(陕西旅游出版社,1993年7月),对川端康成自杀时的矛盾心理作了这样的剖析:

> 川端康成如同海明威一样,在获得文学界的最高殊荣——诺贝尔文学奖之后,毅然自杀。对自杀的思考,很容易诱发他们潜意识里由来已久的自杀念头。他们在作品中已经多次描绘过自杀的行为,而且已经形成自己的死亡观及死亡模式。他们经常为自杀的冲动所左右,这种强烈而持久的念头形成不易,要消除也十分困难。尤其对一个思想情感丰富而复杂的作家而言,"本我"与"超我"之间的矛盾斗争一直处于激烈而不可调和中。

贝雷斯德在《小说的实验》中说了这样一句话:"我们最优秀的小说家往往就是实验家。"川端康成说:"'临终的眼'可能还是一种实验,它大多与死的预感相通。"

川端康成在临终前还说了这样的话:"对'我办事绝不后悔'这句话,我也并非念念不忘,只是由于可怕的健忘,或者缺少道德心,我才抓不住后悔这个恶魔。我每每觉得事后考虑一切事物,该发生的发生了,该怎样的也就怎样了,毫无奇怪之处。也许这是神灵的巧妙安排,或是人间的悲哀。"

川端康成《临终的眼》一文，有一个令人深思的结尾：

尽管如此，我还是想染笔于《小说创作方法》，我突然捡起桌边的《创作》十月号，将申特·J·阿宾的《戏曲创作方法》浏览了一遍。文章是这样写的：

"几年前，英国出版了一本题为《文学成功之路》。几个月后，这本书的作者，作为作家没有获得成功而自杀了。"

也许，我们不妨把这一结尾看作是川端康成的一个"自杀预言"？

主要参考书目

《诺贝尔文学奖名著快读》：易丹主编，四川文艺出版社，2003年12月版。

《诺贝尔文学奖金获奖作家作品选》（上、下卷）：信德、钟南编选，浙江人民出版社，1981年5月版。

《诺贝尔文学奖大系》：李博、王槐茂、刘景峰主编，中国物价出版社，1998年11月版。

《外国现代派作品选》（第一册上、下）：袁可嘉、董衡巽、郑克鲁选编，上海文艺出版社，1980年10月版。

《外国现代派作品选》（第二册上、下）：袁可嘉、董衡巽、郑克鲁选编，上海文艺出版社，1981年7月版。

《苏联十大历史公案》：李忠杰著，求实出版社，1989年1月版。

《致友人的二十封信》：斯维特兰娜·阿利卢耶娃著，赵洵译，中国社会科学出版社，1979年12月版。

《赫鲁晓夫下台内幕及晚年生活》：谢尔盖·赫鲁晓夫著，述强译，中央编译出版社，1994年3月版。

《我的生平》：托洛茨基著，赵弘、田娟玉译，上海人民出版社，2007年9月版。

《斯大林与他的情人》：列奥纳尔德·根德林著，曲人家译，中国文联出版公司，1989年1月版。

《论文学》：卢那察尔斯基著，蒋路译，人民文学出版社，1978年12月版。

《岁月有痕》：唐修哲、孙润玉著，东方出版社，2008年11月版。

《阅读俄罗斯》：童道明著，上海三联书店，2008年1月版。

《苏维埃俄罗斯文学》：马克·斯洛宁著，浦立民、刘峰译，上海译文出版社，1983年10月版。

《静静的顿河》：肖洛霍夫著，金人译，人民文学出版社，1956年11月版。

《肖洛霍夫的秘密生平》：瓦连京·奥西波夫著，刘亚丁、涂尚银、李志强译，四川人民出版社，2001年1月版。

《肖洛霍夫研究》：孙美玲编选，外语教学与研究出版社，1982年10月版。

《日瓦戈医生》：帕斯捷尔纳克著，蓝英年、张秉衡译，漓江出版社，2003年9月版。

《索尔仁尼琴——回归故里的流亡者》：张晓强著，长春出版社，1996年12月版。

《寻找自救的文化苦旅》：智仁编著，中国友谊出版公司，2007年版。

《季米特里·肖斯塔科维奇回忆录》：所罗门·伏尔科夫著，外文出版局《编译参考》编辑部，1981年《内部材料》。

《欧美现代派文学三十讲》：石昭贤、马家骏、卢永茂、谭昭凯编，贵州人民出版社，1982年2月版。

《现代西方文论选》：伍蠡甫、林骧华编选，上海译文出版社，1983年1月版。

《外国名作家传》：张英伦、吕同六、钱善行、胡湛珍主编，中国社会科学出版社，1979年2月版。

《加缪——西绪福斯到反抗者》：张容著，长春出版社，1995年10月版。

《存在与虚无》：萨特著，陈宣良等译，生活·读书·新知三联书店，1987年3月版。

《不惑之年——自由之路第一部》：萨特著，丁世中译，中国文学出版社科文（香港）出版有限公司，1999年3月版。

《缓期执行——自由之路第二部》：萨特著，丁世中译，中国文学出版社科文（香港）出版有限公司，1999年3月版。

《痛心疾首——自由之路第三部》：萨特著，沈志明译，中国文学出版社科文（香港）出版有限公司，1999年3月版。

《迷惘者的一生——海明威传》：卡洛斯·贝克著，林基海译，湖南文艺出版社，1987年5月版。

《丧钟为谁而鸣》：厄内斯特·海明威著，程中瑞、程彼德译，上海译文出版社，1982年9月版。

《海明威短篇小说选》：鹿金等译，上海译文出版社，1981年5月版。

《源式物语》：紫式部著，丰子恺译，人民文学出版社，1982年6月版。

《川端康成小说选》：叶渭渠译，人民文学出版社，1985年1月版。

《古都·雪国》：川端康成著，叶渭渠、唐月梅译，山东人民出版社，1981年9月版。

《情到深处人孤独——世界著名作家自杀心理探秘》：鲍维娜著，陕西旅游出版社，1993年7月版。

《西藏生死之书》：索甲仁波切著，郑振煌译，中国社会科学出版社、青海人民出版社，2006年4月版。